투자의 재발견

투자의 재발견

초판 발행 2021년 1월 29일
6쇄 발행 2021년 10월 1일

지은이 이고은
펴낸이 유해룡
펴낸곳 ㈜스마트북스
출판등록 2010년 3월 5일 | 제2021-000149호
주소 서울시 영등포구 영등포로5길 19, 동아프라임밸리 611호
편집전화 02)337-7800 | **영업전화** 02)337-7810 | **팩스** 02)337-7811
원고투고 www.smartbooks21.com/about/publication
홈페이지 www.smartbooks21.com
편집진행 김선 | **교정교열** 이홍림 | **표지·본문 디자인** 김민주 | **전산편집** 김경주

ISBN 979-11-90238-37-3   13320

I N V E S T M E N T

투자의 재발견

이고은 지음

투자는 거위농장을 운영하는 게임이다

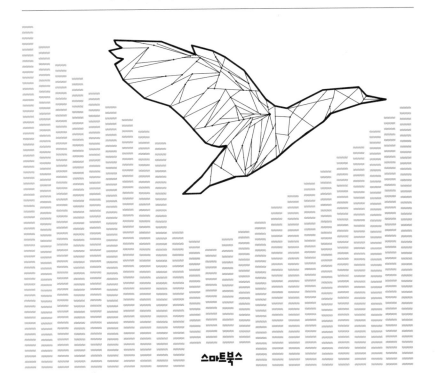

스마트북스

지금 당장 무엇을 해야 할까?

얼마 전까지 증권업계에 종사할 때 누구를 만나든 한결같이 받는 질문이 있었다.

"어떤 종목을 사야 하나요?"

내가 부동산 투자를 한다는 걸 알게 된 지인들의 질문 역시 똑같았다.

"어디를 사야 해요?"

누구나 부자가 되기 위해 투자를 잘하고 싶어 한다. 그런데 어떻게 해야 투자를 잘하는 것일까?

우리는 누구나 하루 24시간이라는 중요한 시간 자산을 가진 투자자이고, 이 시간 자산을 어떻게 활용하고 투자하는가에 따라 인생의 투자수익률이 크게 달라진다. 하지만 자신이 시장 경제에 몸담고 있는 투자자라는 것을 인식하지 못하고, "투기<del>투자</del>는 하면 안 돼!"라며 몸만 사리거나, 비효율적인 거래를 하면서 엉뚱한 방향으로 가는 경우를 많이 보았다.

나는 어떤 투자자인가?

현재 부동산이나 주식에 투자하지 않고 있더라도 성인이라면 누구나 다 투자자다. 혹시 내가 다음의 투자자 유형에 해당되지 않는지 한번 생각해보자.

- 남들을 투기꾼이라고 손가락질하며, 정작 자신이 '가장 위험한 베팅'을 하고 있다는 사실을 모르는 투자자
- 4차 산업혁명과 저금리 콤보 시대에 자신의 시간 자산만 믿고 있는 투자자
- 투자원칙 없이 남의 말만 듣고 샀다 팔았다를 반복하며 거래비용만 지불하고 있는 투자자

이 책을 통해 다음의 3가지 핵심 메시지를 독자들에게 전하고 싶다.

첫째, 투자의 핵심은 시세차익에 의존하는 것이 아니라 현금흐름이 만들어지는 자산을 모아가는 데 있다.

둘째, 자본 레버리지뿐만 아니라 시간 레버리지 또한 투자의 고려 요소다.

셋째, 나만의 투자 기준금리를 세우고, 그에 맞는 실전 투자법을 꾸준히 실행해야 한다.

"저는 회사 다니면서 적금이나 예금만 들고 있는데요?"

이렇게 말하는 직장인도 자신의 시간 자산을 회사에 투자하고 있다.

아쉽게도 노동소득을 벌어다주는 시간 자산은 시간이 갈수록 힘을 잃게 되므로, 자신의 시간을 더 현명하게 투자해서 노동소득뿐만 아니라 현금이 만들어질 수 있는 다른 자산을 계속 모아가야 한다.

그렇다면 투자란 무엇일까? 내가 산 가격보다 오르면 다행스럽게 여기며 재빨리 팔아서 매각차익을 보는 것이 투자일까? 이런 거래는 항상 성공할 수도 없거니와 거래비용과 시간이 많이 소요돼 기대수익을 낮추기 쉽다.

이 책은 내 자산을 지키고 불리기를 원하지만 투자가 무엇인지, 어떻게 투자해야 할지 그 방법을 모르는 이들이 하루라도 빨리 미래를 대비할 수 있도록 하기 위한 것이다.

제대로 된 투자자로 거듭나려면
초보 투자자는 다음의 2가지 실수를 많이 한다.

첫째, 원금손실의 두려움 때문에 아무것도 하지 않는 경우다.

투자에는 필연적으로 원금손실의 위험이 내포되어 있다. 하지만 두려움 때문에 아무것도 하지 않는다면 앞으로 나아갈 수 없다. 물에 빠질 것이 두려워 수영장에 들어가지 않는다면 수영을 배울 수 없는 것처럼 말이다. 처음엔 물을 먹기도 하고 허우적대기도 하지만 점차 익숙해질수록 자유로이 떠다니며 놀 수 있듯, 투자를 할 때 내가 감수해야 하는 위험이 어떤 것인지 알고 대비하며 투자한다면 경제적, 시간적으로 더 여유로운 삶을 꿈꿀 수 있을 것이다. **이 책은 장기적으로 안전하고 성공 확률이 높은 투자원칙은 무엇이고, 나의 상황에 따라 어떻게 실행해야 할지 알려준다.**

둘째, 의욕만 너무 앞선 나머지 남의 말만 듣고 덜컥 묻지마 투자를 하는 경우다. 특히 요즘같이 SNS가 발달한 세상에서는 소문만 듣고 성급하게 소중한 종잣돈을 써버리기 쉽다. 이 역시 투자에 대한 기본개념이 부재하기 때문이다.

제대로 된 투자자로 거듭나기 위해서 각자의 투자목표를 세우고, 그에 맞는 투자대상과 투자방법을 스스로 선별할 수 있는 판단력을 갖추어야 한다. 특히 최근 부동산 시장의 경우 정부정책이 급진적으로 발표되면서 시장 분위기가 냉온탕을 오가고 있다. 이럴 때야말로 투자자 본인이 투자원칙을 제대로 알고 그에 맞추어 대응할 능력을 갖추어야 한다. 그래야 이른바 전문가라는 사람들의 말만 목매고 기다리는 것이 아니라 본인이 직접 판단하고 행동할 수 있다.

이 책의 구성

〈1장 투자란 무엇인가?〉에서는 누구나 관심 있고 알고 싶어 하지만, 제대로 아는 사람은 드물고 제대로 실천하는 사람은 더욱더 희귀한 투자의 기본개념부터 새롭게 되짚어본다. 투자는 '거위농장을 운영하는 게임'이다.

〈2장 자산을 늘리는 원칙〉은 자산을 효과적으로 빠르게 늘리기 위한 원칙들을 소개한다. 어떤 자산을, 어떤 기준에 맞추어 늘려가야 나에게 가장 좋을지 살펴보자. 〈3장 현금흐름과 레버리지 다시 보기〉는 레버리지를 현명하게 이용하는 방법을 알아보고, 〈4장 투자자의 자세〉는 불확실성이 가득한 투자의 세계에서 나에게 맞는 투자기준을 스스로 세우고, 그에 따른 적절한 투자를 실행하는 법을 제시한다.

5장부터는 본격적인 투자법을 소개한다. 〈5장 화폐형 투자〉는 종잣돈을 모으는 화폐형 투자에 대해 설명하고, 특히 금에 투자해야 하는 이유와 방법을 알아본다. 〈6장 부동산형 투자〉는 워런 버핏의 플로트 투자와 전세 레버리지 투자법을 살펴본다. 특히 왜 전세가에 집중해야 하는지와 전세가와 매매가 예측하는 법은 부동산 투자자에게 많은 참고가 될 것이다. 최근 부동산 시장환경이 변화무쌍하지만 그럴수록 기본기를 충실히 다져놓을 때이다.

〈7장 회사형 투자〉는 성장주보다는 배당주, 국내 주식보다는 해외 주식, 특히 미국 배당귀족주를 권하는 이유와 투자법을 설명한다. 〈8장 파생형 투자〉는 화폐형 투자와 잘 결합하여 리스크를 최소화하며 현금흐름을 만들 수 있는 파생형 투자에 대해 알아본다. 〈부록〉의 〈미국 배당귀족주 톱10 분석〉과 〈인구 50만 명 이상 지역의 아파트 시장분석〉도 투자에 좋은 참고가 될 것이다.

나는 높은 금융문맹률이 우리나라의 경제체력을 갉아먹는 핵심 요소라고 생각한다. 경제에 대한 상식과 개념이 부족할수록 잘못된 투자결정을 하기 쉽다. 특히 OECD 국가 중 가장 빠른 속도로 노령화가 진행되고 있는 대한민국에서 나와 내 가족의 자산을 지키고 노후를 효과적으로 대비하기 위해서는 경제지식과 금융지식을 가져야 한다. 기본적인 경제지식, 금융지식을 가진 이들이 많아지고, 이들이 건전한 투자를 지속해야 중산층이 두터워지고 우리 사회가 더욱 안전하고 탄탄해질 수 있다고 믿는다.

우리 부부는 투자방향에 대해 함께 의논하며 이 책에서 소개하는 모든 투자를 같이 해오고 있다. 투자강의나 현장에서 만난 많은 분들이 부부가 합심해서 투자에 임하는 것을 부러워했다. 부부 중 한 명이 투자에 무관심하거나 반대하는 경우도 많기 때문이다. 우리 부부도 함께 투자하면서 항상 의견이 일치한 것은 아니었다. 오히려 초기에는 일치하지 않는 경우가 훨씬 더 많았고, 서로 의견을 조율하고 설득해가는 과정에서 이 책이 만들어졌다. 그래서 이 책은 우리 부부의 공동 저작물인 셈이다. 내가 마음껏 하고 싶은 일을 할 수 있도록 나의 운동장이 되어주는 남편에게 감사하다.

자주 찾아뵙지 못하는 우리 부부를 늘 배려해주시는 시부모님, 손주 셋을 키우시느라 항상 고생 많으신 친정 부모님과 고모님, 그리고 우리집 웃음과 말썽을 담당하고 있는 귀여운 삼총사 태민, 재윤, 봄 모두에게 깊은 감사와 사랑의 마음을 전하고 싶다.

2021년 1월
여러분의 꿈을 응원하며
이고은

차례

6장

부동산형 투자

1장

투자란
무엇인가?

투자란 무엇일까? 누구나 관심 있고 알고 싶어 하지만, 제대로 아는 사람은 드물고 제대로 실천하는 사람은 더욱더 희귀하다. 투자의 기본개념부터 새롭게 되짚어 생각해보자. 투자는 '거위농장을 운영하는 게임'이다.

①

투자는 거위농장을
운영하는 게임

많은 사람들이 투자에 대해 이야기하지만, 내가 생각하는 투자의 가장 기본적인 개념은 다음과 같다.

자산을 늘리는 모든 행위

여기서 자산은 돈 자산과 시간 자산을 포함한 모든 자산을 의미한다. 흔히 자산을 이야기할 때 돈 자산만을 말하는 경우가 많지만, 시간은 우리가 가진 가장 값진 자산 중 하나다. 이 시간 자산을 늘려가는 것도 투자다.

그렇다면 자산을 어떻게 늘려야 경제적 자유를 얻을 수 있을까? 어린 시절 들었던 '황금알을 낳는 거위' 우화를 떠올려보자.

농부는 자신이 기르던 거위가 황금알을 낳는다는 것을 발견하고 기뻐하지만, 거위 뱃속에 더 많은 황금알이 들어 있을 거라고 생각하고 배를 갈라버린다. 당연히 거위의 뱃속에는 황금알이 없었고, 황금알을 낳는 거위도 사라져버렸다.

이를 투자에 접목해보면 '거위 = 자산'이고 '황금알 = 현금흐름cashflow'이라고 할 수 있다. 위 우화는 농부의 성급함이 일을 그르친다는 것에서 마무리되지만, 농부가 거위를 이용해 황금알을 얻는 방법은 크게 3가지가 있다.

1. 거위가 황금알을 낳는다.
2. 거위를 키워서 판매한다.
   (대신 판매 후 거위는 사라진다.)
3. 거위를 키워서 레버리지를 일으킨다.

현실에서는 황금알을 얻는 것과 거위를 잘 키우는 것이 동시에 일어나는 경우가 많다. 그러므로 결국 투자란 '거위농장을 운영하는 게임'이라고 할 수 있다.

현금흐름에 집중하는 투자란 무엇인가?

투자할 수 있는 자산의 종류는 주식, 부동산, 암호화폐, 예술작품, 저작권 등 무궁무진하다. 즉 거위의 종류는 매우 다양하다. 그리고 모든 거위가 황금알을 낳는 것은 아니다. 이 다양한 거위들 가운데에서 농장을 효과적으로 운영하기 위해 **우리가 집중해야 하는 것은 거위가 낳아주는**

황금알, 즉 현금흐름이다. 현금흐름을 만드는 자산에 집중할 때 안정적이고 지속적인 투자를 할 수 있기 때문이다.

현금흐름에 집중하는 투자는 어떤 것일까? 누군가에게 무엇을 제공하고 그에 대한 보상으로 현금흐름을 갖게 되는 투자이다. 거위를 잘 키우면서, 동시에 거위를 통해 황금알을 얻을 수 있는 투자인 것이다.

회사원은 자신이 가진 시간 자산을 회사에 제공하고 그에 따른 보상으로 월급을 받는다. 부동산 소유주는 세입자에게 자신의 부동산을 일정기간 사용할 수 있는 권리를 주고 월세나 전세보증금을 받는다. 다음의 표에서 자산을 보유하는 동안 현금흐름을 만들 수 있는 수많은 투자방법 중 일부를 정리해보았다.

자산의 특성에 따른 현금흐름

	자산 소유자가 제공하는 것	자산을 이용하는 측	보상(현금흐름)
회사원	시간	회사	월급
자영업자	시간	자신의 사업장	영업이익
크리에이터	콘텐츠/시간	플랫폼	영업이익
저작권	사용권	사용자	저작권료
예금, 적금	돈	은행	이자
채권	돈	채무자	이자(쿠폰)
월세 부동산	사용권	세입자	월세
전세 부동산	사용권	세입자	전세보증금 증액
배당주	경영권	회사	배당금
네트워크 마케팅	인적 네트워크	회사	인센티브
금 옵션(커버드콜)*	금 매수권	콜옵션* 매수자	프리미엄*

* 커버드콜, 콜옵션, 프리미엄에 대해서는 8장에서 상세히 살펴본다.

이 외에도 자산을 보유하면서 현금흐름을 만들 수 있는 투자사례는 무궁무진하다. 누군가에게 무엇을 제공하고 보상받는 투자에 집중한다면 거위가 무럭무럭 자라는 동안 황금알까지 모을 수 있다.

나는 무엇을 제공하는 자산을 키워갈 것인가? 이 책을 읽으며 이 질문에 대한 대답을 스스로 찾아보자.

현금흐름 만드는
자산부터 모아라

현금흐름을 얻는 방법

현금흐름을 얻는 기본적인 방법은 황금알을 낳는 거위를 꾸준히 모아
가는 것이다. 거위가 낳은 황금알을 잘 모았다가 우량 거위를 한 마리
더 사고, 이제 두 마리가 낳는 황금알을 모아서 세 번째 거위를 사고….
이처럼 황금알을 낳는 거위들을 꾸준히 모아가면 어느새 농장주는 많
은 황금알을 모을 수 있게 된다. 농장주로서 거위들이 잘 크도록 보살
피면 황금알을 쑥쑥 낳아 주거비용, 자녀 교육비, 휴가비용 등을 해결
해주며 전반적인 삶의 질을 업그레이드해줄 것이다. 그래서 거위의 시
세에 집중하기보다는 황금알을 모아 한 마리씩 사 모으면, 현금흐름을
가져오는 자산이 늘어나서 안정적인 현금흐름을 즐기는 투자를 하게

된다. 하지만 많은 사람들이 황금알을 낳는 거위의 수를 늘려가기보다는 샀다 팔았다 하는 거래를 하려고 한다. 삼성전자 주식을 5만 원에 샀다가 10만 원이 되면 "와, 단기간에 투자수익률 100%!" 하면서 팔아버린다. 부동산 투자에서도 마찬가지다. 매매가 4억 원의 아파트를 전세 3억 5천만 원을 끼고 5천만 원의 갭으로 매수했다가 4억 5천만 원으로 오르면 "와, 단기간에 투자수익률 100%!" 하면서 팔아버리기 일쑤다.

부자가 되려면 활발한 거래가 아니라 자산을 모아야 한다

언뜻 보면 훌륭해 보이는 이런 거래들을 추천하지 않는 이유는 무엇일까?

첫째, 미래의 가격 예측에 항상 성공할 수는 없다.

앞으로 삼성전자 주가가 오를까, 내릴까? 내가 산 아파트 가격이 오를까, 내릴까? 운 좋게 몇 번은 맞출 수 있겠지만, 장기적으로 매번 맞추는 것은 불가능하다. 이른바 전문가들 역시 미래의 가격 예측에 계속 성공한 사람은 없다.

둘째, 빈번한 거래는 시간과 비용이 많이 들고 장기수익률을 낮춘다.

부동산 거래를 위해 투입되는 시간과 비용을 생각해보자. 매수하려는 부동산과 그 동네를 임장하는 시간, 취등록세, 소유권 이전 등기, 인테리어, 부동산 중개수수료 등, 투자수익률이 30%라고 생각했더라도 나의 시간과 비용을 제하면 대폭 줄어들 것이다. 그리고 매도 후 매번 그다음 투자대상을 찾아 헤매는 시간과 비용도 만만치 않다.

경매로 부동산을 싸게 낙찰받고 수리하여 1천만 원 정도 수익을 남기고 단기 매도하는 것 역시 마찬가지다. 경매물건을 끊임없이 검색하고 임장하고 낙찰받고 수리하고 매도하는 과정에서 시간과 비용이 너무 많이 드는 것에 비해 성과는 적다. 경험을 쌓거나 종잣돈을 모으기 위해 잠깐 해볼 수는 있어도, 장기적으로 추천할 방법은 아니다.

셋째, 미래 가격에 베팅하는 거래는 마음이 편치 않다.

내가 산 주식이나 부동산이 항상 오르는 것은 아니다. 하지만 나는 그것들이 올라야만 수익을 낼 수 있기 때문에, 보유 주식이나 부동산 가격의 방향에 전전긍긍하게 된다. 주식이나 부동산 카페 등을 보면 "○○의 주가가 올라갈까요?" "×× 아파트 가격이 앞으로 오를까요?" 등 일단 사놓고 불안한 마음에 묻는 사람들이 많지만, 그에 대한 해답을 갖고 있는 사람은 없다.

내가 산 주식과 아파트 가격이 폭락하면 가슴이 아프다. 산 가격보다 높게 팔았다고 해도 매도 이후에 더욱 폭등한다면 이번엔 배가 아플 수 있다.

이와 같이 빈번한 '거래'를 하면 장기적으로 수익률이 낮아질 뿐만 아니라, 끊임없이 거래대상을 물색하고 거래를 하느라 시간과 비용을 낭비하기 쉽다. 반면 **우리가 추천하는 투자는 황금알을 가져오는 우량한 거위를 꾸준히 사 모으는 농장주가 되는 것이다.** 거위가 낳아주는 황금알로 또 다른 거위에 투자할 수도 있다.

자산 증가는 투자수익과 다르다

많은 사람들이 활발한 거래가 마치 좋은 투자인 것처럼 착각하고 있다. 왜 그럴까? 그것은 **자산의 증가와 투자수익을 정확히 구분하지 못하기 때문이다.**

배당 없는 주식을 1천만 원어치 샀는데, 주가가 2천만 원으로 올랐다고 하자. 이 경우 자산의 증가율은 100%지만, 매도하기 전까지는 투자수익이 0이다. 많은 사람들이 매도는 예술의 영역이라고 예찬하며, 빨리 매도하여 투자수익을 실현하라고 권한다. 투자는 자산_{거위}을 팔아서 내 손안에 현금을 쥐어야만 완성되는 것처럼 착각하면서 말이다.

현금흐름이 없는 자산이라면 이러한 전제가 맞다. 황금알을 낳지 않는 거위는 살이 아무리 오동통하게 올라도 시장에 팔아야만 현금흐름이 생긴다. 배당 없는 주식을 샀다면 주가가 아무리 올라도 매도를 해야 투자수익이 생긴다. 즉 자산을 팔아야만 현금이 생기니 자산과 현금을 맞바꾸어야 한다.

하지만 만약 **현금흐름이 있는** 자산에 투자했다면, 자산을 팔지 않아도 투자수익이 생긴다. 배당을 연 5% 주는 주식이라면 팔지 않고도 그해 투자수익률 5%를 가질 수 있다. 또한 투자의 세계에서 현금흐름이 좋은 자산은 일반적으로 가격도 상승한다. 예를 들어 상가건물은 월세가 높아지면 건물가격이 같이 오른다. 이처럼 자산을 보유하며 현금흐름_{투자수익률}을 잘 만들어간다면 시세차익_{자산증가율}까지 함께 누릴 가능성이 높다.

현금흐름 자산부터 모아야 하는 이유

얼마 전 강남에 아파트를 가진 친척 어른이 고민상담을 해왔다. 그분은 퇴직하기 전까지 나름 활발한 거래를 통해 '똑똑한' 한 채, 모두가 부러워하는 강남 아파트를 마련하는 데 성공했다. 그런데 문제는 그 아파트에서 실거주를 하면서 퇴직하고 나니 정작 쓸 생활비가 없다는 것이었다. 아마 많은 분들이 비슷한 고민을 하고 있지 않을까? 남들이 보기엔 비싸고 화려한 거위를 소유하고 있지만, 그 거위가 황금알을 낳지 못하니 유지하는 것조차 버거운 것이다. 이것이 가장 우선적으로 황금알을 낳는 거위, 즉 현금흐름을 가져오는 자산부터 모아야 하는 이유다.

거위농장에서 현금흐름이 계속 나와서 안정적인 운영이 가능해지면, 이제 황금알을 낳는 거위만 고집할 필요가 없어진다. 그때는 다양한 거위를 수집해볼 수도 있다. 예를 들어 불확실성이 큰 스타트업에 대한 투자는 새끼 거위를 입양해 기르는 것과 같다. 이 거위가 앞으로 얼마나 자랄지, 알을 얼마나 많이 낳아줄지 알 수 없지만, 여러 마리를 기르다 보면 그중 한 마리는 엄청난 성장을 보일 수도 있다.

하지만 불확실성이 큰 이런 투자는 아직 현금흐름이 충분하지 않은 평범한 농장주가 할 수 있는 것은 아니다. 먼저 현금흐름이 충분히 나오는 안정적인 농장으로 키워낸 후에, 그 외의 다양한 투자법을 시도해야 한다.

시간도
중요한 자산이다

많은 사람들이 경제적 자유를 꿈꾼다. 경제적 자유가 자산소득에 좀더 초점을 맞춘 개념이라면, **우리는 경제적 자유에서 더 나아가 시간의 자유를 강조하고 싶다.** 경제적 자유의 정의를 근로소득보다 자산소득이 더 큰 상태라고 한다면, 시간의 자유는 24시간을 내 마음대로 쓸 수 있는 상태라고 할 수 있다. 즉, 시간의 자유는 경제적 자유를 내포하고 있다. **투자의 지향점은 단지 '경제적 자유'에 머무는 것이 아니라 '시간의 자유'까지 확장되어야 한다.** 결국 투자의 궁극적인 목표는 '시간 자산을 늘리는 것'이라고 할 수 있다.

누구나 시간 자산을 갖고 있지만, 시간은 한없이 주어지는 것이 아니며, 그 가격은 사람마다 다르다. 워런 버핏과 점심 한 끼를 먹는 시간의 가격은 약 54억 원2019년이다.

시간 자산을 늘리는 3가지 방법

나의 시간 자산을 늘리기 위해서는 어떻게 해야 할까? 다음의 3가지 방법이 있다.

> 1. 나의 순시간 자산의 가치 높이기 회사원 포지션
> 2. 남의 시간을 레버리지 하기 사장님 포지션
> 3. 자산으로 시간을 레버리지 하기 투자가 포지션

회사원은 자신의 순시간 자산의 가치를 키우는 투자자다. 어렸을 때부터 좋은 대학에 가기 위해 노력하고 좋은 회사에 취직하기 위해 노력해 시간 자산의 가치를 키워왔고, 그 노력의 결실을 연봉 현금흐름으로 받는다. 더 많은 현금흐름을 얻기 위해서는 시간 자산의 가치를 높여 회사로부터 인정받아야 한다. 여기에는 업무능력뿐만 아니라 근면 성실, 회사에 대한 충성도, 인간관계 등 다양한 가치가 반영된다.

반대로 이 회사원을 고용한 사장은 시간 레버리지를 일으키고 있는 셈이다. 다른 사람의 시간을 빌리는 것은 리스크가 큰 투자다. 사업가는 이 리스크를 감당해야 하므로 더 많은 현금흐름을 기대한다. 이처럼 각자의 포지션에 따라서 시간 자산을 어떻게 활용하는가가 달라진다.

시간 소모가 적은 자산으로 레버리지 하라

나는 현재 어떤 포지션에 있을까? 돈이 유한한 자원인 것처럼 시간도 유한하다. 따라서 항상 내가 들이는 돈과 시간을 동시에 고려해서 효율적인 투자를 해야 한다.

예를 들어 부동산형 투자자는 매수·수리·임대·보유·매도 과정에서 많은 시간을 소모할 수 있다. 특히 보유 과정에서 관리에 시간이 많이 드는 고시원, 다가구, 셰어하우스, 숙박 공유 서비스 등은 시간 레버리지 효과가 작다. 따라서 다른 사람의 시간을 레버리지 하지 않으면, 임대료를 많이 받는다 해도 나의 시간 자산의 가치를 떨어뜨릴 수 있다.

반면 채권이나 예금, 배당주 등 매입 후 관리가 크게 필요 없는 자산은 시간 레버리지 효과가 크다. 이때 받는 황금알^{현금흐름}은 시간 자산을 거의 사용하지 않기 때문에 시간 자산 대비 수익률이 높다.

나의 시간 대차대조표^{시간상태표}를 만들어보자. 모든 투자자는 많은 현금흐름을 얻기 위해 투자한다. 많은 현금흐름은 경제적 자유를 가져다주지만, 항상 시간의 자유까지 주는 것은 아니다. 시간의 자유를 추가로 얻기 위해서는 현금흐름을 만드는 데 소비하는 시간^{투자활동 시간}을 줄여야 하고, 이를 위해서는 다른 사람의 시간, 또는 시간 소모가 적은 자산으로 시간을 레버리지 해야 한다.

시간 소모가 적은 자산으로 레버리지 하는 법

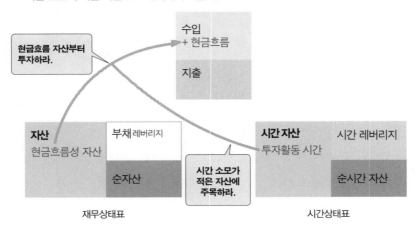

4차 산업혁명 & 저금리 시대
회사원 포지션은 위험하다

회사원은 회사에 자신의 가장 소중한 자산인 시간을 투자하는 투자자다. 하지만 안타깝게도 4차 산업혁명 시대가 다가오고 저금리까지 겹친 현재 상황에서는 시간 자산으로 현금흐름을 만드는 이들의 포지션은 위험할 수 있다.

회사원 포지션이 위험한 이유

한 명의 직원과 정확히 같은 일을 할 수 있는 로봇의 가격이 10억 원이고, 그 직원의 연봉이 3천만 원이라고 하자. 당신이 고용주라면 이 직원과 로봇 중 누구를 고용할까? 로봇은 감가상각이나 수리비 등의 추가지출이 있을 수 있지만 대신에 복리후생비나 회식비, 4대 보험, 퇴직금,

임금인상, 연차, 휴가 등에 대한 부담이 없다. 또한 24시간 일을 할 수도 있다. 하지만 이 모든 것은 간단한 비교를 위해 일단 생략하자. 경제적인 면에서만 본다면 고용주는 둘 중 누구를 선택해야 할까?

그 결정의 기준이 되는 것은 바로 금리다. 로봇을 구입하기 위해 10억 원의 대출을 받거나 리스를 이용할 때 대출이자가 연 3%라면, 연 대출이자는 3천만 원으로 직원의 연봉과 같다. 다른 장단점을 모두 무시했을 때, 24시간 일할 수 있는 로봇은 고용주 입장에서 매우 매력적인 옵션이 될 것이다. 만약 대출금리가 2%로 하락하면 로봇 구입을 위한 대출이자는 연 2천만 원이 되므로, 고용주는 3천만 원 연봉의 직원을 고용할 이유가 없어진다. 한편 직원의 시간 자산은 금리를 기준으로 다음과 같이 계산할 수 있다.

$$\text{대출금리 3\% 시: 직원의 시간 자산} = \frac{\text{연봉 3천만 원}}{3\%} = 10\text{억 원}$$

$$\text{대출금리 2\% 시: 직원의 시간 자산} = \frac{\text{연봉 3천만 원}}{2\%} = 15\text{억 원}$$

금리가 3%일 때보다 2%일 때 직원의 시간 자산이 크게 증가하는 것을 볼 수 있다. 이처럼 현금흐름인 연봉을 시장금리 수준에 따라 자산 가격으로 바꾸면 내 시간 자산의 가격을 구할 수 있다. 그리고 대출금리가 내려갈수록 회사원의 시간 자산의 가격은 올라가게 된다.

회사원들의 대비책은 무엇일까?

4차 산업혁명 시대에 로봇과 AI인공지능는 엄청난 발전을 이룰 것이다.

인간이 했던 많은 일들을 로봇과 AI가 해낼 것이고, 대체될 수 있는 영역의 회사원들은 설 자리가 많이 줄어들게 될 것이다.

앞으로도 저금리 기조가 지속된다면 값싼 이자로 빌려 쓸 수 있는 로봇과 AI의 개발이 급격히 진행될 것이고, 시간 자산 가격이 비싼 '사람' 회사원은 산업현장에서 점점 뒤로 물러나게 될 것이다. 최근 오프라인 매장의 키오스크, 무인 점포, 무인 아이스크림 가게 등의 증가와 회계 프로그램의 발전은 그 단적인 예를 보여주고 있다. 이런 단순한 업무부터 차근차근 기계로 대체될 것이고 그 속도는 점점 더 빨라질 것이다. 자율주행 자동차의 발전은 점차 '사람이 운전하면 불법인 사회'를 만들어갈 것이고, 많은 택시기사와 화물 운전기사들을 대체할 것이다. 또한 법률과 의료 분야에서도 많은 회사원을 대체하게 될 것이다. 이처럼 기술발전이 가속화됨에 따라 회사원은 가장 위험한 투자자가 되어가고 있다. 회사의 오너, 경영자는 점점 더 비용이 적고 관리하기 쉬운 로봇과 AI를 대신 채용하려 할 것이기 때문이다.

현재 회사원으로서 시간 자산을 투자하는 회사형 투자만 하고 있다면, 지출을 최소화하고 종잣돈을 모아서 자본을 투자해야 한다. 더 높은 수익률의 자금과 시간 자산을 만들고, 이를 통해 현금흐름을 만들려는 노력을 해야 한다. 빠를수록 좋다. 자산은 시간을 먹고 자라기 때문이다.

현금흐름 4분면:
나의 현재 위치는 어디인가?

우리 모두는 원하든 원하지 않든 투자자다. 대부분의 투자자에게 처음에는 시간 자산을 이용한 근로소득만이 유일한 현금흐름일 것이다. 하지만 자산을 모아가면서 차츰 종류와 개수가 늘어나고, 그 자산들로부터 나오는 현금흐름이 증가할수록 새로운 유형의 투자자로 바뀌게

E: 회사원(Employee)
S: 자영업자/전문직(Self-employed)
B: 사업가(Business Owner)
I : 투자가(Investor)

된다. 로버트 기요사키는 『부자 아빠 가난한 아빠 2』에서 현금흐름에 따라 사람들을 4가지 유형으로 구분한 바 있다. 현재 나의 위치는 어디일까?

각각의 투자자들은 자신의 자산을 이용해 각자 다른 방법으로 현금흐름

을 일으키고 있다. 물론 한 부문의 투자자가 다른 4분면을 넘나들기도 한다. 각 4분면에서 일어나는 현금흐름을 살펴보자.

회사원(E)의 현금흐름

회사원은 시간 거위시간 자산를 이용해 황금알을 가져오는 투자자다. 회사원의 시간 거위는 회사에 출근해 황금알을 낳고 그중 일부를 농장으로 가져

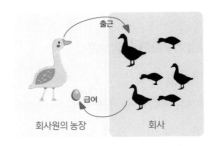

온다. 회사원으로서 성공하는 경우는 회사로부터 인정받고 자신의 시간 자산가치를 키워 더 많은 월급을 받는 방법이 유일하다. 이 경우 시간이 많이 소모되며 시간의 자유를 누릴 수도 없다. 만약 회사원이 한 달 동안 출근하지 않고 여행을 다녀온다면 회사는 당장 황금알을 끊어버릴 것이다.

자영업자/전문직(S)의 현금흐름

자영업자/전문직은 회사원과 비슷한 현금흐름을 보인다. 다만 자신이 만든 자영업장이라는 농장에서 자신이 낳는 황금알을 원하는 만큼 가져올 수 있다는 점이 다르다. 자영업자나 전문직

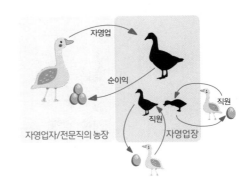

은 스스로 현금흐름을 일으켜야 하기에 더 많은 황금알을 가져오려면 그만큼 스스로를 더 혹사해야 하며, 만약 무슨 일이 생기거나 몸이 아파서 쉬게 되면 현금흐름도 끊긴다. 시간이 많이 소모되며 회사원과 마찬가지로 시간의 자유가 없다.

사업가(B)의 현금흐름

다음의 그림은 경제적 자유 및 시간의 자유를 얻은 사업가의 모습이다. 이런 사업가는 사업 파이프라인을 만들고 회사가 시스템으로 돌아갈 수 있게 한 후 **시간의 자유**를 누린다. 물론 일이 좋아 많은 시간을 일할 수도 있지만, 그렇지 않을 수 있는 **선택의 자유**도 가지고 있다. 이 부분이 중요하다.

사업가는 수많은 직원들을 고용하여 황금알을 낳도록 한다. 즉, 다른 사람의 시간을 레버리지 해서 자산으로 사용한다. 또한 사업을 위한 부동산, 시스템 등의 자산도 현금흐름을 일으키는 데 사용하고 있다. 사업가는 사업과 레버리지의 리스크를 감수하는 만큼 더 많은

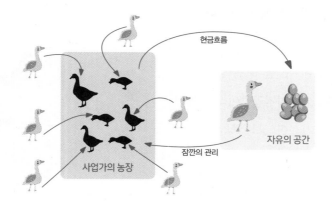

황금알을 기대한다. 성공한 사업가의 시간 거위는 그 가치가 크다. 잠깐의 관리 등 적은 시간을 투자해 많은 황금알을 얻기 때문이다.

투자가(1)의 현금흐름

투자가가 꿈꾸는 모습도 사업가의 모습과 유사하다. 다만, 다른 사람의 시간을 레버리지 하는 정도에서 큰 차이가 있다. 투자가는 주로 자본을 레버리지 해서 황금알을 낳는 거위를 매입하고 보유한다. **돈이 돈을 낳는 시스템**으로 파이프라인을 만들고, 거기에서 나오는 황금알을 가져온다. 사업가와 마찬가지로 리스크를 더 크게 감수하는 만큼, 황금알을 더 많이 얻길 기대한다. 물론 농장을 직접 관리할 수도 있고, 다른 사람을 농장 관리인으로 고용해 그의 시간을 레버리지 할 수도 있다. 무엇을 하든 선택의 자유를 가진다. 투자가의 시간 거위도 그 가치가 크다. 잠깐의 관리로 많은 황금알을 취할 수 있기 때문이다.

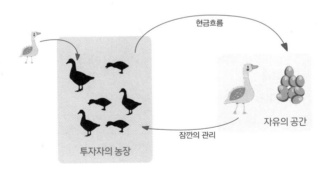

앞에서 이야기했듯, 각 4분면의 사람들은 다른 4분면으로 자유롭게 이동할 수 있다. 회사원이면서 투자가가 될 수도 있고, 사업가이면서 투자

가일 수도 있다.

우리의 최종 목적이 경제적 자유를 넘어서 시간의 자유를 원하는 것이라면, 하루빨리 사업가나 투자가의 4분면으로 이동해야 한다. 회사원이나 자영업자/전문직은 원칙적으로 시간의 자유를 가질 수 없는 구조이기 때문이다.

현금흐름의 크기에 목표를 두라

부의 수준을 평가할 때는 자산의 크기가 아니라 현금흐름을 기준으로 보아야 한다. 자산이 많으면 현금흐름도 풍부할 수 있지만, 반드시 그런 것은 아니다. 자산이 많더라도 그에 걸맞은 현금흐름이 없다면 진정한 부자라고 할 수 없다. 따라서 **경제적/시간적 자유를 원한다면 자산의 크기가 아닌 현금흐름의 크기에 목표를 두어야 한다.** 원하는 현금흐름의 크기는 사람마다 다르다.

현금흐름(Cash Flow) = 부의 수준을 나누는 기준, 경제적/시간적 자유의 목표

현금흐름은 크기별로 다음 4구간으로 나눌 수 있다.

현금흐름의 4가지 구간

최저생계비 구간

최저생계비 구간은 인간이 살아가는 데 필요한 최소한의 현금흐름까지

의 구간이다. 2019년 8월 5일 발표된 보건복지부의 '생계급여의 선정기준'을 살펴보면 다음 표와 같다.

한국의 최저생계비　　자료: 보건복지부, 「중위소득 및 생계급여 선정기준과 최저보장수준」(2020년)

구분	1인 가구	2인 가구	3인 가구	4인 가구	5인 가구
금액	527,158원	897,594원	1,161,173원	1,424,752원	1,688,331원

국가가 정한 4인 가족의 최저생계비는 월 140만 원 정도다. 큰 위기 시에는 누구든 이 구간에 들어올 가능성이 있다. 나와 내 가족이 이런 위기에 빠지지 않도록 하기 위해서라도 투자를 해야 한다.

평균생활비 구간

우리 사회에서 평균적인 생활을 영위하는 데 필요한 현금흐름까지의 구간으로 중위소득이라고 할 수 있다. 다음 표와 같이 4인 가족의 중위소득은 월 475만 원 정도다.

한국의 중위소득　　자료: 보건복지부, 「중위소득 및 생계급여 선정기준과 최저보장수준」(2020년)

구분	1인 가구	2인 가구	3인 가구	4인 가구	5인 가구
금액	1,757,194원	2,991,980원	3,870,577원	4,749,174원	5,627,771원

작은 욕심 구간

개인마다 차이가 있겠지만, 자신이 충분하다고 생각하는 현금흐름까지의 구간이다. 원하는 음식을 아무 거리낌 없이 사 먹을 수 있고, 가고 싶은 곳을 시간만 있다면 어디든 갈 수 있고, 입고 싶은 것, 사고 싶은 것을 별 고민 없이 살 수 있는 수준이다. 누군가는 월 500만 원을 기준으로 삼을 수도 있고, 누군가는 월 1,000만 원, 월 1억 원을 기준으로 삼을 수도 있을 것이다. 눈을 감고 10초만 상상해보자. "내 통장에 매월 1억 원의 현금이 들어온다면…" 이처럼 부의 수준은 현금흐름으로 평가된다.

큰 욕심 구간(자아실현 구간)

충분한 현금흐름 이후의 구간이다. 왜 충분한 현금흐름이 있는데도 더 많은 돈을 얻으려 할까? 물론 자랑하며 자신을 드러내고 싶어 하는 사람도 있겠지만, 꼭 돈이 목적이 아니더라도 자아실현에 대한 목표를 달성하기 위해 돈을 버는 사람도 있다. 이를테면 사회에 환원하고 자선단체를 운영하기 위해 더 많은 현금흐름을 원하는 사람도 있을 것이다.

꼭 돈을 벌기 위한 건 아니지만 계속적인 활동이 결국 큰 현금흐름을 가져오는 경우도 있다. 기업 오너의 경우 기업 및 임직원에 대한 책임감이 그를 더 부자로 만들어주기도 한다. 정치적인 활동, 국제사회에서의 활동, 스포츠·음악·미술 활동 등 명예와 권력에 대한 자아실현 욕구가 부가적으로 현금흐름을 가져오기도 한다.

시간 자산의 가치를 높이는 3가지 방법

우리는 하루 8시간 정도를 수면을 위해 쓰고, 이동·식사·휴식·운동 등 6~8시간 정도는 신변 정리를 위해 사용한다. 따라서 우리가 일이나 투자에 집중할 수 있는 시간은 하루 8~10시간 정도밖에 되지 않는다. 집중할 수 있는 시간 자산을 '시간 에너지'라고 하자. 평균적으로, 그리고 지속적으로 12시간 이상 투자에 집중할 수 있는 사람은 많지 않을 것이다.

'시간 에너지 – 현금흐름' 평면

시간 에너지를 가로축, 현금흐름을 세로축으로 하면 다음과 같은 평면을 그릴 수 있다. 시간 자산을 가지고 투자하는 회사원E, Employee 과 자영업자/전문직S, Self-employed 이 있다고 가정해보자.

이 그래프에서 E선은 시간 에너지를 100% 이용해 '평균생활비'를 버는 회사원이다. S선은 시간 에너지를 100% 이용해 '충분한 현금흐름'을 얻는 자영업자/전문직이다. 만약 자영업자/전문직이 욕심을 버리고 평균생활비 정도만 벌겠다고 마음먹는다면, 자신의 시간 에너지 중 40% 정도만 사용하고 60% 정도의 여유시간을 가질 수도 있다.

이 둘의 차이는 어디서 오는 것일까?

회사원과 자영업자/전문직의 '시간 에너지-현금흐름' 비교

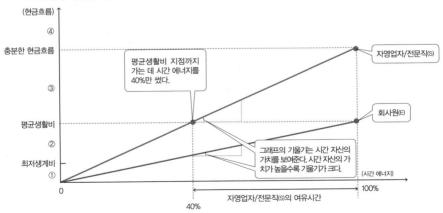

'시간 에너지−현금흐름' 평면에서 그래프의 기울기는 투자자의 '시간 자산의 가치'를 나타낸다. 자영업자/전문직은 회사원보다 시간 자산의 가치가 크기 때문에 더 적은 시간을 일하고도 더 많은 현금흐름을 만들어낼 수 있었던 것이다.

이번에는 사업가B, Big Business 또는 투자가I, Investor와 자영업자/전문직S, Self-employed의 그래프를 보자.

사업가 및 투자가, 자영업자/전문직의 '시간 에너지-현금흐름' 비교

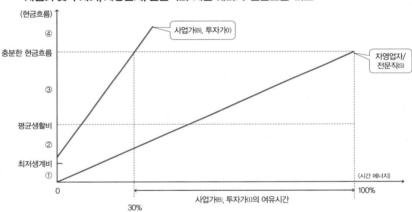

우선 시간 자산의 가치를 비교하면, 사업가와 투자가가 자영업자/전문직보다 월등히 큰 것을 알 수 있다. 둘다 충분한 현금흐름을 목표로 했을 경우 자영업자/전문직은 여유시간이 전혀 없는 반면, 사업가, 투자가는 거의 70% 이상의 여유시간을 가질 수 있다. 또한 여기서 자영업자/전문직은 충분한 현금흐름③구간 이상의 현금흐름을 전혀 얻을 수 없지만, 사업가와 투자가는 ④구간에 진입할 수 있다.

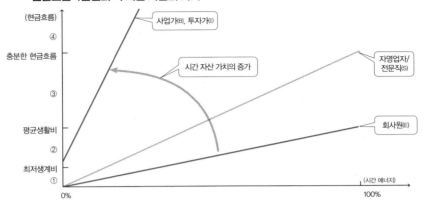

현금흐름 4분면의 각 시간 자산의 가치

(현금흐름)

④

충분한 현금흐름

③

평균생활비

②

최저생계비

①

사업가(B), 투자가(I)

시간 자산 가치의 증가

자영업자/전문직(S)

회사원(E)

0%   (시간 에너지)   100%

이런 차이가 발생한 원인은 무엇일까? 그리고 근본적으로 시간 자산의 가치를 증가시키려면 어떻게 해야 할까?

1. 자신의 순시간 자산의 가치를 높인다

회사원이나 자영업자/전문직으로 성공하여 시간의 자산가치를 높이는 방법이다. 다음의 그래프에서 그래프 선의 기울기를 높이면 된다.

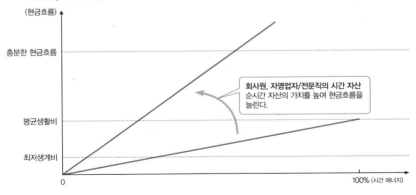

회사원, 자영업자/전문직의 시간 자산

(현금흐름)

충분한 현금흐름

회사원, 자영업자/전문직의 시간 자산
순시간 자산의 가치를 높여 현금흐름을
늘린다.

평균생활비

최저생계비

0   100% (시간 에너지)

다시말해 시간 자산의 가치를 높여 회사원이라면 임원이 되기 위해, 자영업자/전문직이라면 더 많은 영업이익을 얻기 위해 노력하는 것이다.

2. 다른 사람의 시간을 레버리지 한다

사업가가 현금흐름을 만들어내는 방법이다. 회사를 만들어 다른 사람의 시간 자산을 모으고, 그것을 이용해 현금흐름을 만들어낸다. 다른 사람의 시간 자산을 더 효율적으로 모을수록 더 많은 현금흐름을 얻게 된다. 다른 사람의 시간을 레버리지 하는 것은 큰 위험이 따르므로 위험 대비 큰 현금흐름을 기대하게 된다.

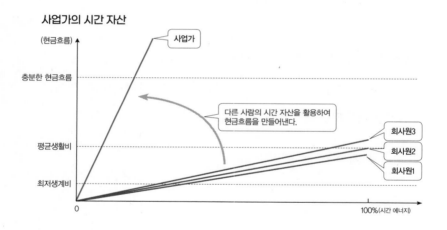

사업가의 시간 자산

3. 시간 외 자산을 이용해 현금흐름을 일으킨다

투자가가 현금흐름을 만들어내는 방법이다. 조금 다른 이야기지만, 이는 그래프 선의 기울기를 키우는 데 집중하는 것이 아니라 y절편을 변화시키는 것이다. 이 경우 투자가의 시간 자산은 점선처럼 표현할 수

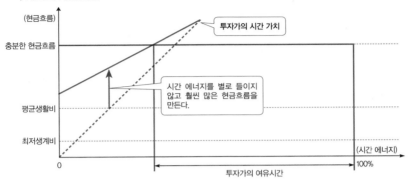

투자가의 시간 자산

(현금흐름)

투자가의 시간 가치

충분한 현금흐름

시간 에너지를 별로 들이지 않고 훨씬 많은 현금흐름을 만든다.

평균생활비

최저생계비

(시간 에너지)

0

100%

투자가의 여유시간

있고, 이 점선의 기울기는 투자가의 시간 자산의 가치를 나타낸다.

물론 사업가와 투자가의 혼합된 형태가 존재한다. 즉, 시간 외 자산을 이용해 현금흐름을 만들고 동시에 다른 사람의 시간을 레버리지하는 경우, 시간 자산의 가치가 더 높아지고 더욱 많은 현금흐름을 만들어낼 수 있으며, 결과적으로 더 많은 시간의 자유를 누릴 수 있게 된다. 한편 국가는 국민의 시간 가치를 높이는 금융교육을 통해 많은 이들이 경제지식을 갖추고 더 나은 경제생활을 할 수 있도록 지원해야 할 것이다. 그것이 건강한 사회를 만들기 위한 국가의 역할이 아닐까 싶다.

투자의 핵심 개념 ① 자산

순자산이 얼마면
직장을 관둘 수 있을까?

투자의 5가지 핵심 개념

돈 자산과 시간 자산을 효과적으로 늘려가려면 좋은 투자를 해야
한다. 좋은 투자의 구체적인 방법은 다음과 같다.

> 좋은 투자의 방법은 **자산**의 **가치**를 측정하고, 그 측정된 가치보다 **싸게**(가격) 사서
> **현금흐름**을 일으키며 **보유**하고 지속적으로 자산을 늘려가는 것이다.

거위농장으로 비유하면, 거위의 가치를 측정하고, 측정된 가치보다 싸
게 사서 황금알을 잘 낳도록 키우고 보살피면서, 그 황금알을 이용해
지속적으로 거위를 사서 모아가는 것이다.

앞의 정의에 의하면 우리는 투자에서 중요한 5가지 핵심 개념을 정확히 이해해야 한다.

> **투자의 5가지 핵심 개념**
> ① 자산 　② 가치 　③ 가격 　④ 현금흐름 　⑤ 보유

먼저 자산부터 들여다보자.

좋은 자산의 기준은 현금흐름

"순자산이 얼마면 직장을 관둘 수 있을까요?"

재테크 카페 등에서 흔히 접하는 질문이다. 그럼 나름대로 "××억이요~"라는 답변들이 달리는 게 재미있다. 필자의 대답은 이것이다.

"순자산은 큰 의미 없습니다. 자산이 가져오는 순현금흐름이 생활비 이상을 커버한다면 은퇴를 고려할 수 있는 시작점이 됩니다."

순현금흐름, 즉 각종 비용들을 제하고 나서 내 손에 쥐어지는 수익이 지출보다 크다면 직장을 그만둘 수 있는 선택권이 생기는 셈이다. 여기서 중요한 것은 자산이 현금을 만들어내야 한다는 점이다. 즉, 거위가 알을 낳아야 한다.

『부자 아빠 가난한 아빠』의 저자 로버트 기요사키는 자산을 다음과 같이 정의한 바 있다. 나 역시 여기에 전적으로 동의한다.

> **자산 = 나에게 돈을 가져다주는 것**
> (현금흐름을 가져오는 것 알을 낳는 거위)
> **부채 = 나에게서 돈을 빼내가는 것**
> (마이너스(-) 현금흐름을 가져오는 것 알을 낳지도 못하면서 사료만 왕창 먹는 거위)

결국 현금흐름의 발생 유무가 좋은 자산의 기준이다. 현금흐름이 발생하는 자산을 하나둘씩 모아가면 시간이 갈수록 현금흐름이 더 증가하고 경제적 자유와 시간적 자유를 줄 것이므로, 굳이 번거롭게 이 자산, 저 자산의 가격 상승을 애타게 기다리며 거래할 필요가 없다. 하지만 아직도 자산에 투자하기보다는 부채를 끌어안는 모습들이 많이 보인다.

2008년 글로벌 금융위기 당시, 대출을 낀 채로 강남 재건축 아파트를 보유한 지인이 있었다. 그런데 예상치 못한 실직 때문에 결국 대출금 부담을 이기지 못하고 매도할 수밖에 없었다. 이 강남 아파트는 그에게 자산이었을까, 부채였을까?

안타깝지만, 이처럼 준비되지 않은 투자자에게 재건축 아파트는 돈만 빼먹는 부채인 경우가 많다. 농장주에게 알을 낳아주지도 않으면서 사료값만 쓰게 하는 거위인 셈이다. 물론 이 거위도 잘 키우면 언젠가는 멋진 거위가 될 수도 있겠지만, 그 시점이 언제 올지는 아무도 모르며, 당장은 사료값만 축나므로 그동안 버틸 수 있는 현금흐름이 따로 있어야 한다. 따라서 언제 멋진 거위로 탈바꿈할지 알 수 없는 재개발이나 재건축 부동산에 투자하고 싶다면, 우선 내 생활비와 대출이자 등을 감당할 수 있는 안정적인 현금흐름부터 만들어야 한다. 재개발,

재건축 부동산은 불확실성이 높아 보유기간 동안 마이너스 현금흐름을 가져올 가능성이 높기 때문이다.

회사원의 경우 월급을 받은 후 생활비, 용돈, 대출이자 등을 쓰고 나면 순현금흐름이 간당간당하거나 마이너스가 되는 경우가 있으므로, 특히 현금흐름을 가져오는 자산에 더 집중해야 한다. 생활비를 감당할 정도의 돈이 나오는 자산을 모았다면, 그후에는 시세차익을 노리는 다양한 성격의 투자로 범위를 넓혀갈 수 있을 것이다.

반대로 마이너스 현금흐름을 발생시키는 자산, 즉 무늬만 자산인 것으로는 어떤 게 있을까? 자동차 감가상각비용이 어마어마하다나 이자비용, 그리고 세금만 나갈 뿐 수익이 없는 부동산을 들 수 있다. 이들은 자산으로 잡히지만 실질적으로는 부채라고 할 수 있다.

흔히 사회 초년생에게 "몸값을 높여라"라고 이야기하는데, 여기에서 '몸값'은 결국 시간 자산의 가치를 의미한다. 몸값을 높이기 위해 독서 등 자기계발에 힘쓰는 것은 시간 자산의 가치를 늘리는 것이다. 아직 소득이 없는 학생도 마찬가지다. 자격증을 따거나 미래를 준비하는 등의 모든 노력이 내 시간 자산의 가치를 더 키우려는 투자인 것이다.

부자들의 가치 비교
객관화 습관

부자들이 부자가 된 이유 중 가장 중요한 것은 '항상 가치를 비교하고 객관화하려는 습관'인 것 같다. 가치비교는 어렵고 정확하지 않을 때도 많다. 보통 사람들은 귀찮아하고 잘 하려 들지 않는다. 하지만 항상 가치를 비교하고 측정하려는 습관은 투자자가 지녀야 할 숙명이라고도 할 수 있다.

행동경제학의 명저 『생각에 대한 생각』에서는 우리의 사고체계를 크게 2가지로 구분한다.

시스템1 사고 : 아무 생각 없이 자동적으로 튀어나오는 직관적 사고
시스템2 사고 : 심사숙고해서 생각하고 고려해야 하는 분석적 사고

투자대상의 가치를 평가할 때는 이 2가지 사고, 즉 **직관과 분석**을 모두 사용해야 한다. 가치는 시간과 공간에 따라 계속 변하기 때문에 절대적인 가치를 객관적으로 측정하기 어렵다. 하지만 주요한 핵심 변수를 기준으로 정해놓고 상대적인 비교 평가를 하는 것은 가능하다. 이렇게 말하면 매우 거창한 것 같지만, 사실상 우리가 매일 하는 것이다. 특히 인터넷 쇼핑을 즐기는 사람이라면 더더욱 그렇다.

새로운 스니커즈를 사야 한다고 하자. 이때 스니커즈를 보는 순간 "어머, 이건 사야 해!"를 외치는 것, 이것을 사면 내가 더 예쁘고 돋보인다는 것을 즉각적으로 아는 것은 '직관'시스템1 사고이다.

반면 스니커즈 구매의 핵심 기준을 ① 특정 디자인, ② 가격, ③ 배송기간으로 정하고, 여러 인터넷 쇼핑몰을 다니면서 원하던 디자인과 가격, 배송기간 등을 종합적으로 판단해서 가장 조건이 좋은 곳에서 구매를 결정하는 것이 '분석'시스템2 사고인 셈이다.

스니커즈와 같은 소비재는 투자가치가 거의 없기 때문에 사용가치 위주로 얘기했다. 하지만 주식과 부동산의 경우 직관과 분석을 통해 사용가치는 물론이고 투자가치도 함께 평가해야 한다. 신축 아파트의 경우 모든 것이 깨끗하고 아름답게만 보일 테니 "어머, 이건 사야 해!" 하는 직관적 사고가 바로 튀어나오기 쉽다. 반면 분석적 사고를 하려면 가치평가의 기준을 먼저 제시해야 한다.

가치는 시간과 공간에 따라 변하며 절대적인 가치를 객관적으로 측정하는 것은 불가능하다. 하지만 시간적, 공간적 차이에 의한 상대적인 가치는 비교할 수 있다. 예를 들면 비슷한 입지의 한 아파트는 지은지 20년 되었고, 다른 하나는 1년 되었다면 당연히 신축 아파트의 가치가 높을 것이다 시간의 차이. 또한 같은 아파트 단지 내에서도 1층과 로열층의 가치를 비교해보면 당연히 로열층의 가치가 높을 것이다 공간의 차이. 이처럼 공간과 시간을 달리하는 재화의 가치는 비교가 가능하다.

투자는 가치가 상대적으로 낮게 측정되어 이익이 발생할 것으로 예상될 때 이루어진다. 예를 들면 로열층의 가격이 1층과 같다면 가치가 낮게 측정되었다는 판단 아래 매수하게 될 것이다. 하지만 상대적 기준이 되었던 1층의 가치가 잘못 평가되었다면 문제가 달라진다. 자산의 가치는 이처럼 절대불변이 아니기 때문에 항상 의심해봐야 한다.

사람들은 북쪽을 알기 위해 북극성을 찾는다. 하지만 북극성은 정확한 북쪽 true north 이 아니다. 지구의 자전축은 4만 1천 년 주기로 바뀌므로 북쪽의 위치가 바뀔 수도 있다. 그러나 그 변화량이 매우 적기 때문에, 우리는 북극성으로 북쪽을 가늠할 수 있다. 이처럼 예측이 가능하고 변화량이 적은 가치 북극성의 위치를 찾고, 그 가치에 대한 상대적인 가치 북쪽(진짜 북쪽은 알기 어려움)를 평가하는 노력은 매우 중요하다. 이를 거듭할수록 분석력뿐만 아니라 경험이 쌓여 직관력도 상승하게 된다. 이른바 내공이 쌓여가는 것이다.

무작정 "가즈아~!"를 외치기 전에 내가 구매하려는 가치는 어떤 것인지 꼼꼼히 비교해보는 습관을 들이는 것, 이것이 경제적, 시간적 부자가 되는 기본적인 습관이다.

투자의 핵심 개념 ③ 가격

특히 통화량 변화에
주목해야 하는 이유

2020년 7월, 김현미 당시 국토교통부 장관은 부동산 가격 폭등의 원인 중 하나가 '과잉 공급된 유동성'이라고 답변한 바 있다. 유동성이 과잉 공급되었다는 말은 곧 통화량이 많다는 말과 같다. 우리나라가 통화량을 집계한 1986년 이래 지난 34년 동안, 통화량$_{M_2}$은 연평균 약 13% 증가해왔다. 2020년 7월 당시에는 통화량이 1년 동안 14% 늘어나면서 증가율이 더 가팔라지고 있었다. 부동산 가격과 통화량 증가는 어떤 관계가 있는 것일까?

가격 변화는 언제 일어날까?

가격이란 어떤 재화나 서비스의 가치가 돈으로 교환되는 비율을 말한다. 재화/서비스를 화폐로 교환하는 것이다.

그렇다면 가격의 변화는 언제 일어날까?

첫째, 재화/서비스의 가치가 변하거나, 둘째, 수요/공급이 변하거나, 셋째, 유동성통화량이 변했을 때이다. 부동산의 경우를 예로 들어 가격 변화가 언제 일어나는지 좀더 자세히 살펴보자.

· **재화의 가치 변화** : 그 부동산의 주변환경이 변하거나 시간이 지나 점점 낡아지면서 실사용가치가 감소한 경우

· **수요/공급의 변화** : 부동산의 공급물량이 없어서 매매 및 전월세 물량이 감소했을 경우, 반대로 공급물량이 많아서 물량이 증가했을 경우, 또는 수요가 변동한 경우

· **통화량**돈 가치 **변화** : 생산되는 재화와 서비스보다 통화량이 급증하거나 급감한 경우

주식이나 부동산 등의 가치 변화, 또는 수요/공급의 변화가 가격의 변화를 일으킨다는 것은 당연하게 받아들일 수 있다. 그런데 가격 변화의 3가지 요인 중에서 주목해야 할 것은 통화량의 변화다.

왜 통화량 변화에 주목해야 하는가?

경제 내에서 유통되는 화폐의 양을 '통화량'이라고 한다. 통화량은 유동성의 정도에 따라 본원통화M0, 협의통화M1, 광의통화M2, 금융기관유동성Lf, 광의유동성L으로 구분할 수 있다. 여기서 협의통화는 현금과 언제든 현금으로 찾을 수 있는 결제성 예금보통통장, CMA 등을 더

한 것으로 좁은 의미의 통화이고, 광의통화는 만기 2년 미만의 예적금, MMF머니마켓펀드 등의 금융상품들을 포함한 좀더 넓은 의미의 통화이다. 집을 사거나 목돈이 필요할 때 약간의 이자 손실을 감수하고 해지하여 비교적 손쉽게 현금화할 수 있는 통화라고 생각하면 된다. 뉴스에서 '통화량'이라고 하면 보통 광의통화M₂를 말할 정도로 광범위하게 쓰인다.

우리나라의 경우 통화량을 집계하기 시작한 1986년 이래 광의통화는 지속적으로 증가해왔다. 1986년 1월 약 43조 원이었던 광의통화는 2020년 상반기 3천조 원을 넘어서며 34년간 약 67배가 늘어났다. 연평균 증가율은 약 13%이다. 재화의 가치에 관련한 조건이 동일하다면, 재화의 가격도 그와 똑같지는 않더라도 대략 유사하게 수십 배 올라 있어야 정상일 것이다.

물론 화폐유통속도가 떨어지고 있기 때문에 가격이 통화량 증가율과 정비례해서 상승하지는 않는다. 중요한 사실은 현재 경제 시스템에서 통화량은 늘어나고 있으며, 앞으로도 늘어날 수밖에 없는 구조라는 것이다. 현재의 경제 시스템이 붕괴되거나 다른 시스템으로 대체되지 않는 이상, 우리는 앞으로도 통화량의 증가를 기본 전제로 하고 투자에 임해야 한다. 즉, 장기적으로 대부분의 재화/서비스의 가격은 시간에 따라 우상향할 가능성이 높다.

많은 재화 중에 특히 좋은 부동산의 가격은 장기적으로 하락하기가 매우 어렵다. 주거의 수요는 항상 존재하고, 누구나 살고 싶어 하는 좋은 입지의 부동산은 공급이 제한적이다. 여기에 재화의 가치변동과 상

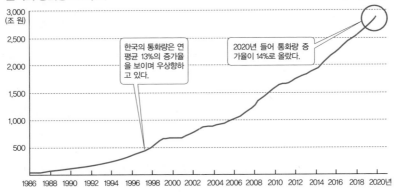

자료: 한국은행

한국의 통화량(M2) 추이

3,000
(조 원)
2,500
2,000
1,500
1,000
500

한국의 통화량은 연
평균 13%의 증가율
을 보이며 우상향하
고 있다.

2020년 들어 통화량 증
가율이 14%로 올랐다.

1986 1988 1990 1992 1994 1996 1998 2000 2002 2004 2006 2008 2010 2012 2014 2016 2018 2020년

관없이 통화량의 폭발적인 증가량 덕분에, 단기적인 수요 버블이 끼어 있지 않았다면, 장기적으로 부동산의 가격은 우상향할 가능성이 높다.

앞서 우리는 "좋은 투자란 저평가된 자산을 싸게 사서…"라고 했다. 결국 저평가된 자산은 '가치 대비 가격이 오르지 않은' 자산, 즉 '가치가 나쁘지 않은데 자산가격이 통화량 증가율만큼 오르지 않은' 자산이라고도 볼 수 있다. 여기서 통화량은 자산의 가치와 가격의 기준이 될 것이다. 재화와 서비스들의 다른 조건이 모두 동일하다면, 통화량이 급격히 늘어나면 그만큼 가격이 오를 것이다. 따라서 통화량의 방향은 투자자 입장에서 매우 중요하다. 통화량은 가격에서 북극성과 같이 기준이 되기 때문이다.

통화량 변화 예측하기

통화량이 앞으로 어떻게 될지 예측할 수 있을까? 통화량을 예측하기 위해 추세선을 그려본다고 할 때, 통화량의 시계열 데이터에 잘 맞는 추세선은 2차 다항식이다.

　다음 그래프의 추세선이 중요한 이유는 투자의 결과를 예측하는 데 기준으로 삼을 만한 지표이기 때문이다. 통화량 예측을 통해 미래의 현금흐름을 예측하고, 화폐가치와 자산가치의 비교를 이용해 자산가격을 평가하는 기준으로 삼을 수 있다.

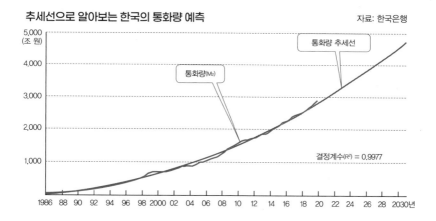

추세선으로 알아보는 한국의 통화량 예측 　　　　　　　자료: 한국은행

56쪽의 그래프를 보면 통화량의 시계열과 통화량 추세선의 차이를 볼수 있다. 통화량이 추세선을 벗어나 급증했을 때는 자산에 버블이 생기고 위기에 취약해진다.

　1997년 외환위기와 2008년 금융위기를 맞이했던 시기에는 통화량이 추세선에 비해 급증했다. 또한 최근 2020년 코로나19 바이러스로 인한 전 세계적 위기 역시 유동성의 급증을 동반하고 있고, 이에 따라 통화량도 역사상 최대폭의 증가량을 기록하고 있다. 현재 시점은 어떻게 보면 지난 위기보다 더 큰 위기상황일 수도 있다.

한국 경제에 따른 통화량 및 추세선과의 차이   자료: 한국은행

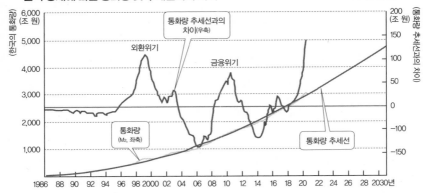

하지만 위기는 지나고 나서야 위기였다는 것을 알 수 있을 뿐이다. 투자를 할 때는 모든 것이 안정적이고 내 예상대로 될 것이라는 전제 아래서가 아니라, 언제든지 위기가 발생하고 나의 예상과 다르게 흘러갈 수 있다는 점을 염두에 두어야 한다. 이런 시기에는 자산가격의 변동이 심해지고 현금흐름이 급감하여 자산이라고 믿고 있던 거위가 부채로 바뀔 수도 있다. 그런 위기가 나타날 때를 대비해서 리스크를 분산하고, 리스크를 줄일 수 있는 수단을 준비하는 것이 투자자로서 기본적인 자세이다.

투자의 핵심 개념 ④ 현금흐름

현금흐름 만드는
자산부터 주목하라

앞에서 이미 강조해왔듯이 현금흐름은 투자자에게 매우 중요하다. 일차적으로 현금흐름이 있어야 먹고사는 문제가 해결되고, 그다음에 그보다 더 나은 삶과 경제적, 시간적 자유를 꿈꿀 수 있다. 기본적인 민생고를 해결하기 위한 현금흐름이 없다면 그 이상의 투자는 불가능하다.

앞서 우리는 현금흐름을 가져오는 것이 자산이라고 했다. 우선적으로 나에게 근로소득이라는 현금흐름을 가져다주는 시간 자산을 잘 관리하기 위해 우리는 독서, 운동 등 자기계발을 열심히 한다. 그리고 이 시간 자산이 생존에 필요한 황금알을 충분히 가져다주고 있다면 그 후엔 내 시간을 쓰지 않아도 현금흐름을 만들어줄 거위들을 본격적으로 하나씩 모아가야 할 차례다.

거듭 이야기하지만 이때의 기본 조건은 현금흐름을 창출하는지의 여부다. 또한 현금흐름은 자산의 가격 판단기준이 되기도 한다. 미래의 현금흐름을 예측할 수 있다면 우리는 현재 가격이 싼지 비싼지를 판단할 수 있다. 거위를 이 가격에 살까, 말까 고민할 때 남의 말에 의지할 필요없이 현금흐름을 예측해서 스스로 판단을 내릴 수 있게 된다. 이에 대한 구체적 설명은 2장의 '투자기준 정하는 법'에서 상세히 다룰 것이다.

투자의 핵심 개념 ⑤ 보유
언제까지, 어떻게
보유할 것인가?

자산을 보유하면서 가장 중요한 질문은 2가지다.

"언제까지 보유할 것인가?"

"어떻게 보유할 것인가?"

언제까지 보유할 것인가?

현존하는 투자의 신 워런 버핏은 다음과 같이 말했다.

"우리가 가장 좋아하는 보유기간은 '영원히'다."

우리도 투자고수 워런 버핏처럼 처음부터 영원히 보유해도 좋을 자산을 사고 있는지 돌아봐야 할 것이다. 물론 처음부터 영원히 보유해야 할 정도로 좋은 자산을 매입하도록 노력하겠다는 것이지, 한 번

자산을 언제까지 보유할 것인가? 좋은 자산이라면, 즉 충분한 현금흐름을 가져오고 자산의 상태가 좋으면 영구히 보유해도 좋다.

매입했다고 해서 무조건 영원히 보유하겠다는 뜻은 아닐 것이다. 장기 투자의 달인으로 알려진 워런 버핏도 주식을 매도할 때가 있다_{사실 꽤 자주 있다}. 그는 언제 보유를 멈추고 매도할까?

"투자자가 할 일은 단지 좋은 회사를 좋은 시점에 사고, 그들이 좋은 회사로 남아 있는 한 그들과 함께 가는 것뿐이다."

여기서 '회사'라는 단어를 '자산'으로 대체하면 어떨까? '좋은 자산으로 남아 있는 한'이라는 전제에 주목해보면 좋은 자산, 즉 충분한 현금흐름을 가져오고 자산의 상태가 좋으면 영구히 보유하는 것이다.

투자는 거위농장을 운영하는 것과 같다. 투자자는 투자농장에 있는 거위들을 잘 보살피고 황금알을 모아야 하며, 더 많은 황금알을 낳을 수 있는 거위를 사고, 보유가치가 떨어지는 거위는 시장에 내다 팔 수도 있다. 이때 거위를 내다 파는 기준은 '황금알을 더 이상 가져다줄 수 없을 때'나 '시장에 더 많은 황금알을 가져다줄 거위가 나타났을 때'다.

단순한 자산가격 변동은 자산 보유 결정과 별 상관이 없어야 한다. 그런데 시장의 변화에 집중하는 대부분의 투자자들은 거위의 가격변화에 민감하게 반응한다. 거위 가격이 오를 때 팔고, 내릴 때 사려고 하는 것이다. 그러나 신이 아닌 이상 이것을 맞추는 것은 불가능하다. 그럴 시간에 내 농장에 있는 거위에 집중하는 것이 더 현명하다.

어떻게 보유할 것인가?

당연한 이야기겠지만, 농장주로서 우리는 거위들이 잘 먹고 황금알을 잘 낳고 있는지 점검하는 데 집중해야 한다. 아프지 않은지, 먹이는 충분히 먹는지, 잠은 잘 자는지 등 자산의 상태를 항상 점검하고 관리하는 습관이 중요하다.

우리 부부는 부동산, 주식, 옵션, 사업장 등 우리가 가진 거위들의 상태가 어떤지 꾸준히 살펴본다. 가격이 올랐으면 바로 팔려고 살펴보는 것이 아니라, 우리의 기대대로 거위들이 무럭무럭 잘 자라고 있는지 확인하는 것이다.

때로는 예상과 달리 거위의 상태가 나빠져서 처분이 필요한 때도 있다. 예를 들면 꾸준한 배당수익을 얻기 위해 배당주에 투자했는데,

오히려 배당이 삭감되는 경우다.

거위를 처분할 때에는 2가지 방법을 사용할 수 있다. 시장에 내다 팔거나, 거위의 배를 가르는 것이다. 즉 해당 자산을 매도하거나 시간 소요가 너무 많은 비즈니스를 폐기 처분하는 것이다.

투자자는 거위들이 전염병에 걸려 한번에 폐사하는 것을 방지하기 위해서 목적에 맞게 축사를 구분하고, 품종이 다른 거위들은 따로 관리해야 한다. 예를 들어 유대인은 『탈무드』에서 자산을 세 종류로 배분하라고 하는데, 이를 현대적 관점으로 보면 3분의 1은 기업, 3분의 1은 부동산, 나머지는 현금으로 보유하라는 의미로 해석할 수 있다.

거위들을 저유동성 리스크나 환금성 등 목적에 따라 잘 분류하거나, 품종이 다른 거위들부동산 vs. 금융상품, 또는 원화자산 vs. 달러자산 등을 따로 관리해야 할 필요성도 있다.

자산을 목적에 맞게 구분해놓는 것은 더 높은 수익을 얻기 위한 것이기도 하지만, 언제 닥칠지 모르는 위기에 대비하고 자산을 안정적으로 보유하기 위한 것이기도 하다.

이제 투자의 핵심 개념을 요약해보자.

투자의 핵심 개념 정리

① 자산은 현금흐름을 가져오는지 여부가 기준이 되어야 한다. 황금알을 낳는 거위를 모아가자.

② 가치를 항상 비교 분석하는 부자의 습관을 따라 하자. 우리가 쇼핑을 할 때 늘상 하는 것이니 투자할 때도 습관화하자.

③ 가격은 가치, 수요/공급, 통화량의 변화에 따라 변동하는데, 현 경제체제에서는 통화량이 증가하면서 대부분의 자산은 장기적으로 우상향할 것이다.

④ 현금흐름은 자산의 기본조건이기도 하고, 자산의 가격을 결정 짓는 평가기준이 되기도 한다.

⑤ 자산은 장기 보유가 가장 유리하므로 처음부터 장기 보유할 만한 자산을 사자. 보유의 기준은 가격변동이 아니라 자산의 상태이며, 안정적 운용을 위해 자산을 분류해서 보유하자.

2장

자산을
늘리는 원칙

자산을 효과적으로 빠르게 늘리기 위한 원칙들을 소개한다. 어떤 자산을, 어떤
기준에 맞추어 늘려가야 나에게 가장 좋을지 알아본다.

현금흐름 자산
빠르게 늘리는 법

현금흐름이 나오는 자산을 빠르게 늘리려면 어떻게 해야 할까? 자산을 살 수 있는 예산은 한정되어 있으므로 실제 투자하는 금액실투자금을 줄이는 방법이 가장 효과적이다. 실투자금을 줄여서 최대한 많은 자산을 사려면 첫째로 싸게 사야 하고, 둘째로 레버리지를 일으켜야 한다.

1. 자산 싸게 사기

자산을 싸게 산다는 말은 적은 투자금으로 가치가 높은 자산을 사는 것을 말한다. 그런데 현재 가격이 싸다는 것을 어떻게 알 수 있을까? 과거 시계열을 분석할 것인가? 그냥 가격이 많이 떨어지면 싼 것인가?

투자의 목적은 자산을 통한 현금흐름을 만드는 것이므로, 현금흐름이 많고 투자금이 적게 든다면 좋은 자산이고, 가치 대비 저렴한 자산이라고 할 수 있다. 투자에서도 가성비를 추구하는 것이다. 즉, 투자수익률이 높은 자산을 사는 것이 자산을 싸게 사는 것이다.

$$투자수익률 = \frac{현금흐름}{투자금}$$

위 식에서 보는 것처럼 투자금이 줄어들면 투자수익률이 높아진다. 또한 현금흐름이 많다면 투자수익률이 높다. 예를 들면 2020년 3월 17일의 종가 기준 현대차 우선주005385의 배당수익률은 8.19%였다. 1억 원의 투자금으로 연 819만 원의 현금흐름을 만드는 셈이다. 평균 근로자의 몇 달치 월급이다. 현대차 우선주가 이렇게 쌀 때가 있었던가? 셀프노후 배당 연금을 만들 절호의 기회였을 수 있다.

　하지만 우리가 이런 좋은 투자를 망설이는 이유 중 하나는 레버리지 때문이다. 주식은 시간을 레버리지 할 수 있지만 자본돈을 레버리지 하기는 쉽지 않다. 물론 주식 담보대출이나 미수를 사용할 수 있지만, 다른 자산에 비해 대출기간이 짧고 대출금리도 높다. 장기 보유를 목적으로 주식을 매수했더라도 대출상환의 압박 때문에 보유를 포기해야 할 수도 있다. 이제 투자를 할 때 레버리지가 얼마나 큰 장점인지 알아보자.

2. 레버리지 활용하기

어떤 자산을 살 때 다음 그림과 같이 레버리지를 일으킨다고 가정해보자.

$$\text{실투자금} = \text{자산가격} - \text{레버리지} = A - B$$

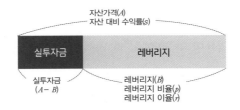

현금흐름은 다음과 같이 수식으로 표현할 수 있다.

$$\begin{aligned}\text{현금흐름} &= (\text{자산가격} \times \text{자산 대비 수익률}) - (\text{레버리지} \times \text{레버리지 이율}) \\ &= As - Br\end{aligned}$$

레버리지의 크기는 자산가격에 레버리지 비율을 곱해준다.

$$\begin{aligned}\text{레버리지}(B) &= \text{자산가격}(A) \times \text{레버리지 비율}(p) \\ &= A \times p\end{aligned}$$

투자수익률의 수식으로 다시 돌아가보면 다음과 같다.

$$\text{투자수익률}(ROI) = \frac{\text{현금흐름}}{\text{실투자금}} = \frac{As - Br}{A - B} = \frac{As - Apr}{A - Ap} = \frac{s - pr}{1 - p}$$

만약 앞에서 얘기한 현대차 우선주를 연이율 3.5%로 70% 대출받을 수 있다고 하자LTV = 70%. 이 경우 자산 대비 수익률이 8.19%이기 때문에 투자수익률ROI은 19.1%이다.

$$\text{투자수익률(ROI)} = \frac{s - pr}{1 - p} = \frac{8.19\% - (70\% \times 3.5\%)}{30\%}$$
$$= 19.1\%$$

어떤가? 배당수익률이 약 8%에서 약 19%로 약 2.3배 증가했다! 그 말은 예전에는 1억 원을 넣어야 배당으로 연 800만 원을 받을 수 있었지만, 이제 레버리지를 이용해서 1억 원을 넣으면 1,900만 원을 받는다는 것이다. 주가 상승으로 인한 자산 증가는 덤이고 말이다이는 하나의 예를 든 것일 뿐 당장 현대차 우선주를 사라는 이야기는 아니다!.

정리하면, 자산을 빠르게 늘리는 방법은 첫째로 투자수익률이 높은 자산을 찾고, 둘째로 레버리지를 최대한 일으켜서 자산을 매입하는 것이다. 하지만 여기서 유의할 점들도 있다. 첫째는 투자수익률이 높다고 해서 모두 좋은 자산일까 하는 점이다. 둘째는 레버리지를 한없이 높였을 때 위험에 빠질 수 있다는 점이다. 이에 대해 다음에서 좀더 살펴보겠다.

자산 2배 불리기 게임과 72법칙

나만의 '기준금리'를 가져라

우리 부부가 한때 즐겨 하던 '대건물주'라는 모바일 게임이 있다. 월급쟁이인 주인공이 신림동 반지하 원룸에서 시작해 대건물주로 거듭나는 과정을 담고 있다. 원룸·상가·아파트·건물 등을 사서 임대료를 받는데, 임대수익이 월급을 초과하면 직장을 그만두는 스토리도 있다. 이 게임으로 파이어족이 되는 간접경험을 해보길 추천한다. 되도록이면 빨리 직장에서 은퇴하는 것을 목표로 해보자 현실 세계에서도 같은 목표를 세우자. 투자의 기본기가 있다면 1시간 정도면 퇴사할 수 있을 것이다.

사실 투자의 과정도 이 게임과 다르지 않다. 이 게임에서 자산을 사고, 현금흐름을 만들고, 이를 재투자하는 과정이 투자의 기본과 닮아 있다. 투자를 게임이라 생각할 수 있다면 마음 편하고 즐겁게 투자할 수 있지 않을까?

자산 2배 불리기 게임

투자는 '자산 2배 불리기' 게임에 비유할 수 있다. 즉, 자산이 2배가 될 때마다 레벨업을 하고, 레벨을 높이고 경험치를 쌓으며 투자대상과 방법을 업그레이드 하는 게임이다. 레벨을 임의로 나누면 다음 그래프와 같이 구분할 수 있을 것이다.

'자산 2배 불리기' 게임의 레벨 구성

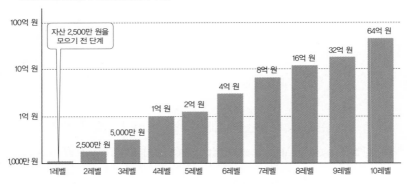

자신만의 투자게임 레벨을 정하고 그래프를 그리고 점검해보기 바란다. 위 그래프에서는 1레벨을 자산 2,500만 원을 모으기 전까지의 단계로 정했다. 각 레벨을 달성하기 위해 필요한 자산은 막대 그래프 윗부분에 1억 원 단위로 적혀 있다. 이렇게 놓고 보면 투자의 목표가 간단해지는 장점이 있다. 단순히 자산을 2배씩 불리면서 레벨업을 하면 된다!

레벨업을 하는 데 걸리는 시간, 즉 자산을 2배 불리는 데 걸리는 시간은 어떻게 정해질까? 이때 사용할 수 있는 도구가 바로 '72법칙'

이다. 72법칙은 자산을 2배 불리는 데 걸리는 시간을 쉽고 빠르게 계산하기 위해 만들어졌다. 72를 연간 자산증가율로 나눠 나온 값이 자산을 2배 불리는 데 걸리는 시간이다.

$$자산이\ 2배\ 되는\ 데\ 걸리는\ 시간_{(연)} = \frac{72}{연평균\ 자산증가율}$$

반대로도 계산이 가능하다. 72를 2배 되는 데 걸리는 기간으로 나누면 필요한 연평균 증가율을 구할 수 있다. 만약 자산을 5년마다 2배로 늘리고 싶다면 연평균 몇 %씩 자산을 늘려야 하는지 알 수 있다.

$$연평균\ 자산증가율 = \frac{72}{자산이\ 2배\ 되는\ 데\ 걸리는\ 시간_{(연)}}$$
$$= \frac{72}{5} = 14.4\%$$

연 14.4%의 자산증가율이라면 5년 안에 자산을 2배로 불릴 수 있다. 은행 예금이자가 연 1%인 시대에 14.4%의 수익률이라니 굉장히 어려워 보인다. 하지만 앞에서 살펴본 것과 같이 자산수익률ROA이 높은 자산을 레버리지를 이용해 투자한다면 자산을 훨씬 빠르게 키울 수 있다.

세상일이 모두 그렇듯 투자도 목표를 이루는 데에는 시간이 걸린다. 그래서 자산을 제대로 불려보기로 마음먹었다면 가능한 빨리 시작하는 것이 좋다. 게임이 어렵다고 해서 재미가 없지는 않은 것처럼, 지나친 욕심을 버리고 즐기면서 함께 꾸준히 하는 것이 좋다.

워런 버핏이 버크셔 해서웨이를 이용해 투자게임을 한 결과는 어떨까? 다음 그래프는 투자의 신이 투자게임을 한 과정을 보여준다. 1965년 버크셔 해서웨이의 자산을 1레벨이라고 하고, 자산을 2배로 불렸을 때마다 레벨을 증가시켜 기록했다. 이 그래프를 보면 각 레벨을 올리는 데 걸린 기간을 알 수 있다. 1년 만에 2배 불리기에 성공한 때도 있었고 상당한 기간이 걸린 때도 있었지만, 최근까지 레벨 15를 기록하고 있고, 14번이나 자산을 2배로 늘려왔음을 알 수 있다.

버크셔 해서웨이의 주가 상승(자산증가율)

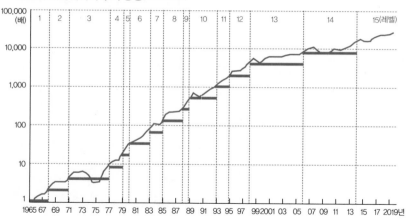

하지만 각 연도별 자산증가율을 살펴보면 다음 그래프와 같이 들쭉날쭉한 것을 볼 수 있다. 투자의 신 워런 버핏의 자산도 무려 48.7%나 감소-48.7%했던 해가 있었다. 자산증가율이 마이너스인 해도 55년 동안 11번이나 된다투자기간 중 20%.

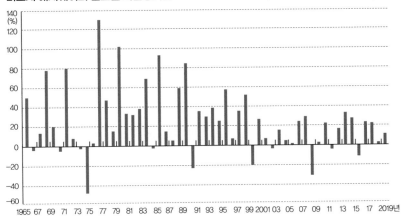

버크셔 해서웨이의 연도별 자산증가율　　　자료: Berkshire Hathaway Inc.

시장수익률에 비교한다면 자산이 감소한 횟수는 더 증가할 것이다. 그럼에도 불구하고 꾸준한 투자를 통해 자산이 2만 7천 배 증가하는 결과를 낳았다. 결론은, 장기적으로 자산을 2배씩 늘리는 레벨업을 꾸준히 해나가는 것을 목표로 해야 한다는 것이다. 단기 손실에 실망하지 말고 이처럼 장기적으로 우직하게 투자를 지속한다면, 우리도 워런 버핏처럼 놀라운 자산 증가를 이룰 수 있을 것이다.

나의 투자 '기준금리'는 얼마일까?

그럼 나는 어떤 레벨을 목표로 잡아야 할까? 우리가 자산을 늘려가려는 이유는 현금흐름을 만들기 위해서라는 점을 잊지 말자.

　내가 은퇴하고 싶은 나이와 목표로 생각하는 현금흐름은 얼마인가? 그리고 현재의 자산 상황에 비추어봤을 때, 그 목표를 달성하려면 나의 목표 투자수익률은 얼마일까?

기대수익률은 나의 목표 은퇴 나이와 원하는 현금흐름에 따라서 달라진다. 이 기대수익률, 즉 나만의 투자 기준금리는 다음 표와 같은 조건에 따라 달라진다. 각 조건을 변화시키면서 '나만의 투자 기준금리'를 정해보자.

스페이스봄 홈페이지 (www.spaceboum.com)에서 나만의 투자 기준금리를 구할 수 있다.

여기서 나온 결과를 설명하면, 자산수익률ROA은 자산에 투자할 때 기준이 되는 수익률이다. 예를 들어 목표 자산수익률이 5%라면, 자산가격이 1억 원이라고 했을 때 연 순현금흐름이 500만 원이 되어야 한다. 만약 경매로 빌라를 낙찰받는다고 가정했을 때, 목표 자산수익률이 5%라면 연 현금흐름이 300만 원밖에 되지 않는 빌라를 절대 1억 원 이상에 낙찰받으면 안 된다. 이처럼 나의 목표에 따라 투자자산 선택에 대한 기준이 세워진다.

자산에 따라 결정되는 자산수익률ROA과 레버리지 효과를 포함한 투자수익률ROI의 차이를 이해하는 것은 매우 중요하다. 자산수익률은 투자자산을 선별하는 기준이 되고, 여기에 레버리지 비율과 이자율을 조합하면 투자수익률이 된다. 즉, 자산수익률은 자산이 결정되면 정해지는 값이지만, 투자수익률은 사람마다 달라진다. 예를 들어 상가 분양사무소에서 '수익률 8% 상가'라고 광고할 때, 이는 레버리지 효과를 포함한 투자수익률이다. 최적의 조합으로 가장 높은 투자수익률을 만들어놓고 광고한다. 이 상가를 살 때는 현실적인 자산수익률을 계산해보고, 여기에 나의 신용과 감당 가능한 레버리지에 맞게 투자수익률을 다시 계산해봐야 한다.

나만의 투자 기준금리 예

자료: http://spaceboum.com

	질문 및 조건	단위	비고
현재	당신의 나이는?	35세	
	당신의 연 수입은?	4,000만 원	상여금을 포함한 연 실수령액과 이전 투자로 인한 현금흐름의 합
	당신의 연 투자 가능 금액은?	2,500만 원	실제 1년 동안 남는 현금흐름
	당신의 자본은?	2,500만 원	현재 투입 가능한 자금
투자 과정	당신은 어느 정도의 레버리지를 감당할 수 있는가?	70%	'자산' 대비 부채비율 빚이 너무 무섭고 싫다면 0%, 매우 공격적이라면 90% 이상, 평균 60~70%
	당신의 신용에 따른 대출금리는?	3.2%	특수한 대출을 제외한 평균 대출금리, 보통 마이너스 통장의 금리 정도를 적으면 된다.
미래	은퇴하고 싶은 나이는?	50세	직장이나 자영업을 은퇴하거나 경제적 자유를 얻는 것을 목표로 하는 나이
	경제적 자유를 이뤘을 때 목표로 하는 월 현금흐름은?	500만 원	직장에 다니지 않고도 얻을 수 있는 월 수입(시간의 자유까지를 의미하지는 않는다)
기본 가정	연평균 화폐가치 하락률	2.5%	
	보유비용(자산 대비)	0.5%	
	소득세율(연 현금흐름 대비)	20%	
투자 목표	연평균 자산수익률(ROA)	5.0%	투자자산을 선택할 때 기준이 되는 수익률
	연평균 투자수익률(ROI)	9.2%	**나의 기준금리!**

만약 위 결과로 나온 '나만의 투자 기준금리', 즉 내가 감당해야 할 투자수익률이 너무 높다면 조건을 수정할 필요가 있다. 목표 은퇴 시기를 늦추거나 원하는 미래 수익을 줄여야 한다. 또는 감내할 수 있는 레버리지 비율을 높이도록 노력해야 하고, 신용을 유지하며 대출금리를 낮춰야 한다. 더 근본적으로는 나의 시간 자산 가치를 높여 연봉을 올리거나 지출을 줄여 투자금을 늘려야 한다.

다시 돌아가서 앞의 투자수익률 9.2%는 **나의 투자 기준금리, 즉 나의 목표 수익률이다.** 그런데 이것은 주식투자를 예를 들면, 내년 주가가 9.2% 상승하는 것을 목표로 하는 것이 아니다. 이것은 자산증가율일 뿐, 투자수익과 상관이 없다. **현금흐름인 연 배당수익률 9.2%가 목표다. 이런 주식은 사실 찾기 힘들다.**

수많은 젊은이들이 종잣돈과 시간 자산이 부족하다는 이유로 주식투자에 뛰어들고 있다. 하지만 주식투자는 자본 레버리지가 쉽지 않아서 자산을 늘리는 데 시간이 오래 걸린다. 그리고 주식을 샀다 팔았다 하는 트레이딩으로 돈을 번 사람들은 극히 드물다. 워런 버핏은 주주서한에서 "빈번히 사고파는 트레이딩을 투자라고 말한다면 바람둥이의 하룻밤도 낭만적 사랑"이라고 말한 바 있다.

반면 부동산형 투자에서 투자수익률 9.2%를 만족하는 자산은 많다. 뒤에서 설명할 전세 레버리지 투자도 한 예이다. 전세 레버리지 투자는 주로 전세가율 80% 이상의 주택에 투자한다. 전세보증금 레버리지에 대한 대출이자는 0%이다. 앞에서 다른 조건은 그대로 두고 레버리지를 80%, 대출이자를 0%로 바꾸면 목표 자산 대비 자산수익률은 2.3%밖에 되지 않지만, 나만의 투자 기준금리인 투자수익률은 11.0%로 변하게 된다.

앞의 표에 이렇듯 각 투자방법의 조건을 입력하면, 어떤 투자법이 목표를 빠르게 이루는 데 도움을 줄지 파악할 수 있다. 각자 사정이 다르고 목표도 다를 것이기에 나의 목표 투자수익률이 남들과 같을 수 없다. 그렇기 때문에 남들이 하는 투자를 무작정 따라 해서는 안 된다. 누구나 건강과 젊음을 꿈꾸지만 실제 나이, 건강상태, 생활습관 등 많은 변수에 따라 의사의 처방이 각각 다르듯이, 투자처방도 각자 달라야 한다. 나의 목표 수익률을 달성할 수 있는 나만의 투자법을 찾기를 바란다.

투자기준 정하는 법 ①

현금흐름할인법DCF의
기본원리

앞에서 우리가 목표하는 은퇴시기에 원하는 현금흐름을 얻기 위해 나만의 투자 기준금리를 정해보았다. 이번엔 나만의 투자 기준금리를 이용해 투자 여부를 결정하는 방법에 대해 알아보자.

　현금흐름을 기반으로 자산을 평가할 때 가장 많이 쓰이는 방법은 현금흐름할인법, 즉 DCFDiscounted Cash Flow다. 이것은 '미래의 현금흐름을 적정 이율로 할인해서 현재가치를 구하는 방법'이다. 즉, 미래에 기대되는 현금흐름을 현재가치로 환산하여 모두 더하면 어떤 대상의 가치를 반영한다는 것이다. 주로 기업의 가치를 측정하는 데 사용되는데, 이것을 자산의 가치를 평가하는 방법으로 이용할 수도 있다.

　이해하기 쉽게 예를 들어보자. 다음과 같은 마법의 투자상자가 있

고, 이 상자에 1,000만 원을 넣어놓으면 매년 100만 원씩 돌려준다고
가정하자. 여기에서 상자는 나중에 우리가 원하는 투자방법, 자산, 상
품 등 어떤 것으로도 바꿀 수 있다.

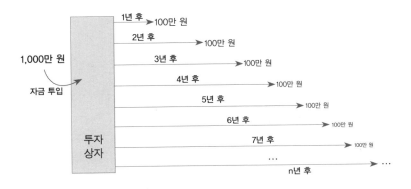

예를 들어 이 투자상자를 아파트 전세 레버리지 투자로 가정할 경우,
전세 계약기간은 2년 주기이므로 현금흐름은 매년이 아니라 2년에 한
번씩 나오게 된다.

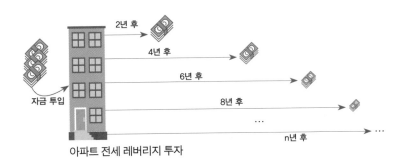

아파트 전세 레버리지 투자

다시 1,000만 원을 넣으면 매년 100만 원씩 돌려주는 마법의 투자상자
로 돌아와보자. 우리는 이 상자에 1,000만 원을 투자해야 할까? 이 질

문에 답하기 위해서는 매년 받는 현금흐름 100만 원의 현재가치가 얼마인지 알아야 한다.

1년 후에 받는 100만 원과 지금 100만 원의 가치는 얼마나 차이가 날까? 어떤 사람이 "내년에 100만 원을 줄 테니 지금 100만 원만 빌려줘."라고 했을 때, 우리는 직감적으로 이 거래가 손해라는 것을 안다. 왜냐하면 그대로 은행에 넣어둔다 해도 연이자 1% 정도는 받을 수 있기 때문이다. 미래의 100만 원은 현재의 100만 원보다 가치가 떨어진다. 얼마나 차이가 날까? 은행 예금을 예로 들어보자.

은행에 100만 원을 넣었다면, 현재 예금금리인 세후 약 1.2%를 적용했을 때 1년 후에 받을 수 있는 원리금의 합은 약 101만 2,000원이다. 이것을 식으로 나타내면 다음과 같다.

100만 원 $\times (1 + 1.2\%)^1 = 1,012,000$원

즉, 현재의 100만 원은 1년 후 받는 101만 2,000원과 비슷한 가치를 가진다고 할 수 있다. 그러면 질문을 바꿔서, 1년 후에 100만 원을 받기 위해서는 얼마를 예금해야 할까?

$A \times (1 + 1.2\%)^1 = 100$만 원
$A \qquad\qquad\quad = 98$만 8,142원

지금 98만 8,142원을 예금하면 1년 후에 100만 원을 받을 수 있다. 이때 98만 8,142원은 1년 후 100만 원에 대한 현재가치다. 100만 원이라고 해서 다 똑같은 100만 원이 아니라, 시점이 과거인지 현재인지 미래인지에 따라 그 가치가 제각각 달라지는 것이다.

1년 후의 가치를 현재가치로 변화시키려면 다음과 같은 식으로 표현하면 된다.

$$\text{현재가치}_1 = \frac{\text{1년 후 가치}}{(1 + \text{연수익률})^1}$$

n년 후의 가치를 현재가치로 환산하려면 다음 식을 이용한다.

$$\text{현재가치}_n = \frac{n\text{년 후 가치}}{(1 + \text{연수익률})^n}$$

정확히 말하면 여기서 사용하는 연수익률은 연할인율로 바꿔야 하지만, 할인율이나 수익률은 말만 다를 뿐 사실상 같은 의미다.

다시 투자상자로 돌아가서, 1년 후에 받는 100만 원과 2년 후에 받는 100만 원의 가치는 다르다. 마찬가지로 3년, 4년, 5년, … , n년 후에 받는 100만 원의 가치도 각각 다르다. 이들을 모두 현재가치로 환산해서 더해보면 다음과 같이 표현할 수 있다.

$$\frac{\text{100만 원}}{(1 + \text{연수익률})^1} + \frac{\text{100만 원}}{(1 + \text{연수익률})^2} + \frac{\text{100만 원}}{(1 + \text{연수익률})^3} + \frac{\text{100만 원}}{(1 + \text{연수익률})^4} + \cdots + \frac{\text{100만 원}}{(1 + \text{연수익률})^n}$$

$$DCF = \sum_{k=1}^{n} \frac{\text{100만원}}{(1 + \text{연수익률})^k}$$

이처럼 미래의 현금흐름을 모두 현재가치로 바꾸어 합산한 값이 우리가 투자하려는 1,000만 원보다 크다면 이 투자상자에 돈을 넣으면 된다.

아직 감이 오지 않는다면, 다음 질문에 답해보자. 1,000만 원을 투자상자에 넣었을 때 5년 동안 연 100만 원씩 준다면, 여기에 돈을 넣어야 할까? 그냥 대충 생각해봐도 5년 동안 500만 원을 받을 텐데 1,000만 원을 넣는 것은 바보 같은 짓이다.

그렇다면 15년 동안 100만 원씩 준다면 이번에는 투자상자에 돈을 넣어야 할까? 솔깃하다. 1,000만 원을 넣고 1,500만 원을 돌려받을 것이기 때문이다. 하지만 손해일 수도 있다. 이때 이익인지 손해인지 결정하는 것이 '연수익률'이다. 연수익률이 현재의 은행 예금이자와 같은 1.2%라면, 15년 동안 현금흐름을 현재가치로 환산해 모두 더한 값은 1,365만 원이 된다. 따라서 이 투자상자에 돈을 넣는 것이 유리하다. 하지만 만일 연수익률이 10%라면 돌려받는 돈의 가치는 761만 원밖에 되지 않는다. 이때는 이 투자상자에 돈을 넣지 말아야 한다.

다시 이야기하면, 투자할 수 있는 대체재의 수익률에 따라 이 투자상자에 돈을 넣을지 말지 결정해야 한다는 것이다. 대체재의 수익률이 낮다면 이 투자상자에 돈을 넣는 것이 유리할 것이고, 대체재의 수익률이 높다면 이 투자상자가 아닌 대체재에 투자해야 한다.

대체재의 수익률은 사람에 따라 다르다. 만약 어떤 사람이 연 100%의 수익을 올릴 수 있는 투자실력을 가지고 있다면, 이 투자상자에 돈을 넣지 않을 것이다. 당장 내년에 2,000만 원을 얻을 수 있을 것이기 때문이다. 연수익률이 50%인 투자기술을 가진 사람도 마찬가지다. 그는 당장 내년에 1,500만 원을 가질 수 있기 때문에 15년 동안 100만 원씩 받을 이유가 없다. 즉, 훌륭한 대체재를 얼마나 구비하고 있느냐가 투자자의 능력을 가르는 지표가 된다. 투자대상의 가치는 이렇게 정해진다.

워런 버핏은 1996년 주주서한에서 다음과 같이 말했다.

"내재가치는 절대적으로 중요한 개념으로, 투자와 기업의 **상대적** 매력도를 평가하는 **유일하게 합리적**인 방법이다. 내재가치는 간단하게 정의할 수 있다. 기업이 잔여수명 동안 창출하는 현금을 할인한 가치다."

어떤 투자방법의 상대적인 우위를 합리적으로 평가할 수 있는 유일한 방법은 현금흐름할인법을 이용해 내재가치를 구하는 것뿐이다. 이 식은 다소 어려울 수 있지만 다음과 같이 표현한다.

$$현금흐름할인법(DCF) = \sum_{n=1}^{잔여수명} \frac{현금흐름_n}{(1 + 할인율)_n}$$

이 식을 보면, 투자대상의 적정가치는 다음의 3가지 변수에 의해 결정되는 것을 알 수 있다.

① 현금흐름(미래수익)
② 목표 수익률(할인율)
③ 투자기간(잔여수명)

워런 버핏은 현금흐름할인법을 이용해 내재가치를 구하지 않는다고 이야기해서 논란이 된 적이 있다. 그러나 버핏이 말하는 것은 이 식에서 미래 현금흐름과 할인율을 무리해서 예측하지 않겠다는 말이지, 이 원리를 이용하지 않는다는 말은 아니었다. 즉, 굳이 예측하지 않아도 뻔히 알 수 있는 안정된 기업에 투자하겠다는 것이다.

버핏은 다음과 같이 말하기도 했다.

"스트라이크존에 들어오는 공만 치겠다."

우리도 현금흐름이 너무나 뻔할 정도로 보이는 곳에 우리의 기준 투자수익률을 가지고 투자 여부를 결정한다면 성공 확률을 드라마틱하게 높일 수 있다. 나만의 투자 기준금리를 정해서 편하게 스트라이크존에 들어오는 공만 치면 되는 것이다. 여기서 핵심 키워드는 **뻔할 정도의 현금흐름**이다. 따라서 현금흐름이 뻔할 정도로 예측되는 투자라면 우리는 이 투자가 나에게 맞는 것인지, 해야 할 투자인지 금방 알 수 있을 것이다.

투자기준 정하는 법 ②

순현재가치NPV와
내부수익률IRR

이제 내가 투자하려는 자산의 수익률을 평가해보자. 현금흐름할인법을 활용해서 자산을 평가하는 방법에는 크게 2가지가 있다.

① 순현재가치법Net Present Value, NPV
② 내부수익률법Internal Rate of Return, IRR

순현재가치가 플러스라면 투자하자

순현재가치NPV는 투자원년의 투자비용을 빼고, 미래의 현금흐름을 현재가치로 환산하여 모두 더하면 구할 수 있다.

$$순현재가치(NPV) = \sum_{n=0}^{투자기간} \frac{현금흐름_n}{(1 + 할인율)^n}$$

위의 식에서 투자원년$_{n=0}$에는 현금흐름이 투자비용만큼 마이너스가
될 것이다. 이후 할인율과 현금흐름이 정해지면 순현재가치를 구할 수
있다. 여기에서 순현재가치가 플러스(+)면 성공적인 투자가 되고, 마이
너스(-)면 하지 말아야 할 투자가 된다. 즉 다음의 그림과 같이 미래의
현금흐름을 현재가치로 환산해서 모두 더했을 때, 이 금액이 지금 당장
투입해야 하는 투자비용보다 크다면 이 투자는 일단 해볼 만하다.

반면 미래의 현금흐름을 현재가치로 환산해서 모두 더한 값이 현재의
투자비용보다도 더 작다면 이 투자는 할 이유가 없다.

이와 같이 순현재가치는 고려해볼 만한 투자와 단칼에 버려야 할 투자
아이디어를 구분하게 해준다. 일단 순현재가치가 마이너스인 투자라면
고려할 가치조차 없다.

내부수익률이 나의 투자 기본금리보다 높으면 투자하자

내부수익률IRR은 투자로 지출되는 현금의 현재가치와 그 투자로 유입되는 미래 현금흐름의 현재가치가 동일하게 되는 수익률을 의미한다. 즉, 순현재가치가 0이 되게 하는 수익률이다.

$$\text{내부수익률}(IRR) : \sum_{n=0}^{\text{투자기간}} \frac{\text{현금흐름}_n}{(1 + IRR)^n} = 0$$

예를 들면 현재 1억 원을 투자해서 1년 후에 2억 원의 현금흐름이 나온다고 했을 때 수익률은 100%다. 이 100%라는 수익률은 1년 후 받는 2억 원을 현재가치인 1억 원으로 환산해주는 할인율과 똑같다. 이처럼 미래가치가 현재가치와 같아지도록 만들어주는 수익률=할인율을 '내부수익률'이라고 한다.

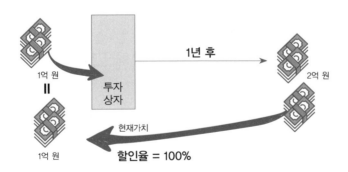

오늘 자금을 투자했는데 앞으로 매년 현금흐름이 나온다면 다음 과 같은 그림이 된다.

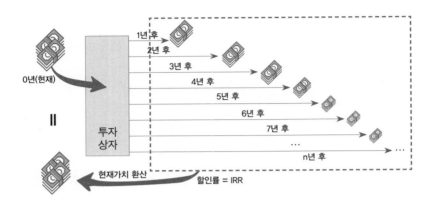

위 그림에서 볼 수 있듯이, 내부수익률은 미래 현금흐름을 현재가치로 환산해주므로 이 투자의 수익률과 같다. 따라서 해당 투자의 내부수익률이 나의 목표 수익률인 나의 투자 기준금리보다 높다면 해야 할 투자이고, 낮다면 이 투자는 패스해야 한다.

예를 들어 3,000만 원을 투자하면 향후 5년간 매년 1,000만 원의 현금흐름이 기대되는 투자를 추천받았다고 하자. 나의 목표 수익률이 10%일 때 이 투자를 해야 할까? 다음과 같이 정리해서 이 투자의 수익률을 구해보자.

투자조건 검토하기

투자기간(년)	투자원년	1년	2년	3년	4년	5년
현금흐름	-3,000만 원	1,000만 원	1,000만 원	1,000만 원	1,000만 원	1,000만 원

순현재가치를 구하려면 미래의 현금흐름5년간 매년 1,000만 원씩을 현재가치로 환산해서 오늘 투입되는 비용인 3,000만 원보다 큰지 작은지를 판단하면 된다. 나의 투자 기준금리가 10%라면 이 10%를 할인율로 쓰면 다음과 같은 식으로 계산하는 것이다.

$$순현재가치(NPV) = \frac{-3,000}{(1+10\%)^0} + \frac{1,000}{(1+10\%)^1} + \frac{1,000}{(1+10\%)^2} + \frac{1,000}{(1+10\%)^3} + \frac{1,000}{(1+10\%)^4} + \frac{1,000}{(1+10\%)^5}$$

순현재가치는 엑셀을 이용하면 쉽게 구할 수 있다. 목표수익률을 10%로 가정하면 순현재가치는 718.9만 원이 나온다. 즉 3,000만 원을 넣으면 즉시 3,718.9만 원을 돌려받는 투자가 된다.

엑셀로 순현재가치 간편하게 구하기

SUM	▼	× ✓ fx	=NPV(10%,B3:G3)				
A	B	C	D	E	F	G	H
1						단위: 만원	
2 투자기간(년)	투자원년	1	2	3	4	5	
3 현금흐름	-3,000	1,000	1,000	1,000	1,000	1,000	
4							
5					IRR	19.86%	
6					NPV	=NPV(10%,B3:G3)	
7							

내부수익률을 구하기 위해서는 다음과 같은 방정식을 풀어야 하는데, 엑셀에서 IRR 함수를 이용하면 매우 간단하게 19.86%라는 값을 구할 수 있다.

$$내부수익률(IRR) : \frac{-3,000}{(1+IRR)^0} + \frac{1,000}{(1+IRR)^1} + \frac{1,000}{(1+IRR)^2} + \frac{1,000}{(1+IRR)^3} + \frac{1,000}{(1+IRR)^4} + \frac{1,000}{(1+IRR)^5} = 0$$

엑셀의 IRR 함수로 내부수익률 간편하게 구하기

	A	B	C	D	E	F	G
	SUM	▾	⊗ ✗ ✔	*fx*	=IRR(B3:G3)		
1							단위: 만원
2	투자기간(년)	투자원년	1	2	3	4	5
3	현금흐름	-3,000	1,000	1,000	1,000	1,000	1,000
4							
5						IRR	=IRR(B3:G3)
6							

앞의 투자를 해야 할까? 앞에서 구한 나만의 기준금리와 비교해서 이 내부수익률이 더 높다면 하는 것이고, 아니라면 다른 투자처를 찾으면 된다. 여기서 나의 목표수익률은 10%인데, 이 내부수익률은 10%보다 높은 19.86%이므로 나에겐 훌륭한 투자가 된다!

이 투자는 수익률이 나의 투자 기준금리인 10%보다도 높은 19.86%로 예상되며, 순현재가치가 오늘 투입비용인 3,000만 원보다 높기 때문에 투자해도 좋다고 판단할 수 있다. 하지만 만약 나의 투자 기준금리가 25%라면 수익률 19.86%는 목표 수익률에 미달하므로 이 경우에는 하지 않아야 할 투자가 될 것이다. 이처럼 동일한 투자 건에 대해서도 사람마다 투자 기준금리가 다르기 때문에 투자를 할지 말지가 달라진다.

과거 내부수익률(IRR)의 의미

"그 사람의 과거는 그 사람의 미래다"라는 말이 있다. 이를 투자에 적용해보면, 투자가 오랫동안 지속되었을 때 과거의 수익률은 미래의 수익률과 같다.

예를 들어 1년 전 5천만 원이 현재 1억 원이 되려면 수익률이 100%여야 한다. 이 수익률이 그대로 지속된다면 1년 후의 현금흐름은 100%가 반복되어 2억 원이 된다. 즉, 미래의 2억 원이 현재의 1억 원이라면 할인율은 100%다.

투자수익률이 일정하다면, 과거의 현금흐름을 현재 시점으로 가져오는 투자수익률과, 미래의 현금흐름을 현재 시점으로 가져오는 투자수익률은 똑같을 것이다. 따라서 과거의 수익률을 미래 현금흐름 가치를 현재로 가져오는 할인율로 사용할 수도 있다!

어떤 사업이 지금과 같은 속도로 지속적으로 성장한다고 가정하면, 과거의 현금흐름을 현재로 가져오는 수익률과 미래의 현금흐름을 현재로 가져오는 수익률은 같아야 한다. 과거에 벌어들인 현금흐름의 합이 그 투자대상의 가치이고, 앞으로 벌어들일 현금흐름의 합 또한 그 투자대상의 가치이기 때문이다. 따라서 과거의 수익률이 나의 목표 수익률보다 높다면 이 사업/투자를 진행하고, 내 목표 수익률보다 낮을 경우에는 패스하면 된다.

현실적으로 미래 가치 현금흐름의 합이 과거 현금흐름의 합과 정확히 일치하지는 않을 것이다. 이때는 투자기간, 현금흐름, 수익률 중 하나 이상이 달라진 것이다. 과거의 수익률은 참고하되 3가지 변수를 잘 조율해서 미래의 수익률을 나의 목표 수익률과 비교하도록 하자.

3장

현금흐름과
레버리지
다시 보기

자산이 가져오는 현금흐름은 3가지 종류가 있다. 그중 하나인 레버리지를 현명하게 이용하는 방법을 알아보자.

레버리지 증가는
현금흐름이다

오래전 세미나에서 만난 토지 투자의 숨은 고수에게 다음과 같은 투자법을 들었다.

"저의 토지 투자법은 간단해요. 경매로 토지를 싸게 낙찰받아서 대출을 일으키고 1년을 묵힙니다. 1년 후 그 토지에 대해 재감정을 받아서 대출을 늘립니다. 늘어난 대출금 중에서 대출이자만큼은 통장에 넣어놓고, 남은 돈으로 상가를 짓습니다. 그리고 다시 대출을 받고…."

이 이야기를 듣고 바로 감이 오는 독자라면 레버리지의 증가를 제대로 이해하고 있는 것이다. 이 투자법이 훌륭하니 따라 하라는 이야기가 아니다. 위 투자법은 레버리지를 제대로 이해해야만 가능한 투자법이다.

레버리지의 증가는 곧 현금흐름이다. 그 원리를 살펴보자. 예를 들어 1억 원의 자산을 매입했는데, 자산수익률ROA이 5%인 괜찮은 자산이라고 하자. 레버리지는 70%, 즉 7,000만 원을 대출받았고 대출금리는 3.0%이며 실투자금은 3,000만 원이다. 이것을 재무상태표에 표시해보면 다음과 같다.

자산 1억 원	부채 7,000만 원
	순자산 3,000만 원

A. 이 자산의 가격이 1년 후에 2억 원으로 증가했다면, 이를 재무상태표로 그려보면 다음과 같을 것이다.

자산 2억 원	부채 7,000만 원
	순자산 1억 3,000만 원

B. 여기에 다시 담보인정비율LTV 70%를 채워 대출을 받는다면, 이제 부채가 7,000만 원이 증가하고 자산 중 현금이 7,000만 원 증가하면서 자산은 2억 7,000만 원이 된다.

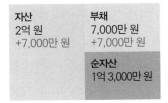

자산	부채
2억 원	7,000만 원
+7,000만 원	+7,000만 원
	순자산
	1억 3,000만 원

C. 레버리지로 늘어난 현금 7,000만 원은 다시 70% 레버리지를 이용해 다른 자산에 투자한다. 레버리지 증가 7,000만 원을 이용해 새로운 레버리지 70%를 또 일으켜서 2억 3,333만 원의 새로운 자산을 매입하는 것이다. 새로 일으킨 레버리지는 1억 6,333만 원2억 3,333만 원의 70%이다. 이를 다시 재무상태표로 그려보면 다음과 같다.

자산	부채
2억 원	7,000만 원
+7,000만 원	+7,000만 원
+1억 6,333만원	+1억 6,333만원
	순자산
	1억 3,000만 원

마법처럼 보인다! 자산은 4억 3,333만 원으로 2배 넘게 증가했다!

자산수익률이 그대로 5%라면 A와 C의 경우 현금흐름은 어떻게 변할까?

A의 현금흐름 = 2억 × 5% − (7,000만 원 × 3%) = 790만 원
C의 현금흐름 = 4억 3,333만 원 × 5% − (3억 333만 원 × 3%) = 1,257만 원

C의 경우가 현금흐름도 1.5배 넘게 증가했다. 레버리지의 증가는 이처럼 놀라운 결과를 낳는다.

다시 돌아가서 토지 투자 고수의 투자법을 살펴보자. 예를 들어 2억 원의 토지를 경매로 1억 원에 낙찰받고 대출을 70% 했다고 가정하자. 대출 7,000만 원, 실투자금 3,000만 원이다. 하지만 토지는 자산수익률이 0%다. 현금흐름이 없는 자산이다! 심지어 대출금리가 3%라면, 매년 210만 원의 마이너스 현금흐름이 있는 부채다! 이것이 어떻게 자산이 될까?

1년 후 토지를 재감정 받으면 감정가는 2억 원이 될 확률이 높다. 이때 대출을 다시 일으킨다. 대출금액은 1억 4,000만 원, 연이자는 420만 원. 혹시 모르니 늘어난 대출액 7,000만 원에서 2~3년치 대출이자인 약 1,000만 원은 대출통장에 묻어두고 6,000만 원을 가지고 토지에 단층 상가를 짓는다자산 재매입 효과. 이 상가에서 연 현금흐름이 420만 원 이상만 나오면, 실투자금 3,000만 원으로 토지와 상가를 갖게 된다. 물론 상가를 담보로 다시 레버리지를 일으켜 실투자금을 회수할 수도 있다! 레버리지 증가를 현금흐름으로 보지 않는다면 생각할 수 없는 투자법이다.

물론 이런 투자법은 매우 위험하다. 숙련된 투자자가 아니면 좋은 토지를 경매로 50%에 낙찰받을 수도 없을 뿐만 아니라 대출에서도 문제가 발생하고, 상가를 지어 임대를 할 때에도 문제가 발생하며 세금 및 유지 비용도 고려하지 않으면 안 된다. 이런 투자를 하라는 이야기는 아니다. 다만, 레버리지가 가져다주는 현금흐름의 놀라운 효과를 고민해보라는 것이다. 다음에 자세히 이야기하겠지만, 이것이 전세 레버리지 투자의 근간이 된다.

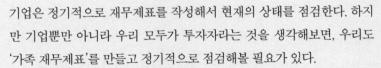

현금흐름의 종류

기업은 정기적으로 재무제표를 작성해서 현재의 상태를 점검한다. 하지만 기업뿐만 아니라 우리 모두가 투자자라는 것을 생각해보면, 우리도 '가족 재무제표'를 만들고 정기적으로 점검해볼 필요가 있다.

기업의 현금흐름표에는 영업활동, 투자활동, 재무활동 등 3가지 현금흐름이 나타난다. 앞서 농장주가 거위로 현금흐름을 얻는 방법 3가지를 이야기했다. 이것을 현대식 기업 재무제표^{현금흐름표} 용어로 바꾸면 다음과 같이 분류할 수 있다.

1. 거위에서 황금알을 얻는다. → **영업활동 현금흐름**
2. 거위를 키워서 판다. → **투자활동 현금흐름**
3. 거위를 키워서 레버리지를 이용한다. → **재무활동 현금흐름**

영업활동 현금흐름 : 판매수익

영업활동 현금흐름은 기업의 주요 수익창출 활동으로 인한 현금흐름을 말한다. 즉 회사가 모인 사람의 자본과 시간을 이용해 상품을 만들고, 이를 판매해서 얻은 돈이다.^{당기순이익과 의미가 비슷하지만, 당기순이익이 포함된 손익계산서는 발생주의를 따르기 때문에 실제 기업의 현금 증감은 현금흐름표와 다를 수 있다. 즉 현금흐름표는 현금 유입과 유출이 없는 손익을 제외하고, 실제 현금이 들고 나가는 것을 기록한 것이다.}

직장인의 영업활동 현금흐름은 회사에 자신의 시간을 판매해서 얻은 돈, 즉 연봉이다. 자영업자나 전문직은 고객에게 자신의 시간을 판매해서 얻은 돈이고, 투자가는 자본을 판매해 얻는 돈, 즉 빌려준 돈에 대한 이자나 빌려준 건물에 대한 월세 등이다.

대부분의 사람들이 현금흐름을 이야기할 때는 영업활동 현금흐름

판매수익만을 말하는 경우가 많다. 하지만 자신의 주수입원이 영업활동 현금흐름뿐이라면 환경변화에 취약할 수 있다. 따라서 우리는 다른 현금흐름에도 관심을 가지고 이를 얻기 위해 노력해야 한다.

투자활동 현금흐름 : 시세차익

투자활동 현금흐름은 장기성 자산이나 현금성 자산이 아닌 기타 투자자산의 취득과 처분으로 얻는 현금흐름을 말한다. 쉽게 말해 '시세차익'이다. 아파트를 1억 원에 샀다가 2억 원에 팔아 세금을 제하고 5천만 원의 수익이 났다면 이것이 투자활동 현금흐름이다. 기업도 마찬가지로 공장부지, 건물 등을 매매한 수익이나 주식 판매대금을 이용해 영업활동 현금흐름을 늘리기 위해 투자하기도 한다.

재무활동 현금흐름 : 레버리지 증가

재무활동 현금흐름은 자본과 차입금의 조달, 환급 및 상환을 포함한다. 차입금은 레버리지의 대표적인 형태이며, 재무활동 현금흐름은 쉽게 말해 레버리지 증가라고 할 수 있다.

만약 직장인이 10억 원의 아파트를 담보로 대출을 4억 원 받았다면 이 4억 원이 재무활동 현금흐름이 된다. 전세 레버리지 투자자는 세입자가 올려주는 무이자 대출, 다시 말해 전세보증금의 상승으로 재무활동 현금흐름을 얻는다.

다음에서 설명할 워런 버핏이 주로 이용하는 플로트float도 재무활동 현금흐름이다. 잘 설계하면 무기한 빌릴 수 있고, 무이자인 레버리지를 현금흐름으로 이용할 수도 있다.

워런 버핏과 플로트

많은 사람들은 워런 버핏이 레버리지를 싫어한다고 알고 있다. 심지어 워런 버핏은 2010년 주주서한에서 다음과 같이 이야기하기도 했다.

"만일 당신이 레버리지를 사용하면 그것은 당신의 성과를 키워줄 것이다. 당신의 부인은 당신이 영리하다고 생각할 것이고, 당신의 이웃들은 당신을 부러워할 것이다. 그러나 한번 레버리지로 이익을 보게 되면 그것은 중독을 일으킨다. 거의 모든 사람들이 그 중독에서 벗어날 수가 없다. 우리가 초등학교 3학년 때 배웠듯이, 그리고 2008년 글로벌 금융위기에 보았듯이, 그 성과가 훌륭하고 인상적이라 하더라도, 오직 한 개의 0만을 곱하더라도 그것은 0이 되어 사라진다. 역사는 레버리지가 0을 만든 수없이 많은 경우를 보여준다. 설사 그것이 아주 똑똑한 사람들에 의해서 사용되었더라도 말이다."

위 글만 보면, 레버리지는 중독을 일으키고, 아주 똑똑한 사람이라도 그 중독에서 벗어날 수 없으며, 투자 실패로 이어진다는 아주 무서운 경고다. 따라서 워런 버핏은 절대 레버리지를 사용하지 않을 것같다. 하지만 사실 그는 레버리지를 사용할 필요가 없는 투자가다. 여기서 말하는 '레버리지'는 일반인이 생각하는 '대출'을 말한다. **워런 버핏은 일반인이 생각하는 대출 레버리지를 사용하는 것이 아니라 '꿈의 레버리지'를 사용한다.** 무이자이며 무기한 사용할 수 있는 레버리지, 바로 '플로트 float'다.

플로트의 사전적 의미는 매우 다양하다. 사전의 의미들을 조합해보면 '물 위나 공기 등의 유체에 둥둥 떠 있는 어떤 것'을 말한다. 경제학에서 플로트를 정확히 대신하는 우리말은 아쉽게도 없다.

플로트 사업자는 '권리'를 팔고 '현금'을 얻는 사업자를 말한다. 이 권리라는 것은 사실 형체가 없기에 하늘에 떠 있는 구름을 잡는 것과 같다. 구름이 보이는 것 같지만 그 구름을 잡을 수는 없다. 그래서 권리를 팔고 받는 현금을 플로트라고 하는 건지도 모르겠다.

워런 버핏이 이용하는 플로트 중 가장 대표적인 예는 버크셔 해서웨이가 보유하고 있는 보험회사를 통한 수입보험료이다. 왜 이 수입보험료를 플로트라고 할까?

보험권이 왜 플로트가 될까?

불의의 사고나 재해가 발생했을 때 받을 수 있는 보험금은 '미실현 이익'이다. 나중에 일어날 수도 있는 불안을 해소하기 위해 드는 보험은 미래의 확정되지 않은 손해에 대한 마음의 위안을 담보로 한다. 보험 가입자는 일어날 수도 있고 일어나지 않을 수도 있는 어떤 상황에 대비해 보험회사에 현금보험료을 납입하고, 불의의 사고가 발생하면 보험금을 받아 손해를 줄인다이익을 취한다. 그리고 보험회사는 '미실현 이익'을 약속하고 '보험금을 탈 수 있는 권리'를 팔아 현금을 챙긴다. 지금 받은 현금을 미래에 보험금으로 지급할 때까지는 시간이 있으므로, 보험회사는 이 현금의 시간을 레버리지 하는 것이다. 보험계약자에게 받은 현금에는 이자가 없고, 잘 설계하면 무기한 사용 가능한 레버리지가 되기 때문이다.

플로트 사업자는 이처럼 권리를 팔아서 받는 현금을 레버리지로 사용하고 있는 사업자다. 보험권 외에 '권리'가 들어간 여러 가지 상품을 살펴보자.

복권도 플로트다

가장 이해하기 쉬운 플로트는 복권이다. 복권 사업자는 사람들에게 '꿈을 이룰 권리'를 판다. 사람들은 이 미실현 이익을 위해 복권 사업자에게 현금을 낸다. 복권 사업자는 추첨 등을 통해 복권 당첨자를 정하고 당첨금으로 현금을 지급하지만, 남은 현금은 무이자로 계속 소유하고 있다. 이를 이용해 투자를 하거나 국가 주도형 복권대표적인 예가 로또의 경우에는 공익사업에 사용한다. 역시 이자가 없고 무기한 사용 가능한 플로트다.

사거나 팔 수 있는 권리인 옵션도 플로트다

이해하기는 어렵지만, 옵션은 일반인이 플로트를 만들 수 있는 몇 안 되는 방법 중 하나다. 옵션은 '기초자산'을 정해진 가격에 사거나 팔 수 있는 권리다. 쉽게 예를 들어보자. 미세먼지 마스크를 장당 100원에 살 수 있는 권리가 있다면 이 권리를 얼마에 팔면 될까? 이번 코로나 사태처럼 마스크 수요가 크게 늘어난 경우에는 한 500원 정도에 팔아도 팔렸을 것이다. 이때 말하는 '살 수 있는 권리'를 '콜옵션'이라 하고, 판매한 대가로 프리미엄을 받는다.

워런 버핏은 미국의 주가지수가 장기적으로 우상향할 것이라고 보고 옵션을 판 적이 있다. 그리고 옵션을 매도하는 사람은 플로트 사업자가 될 수 있다. 8장에서 다시 설명하겠지만 일반적인 옵션 매도는 위험하다. 하지만 굉장히 안전하게 설계할 수도 있다. 옵션을 팔아서 받은 프리미엄도 이자가 없으며, 잘 설계한다면 무기한 사용할 수 있는 플로트다.

우리가 흔히 거래하는 상품권도 플로트다

상품권 판매자도 플로트 사업자다. 상품권 사업자는 미래에 '상품을 살 수 있는 권리'를 판다. 물론 할인을 해서 팔기 때문에 이자가 있는 것처럼 보이지만, 일부 상품권은 자연스럽게 소각되므로 이 비율만큼 할인을 한다면 무이자 레버리지가 된다. 상품권 판매자는 미래에 돌려줄 현금을 미리 받아 이 현금의 시간을 레버리지 하는 것이다.

주권/영주권이 왜 플로트일까?

넓은 의미에서 국가는 국민에게 '주인이 될 수 있는 권리'를 팔고 세금을 받는 플로트 사업자라고 할 수 있다. 다른 나라 국민에게는 '거주할 수 있는 권리'를 팔고 현금을 받기도 한다. 하지만 국가는 이 현금을 영리 목적을 위한 투자에 쓰지는 않고, 공익과 국민의 안녕을 위해 대부분 쓰며 국가의 발전을 도모하는 데 사용한다.

전세권도 플로트임을 명심하자

부동산형 투자에서 볼 수 있는 플로트도 있다. 바로 전 세계적으로는 극히 드물지만 우리나라에서는 쉽게 볼 수 있는 임대제도인 전세. 우리나라에서 플로트 사업자가 될 수 있는 간단한 방법은 '전세권'을 파는 전세 레버리지 투자자가 되는 것이다 여기서 말하는 전세권은 민법에서 말하는 물권인 '전세권'과 다르지만, 넓은 의미에서 전세 세입자에게 주는 '부동산을 사용할 수 있는 권리'를 말한다. 물론 임대기간이 끝나면 전세보증금을 다시 돌려줘야 하지만, 그때까지는 시간이 있다. 또한 전세를 연속적으로 놓으면 사실상 돌려주지 않고 운용할 수 있으므로, 무이자이며 무기한 사용할 수 있는 레버리지다. 워런 버핏이 우리나라의 전세제도를 봤다면 어땠을까? 아마 "유레카!"를 외쳤을지도 모른다.

투자수익률의
함정에 주의할 것

현금흐름을 만들어내는 것이 자산이다. 앞에서 자산을 빠르게 늘리려면 투자수익률이 높은 자산을, 레버리지를 일으켜 매입해야 한다고 했다. 단, 여기서 주의해야 할 점들이 있다.

먼저 투자수익률을 높이기 위해 레버리지를 최대한 높이는 경우를 보자. 자산수익률이 4%인 상가의 가격이 1억 원이라고 하자. 이 경우 1억 원으로 이 상가에 투자했을 때 연 400만 원의 현금흐름이 생긴다. 레버리지는 신탁대출로 약 3.5% 금리로 자산가격의 80%까지 받을 수 있고, 상가 보증금은 1,000만 원이라고 가정하자. 이 정보를 가지고 투자수익률을 계산해보자.

$$\text{자산수익률}(ROA) = \frac{\text{현금흐름}}{\text{자산가격}}$$

$$= \frac{400만\ 원}{1억\ 원} = 4\%$$

실투자금 = 자산가격 − (자산가격 × 레버리지 비율) − 상가보증금
= 1억 원 − (1억 원 × 80%) − 1,000만 원 = 1,000만 원

실질 현금흐름 = 연 월세 − 대출이자
= 400만 원 − (1억 원 × 80% × 3.5%) = 120만 원

$$\text{투자수익률}(ROI) = \frac{\text{현금흐름}}{\text{실투자금}}$$

$$= \frac{120만\ 원}{1,000만\ 원} = 12.0\%$$

이 경우 1억 원짜리 상가를 실투자금 1,000만 원에 사서 현금흐름이 연 120만 원_{월 10만 원} 나오는 투자수익률 12%짜리 투자를 한 것이 된다. 매우 훌륭해 보인다.

만약 레버리지 비율을 더 높여서 대출을 90% 받았을 경우에는 어떨까?

실투자금 = 자산가격 − (자산가격 × 레버리지 비율) − 상가보증금
= 1억 원 − (1억 원 × 90%) − 1,000만 원 = 0 원

실질 현금흐름 = 연 월세 − 대출이자
= 400만 원 − (1억 원 × 90% × 3.5%) = 85만 원

$$\text{투자수익률}(ROI) = \frac{\text{현금흐름}}{\text{실투자금}}$$

$$= \frac{120만\ 원}{0원} = \infty$$

내 돈을 전혀 들이지 않고도 현금흐름 85만 원을 만들어낼 수 있으니

투자수익률은 무한대가 된다. 엄청난 투자처럼 보이지만, 여기서 주의할 점은 실제 현금흐름이다. 대출 80%로 투자 시에 월 10만 원, 대출 90%로 투자 시에 월 7만 원을 얻으려고 이 투자를 해야 할까 하는 점이다.

여기에는 자산의 관리비용이 빠져 있다. 각종 세금과 관리비, 특히 공실이 발생할 경우의 관리비와 보유비용, 대출이자를 감당해야 한다. 따라서 투자수익률이 무한대인 것처럼, 손실률 또한 무한대가 될 수 있다. 투자수익률에만 집착한 나머지 실질적인 현금흐름의 규모가 너무 작으면, 자산관리의 다양한 위험을 고려했을 때 실제로는 효과적인 투자가 되기 어렵다.

또한 우리에게 주어진 시간은 무한하지 않다는 점을 명심해야 한다. 특히 회사원의 경우 시간을 쪼개서 투자하므로 위와 같은 투자는 불가능하다. 목표하는 월 현금흐름 500만 원을 만들려면 위와 같은 투자를 무려 50번 반복해야 할 테니 말이다.

이처럼 투자수익률이 아무리 높아 보여도 월 7만 원, 월 10만 원의 현금흐름을 얻기 위한 투자는 시간 가성비가 매우 떨어진다. 시간비용이 너무 높은 것이다. 따라서 투자수익률의 함정에 빠져 시간 자산을 낭비하지 말고, 투입 시간 대비 효과적이고 효율적인 투자를 지향해야 한다.

만약 위의 80% 레버리지 투자 예시에서 자산수익률이 4%가 아니라 8%로 높아진다면 어떨까?

$$\begin{aligned}
\text{실질현금흐름} \quad &= \text{연 월세} - \text{대출이자} \\
&= 800\text{만 원} - (1\text{억 원} \times 80\% \times 3.5\%) = 520\text{만 원}
\end{aligned}$$

$$\text{투자수익률}(ROI) = \frac{\text{현금흐름}}{\text{실투자금}}$$

$$= \frac{520\text{만 원}}{1,000\text{만 원}} = 52.0\%$$

레버리지 80% 투자 시 자산수익률이 8%로 높아지면, 연 현금흐름은 520만 원, 월 현금흐름은 43만 3,000원이 된다. 자산수익률이 2배 증가했을 뿐인데 월 현금흐름은 4.3배가 증가했다. 월 현금흐름 500만 원을 목표로 했을 때 자산수익률이 4%인 경우에는 같은 자산이 50개 필요하지만, 8%인 경우는 11.5개 정도만 필요하다.

결국 시간의 자유를 꿈꾸는 투자자가 향해야 할 방향은 투자수익률, 다시 말해 레버리지 효과를 포함한 투자수익률을 맹목적으로 높이는 데에 있는 것이 아니라 자산수익률이 높은 자산을 모아가는 데 있다는 것을 기억하자.

레버리지의 위험성

이제까지 자산을 늘리는 데 있어 레버리지의 좋은 점들에 대해 이야기했지만, 위험한 점도 분명히 있다. 평상시라면 별 문제가 없을지라도 예기치 못한 상황최근의 코로나 위기 등이 발생하면 큰 손실이 발생할 수 있다. 마치 불과 같다. 관리만 잘하면 매우 유용하게 쓸 수 있지만 방심하면 공들여 지은 집을 태워버릴 수도 있다. 그렇다고 불을 사용하지 않을 수는 없듯이, 투자자라면 레버리지를 반드시 이해하고 관리하며 함께해야 한다.

레버리지는 투자자가 비용변화에 따른 충격을 더욱 확대할 수 있어 위험하다. 외부요인에 따른 변동성이 커지는 것이다. 앞서 설명한 것처럼 레버리지는 실투자금을 줄이고 투자수익률을 높여주지만, 거래 및 유지비용도 고려해야 한다. 취득세, 보유세, 거래세, 양도소득세 등 각종 세금과 자산 유지·관리 비용이 들며, 이는 주로 자산가격에 따라 결정된다. 레버리지 비율을 높일수록 이 비용이 투자수익에 미치는 영향은 더 커지게 된다.

투자수익률 공식에 실질적인 비용을 더해서 다시 한번 살펴보자.

$$\begin{aligned}
\text{투자수익률}(ROI) &= \frac{\text{현금흐름}}{\text{실투자금}} \\
&= \frac{\text{자산수익률}(ROA) - (\text{레버리지 비율} \times \text{레버리지 이율})}{1 - \text{레버리지 비율} + \text{자산 대비 비용의 비율}} \\
&= \frac{s - pr}{1 - p + q}
\end{aligned}$$

레버리지 비율 p이 클수록 자산 대비 비용의 비율 q의 증가가 투자수익률에 미치는 영향이 커진다.

예를 들어 5억 원짜리 아파트를 사서 4억 5,000만 원에 전세를 주었다면 실투자금은 5,000만 원이다. 그런데 정부에서 다주택자의 취득세율을 높여서 기존 예상보다 500만 원이 추가로 들었다고 하자. 이 경우 5,000만 원의 실투자금에 추가 취득세 비용 500만 원이 추가되어 투입자금은 5,500만 원이 된다. 즉, 자산 대비 1%의 비용 증가는 실투자금이 10% 증가하는 효과가 있으며, 이로 인해 투자수익률은 10%나 감소하게 된다.

투자수익률 10%의 감소는 어마어마한 손실이다. 이와 같이 레버리지 90%인 경우 1%의 비용 증가는 투자수익률에 10배에 달하는 영향을 준다. 레버리지 비율을 무한정 높이는 것이 능사가 아닌 이유다.

또한 높은 레버리지는 이자율의 조그만 변화에도 투자수익률에 큰 영향을 줄 수 있다.

$$투자수익률(ROI) = \frac{자산수익률(ROA) - (레버리지\ 비율 \times 레버리지\ 이율)}{1 - 레버리지\ 비율}$$

$$= \frac{s - pr}{1 - p}$$

위 식을 보면 레버리지 이율$_r$이 증가할수록 투자수익률이 크게 감소한다. 또한 레버리지 비율$_p$이 증가할수록 레버리지 이율$_r$의 영향은 커진다. 즉, 레버리지 비율이 높을수록 이자율의 변화에 따른 투자수익률의 변화가 커진다.

종합하면, 과도한 레버리지는 외부환경의 변화비용 및 금리 변화에 투자수익률이 민감하게 반응하게 만든다. 심지어는 자산을 부채로 만들어 투자자를 위협할 가능성도 있다. 따라서 꾸준히 오랫동안 투자하려면 나의 레버리지 비율이 적정한지 항상 점검해야 한다.

5

자산 증가
시뮬레이션

현금흐름 있는 자산을 적절한 레버리지를 이용하여 꾸준히 늘려가는 투자를 했을 때 누적되는 효과는 어마어마하다. 대한민국의 보통 사람이 재테크를 시작해서 자산을 늘리고 현금흐름을 꾸준히 재투자했을 때 어떤 결과를 얻을 수 있는지 시뮬레이션을 해보자.

30대 직장인 A씨는 결혼 뒤 재테크의 필요성에 눈을 떴다. 현재는 회사원이지만 멀지 않은 미래에 경제적 자유와 시간의 자유를 갖고 싶어 투자가의 길을 가기로 결심했다. A씨 가족의 현재 현금흐름은 대한민국 가구의 평균이라고 가정하자. 즉, 월평균 가구소득은 약 500만 원이고 소비액은 월평균 300만 원이며 작년에 적금으로 모은 2,400만 원이 있다.

① 연 가구소득: 6,000만 원(월 500만 원, 매년 2.5% 증가)
② 연 가구소비: 3,600만 원(월 300만 원, 매년 2.5% 증가)
 －보유 자본: 작년에 모아둔 2,400만 원

* 신한은행 '보통사람 금융생활 보고서'에 따르면 2018년 기준 월평균 가구소득은 476만 원이고 소비는 238만 원이다. 계산의 편의성과 보수적인 계산을 위해 평균보다 소득은 조금 올리고 소비는 크게 올렸다. 소득과 소비는 매년 2.5%씩 증가하는 것으로 가정했다.

직장은 앞으로 10년만 다니기로 한다. 10년 후 가구소비액보다 자산으로부터 나오는 현금흐름이 많다면, A씨는 직장을 그만두고 파이어족이 될 수 있을 것이다. 파이어족이 되더라도 가구소비는 축소 없이 그대로 매년 증가하게 될 것이다.

재테크를 시작한 A씨는 투자강의를 통해 배운 투자원칙대로 자신만의 투자법을 개발하고 좋은 자산을 모아가기로 했다. 자신의 목표에 맞는 자산수익률을 정하고 감당할 수 있는 레버리지를 일으켜 현금흐름이 있는 좋은 자산을 선택한다. 그 조건은 다음과 같다.

③ 레버리지 비율(p) : 70%
④ 레버리지 이율(r) : 3.2%
⑤ 자산 대비 수익률(s) : 5%

이 경우 자산 구입 시 투자수익률은 다음과 같다.

$$투자수익률(ROI) = \frac{자산수익률(ROA) - (레버리지\ 비율 \times 레버리지\ 이율)}{1 - 레버리지\ 비율}$$

$$= \frac{s - pr}{1 - p} = \frac{5.0(0.7 \times 3.2)}{1 - 0.7} = 9.2\%$$

따라서 A씨가 목표로 하는 연 투자수익률은 9.2%이며 이는 상당히 보수적인 수치다. 한편 자산에 대해서는 보유비용이 발생하며, 자산에서 나오는 현금흐름에 대한 소득세도 내야 한다.

⑥ 보유비용: 보유 자산 대비 연 1%
⑦ 소득세율: 20%

* 다소 보수적으로 잡았다. 투자경험이 많아질수록 비용과 세금을 줄일 수 있는 방법과 자산이 늘어날 것이다.

현재의 경제 시스템이 유지된다면 통화량은 계속 늘고 화폐가치는 계속 하락할 것이다.

⑧ 화폐가치의 하락: 연 2.5%

* 화폐가치의 하락은 곧 자산가격의 상승을 의미한다. 연 2.5%의 자산가격 상승은 과거 데이터를 봤을 때 매우 보수적인 설정이다. 이 작은 상승의 축적이 어떤 결과를 낳는지 지켜보자.

이제 시뮬레이션을 위한 자료가 모였으니 엑셀을 이용해 돌려보자.

투자를 시작한 해투자원년에는 지난해 모아둔 2,400만 원과 레버리지 5,600만 원70%을 이용해 8,000만 원의 자산을 매입할 수 있다. 1년이 지난 시점에는 이때 구입한 자산에서 연 250만 원의 현금흐름을 얻을 수 있다. 여기에 1년 동안 모은 투자금인 2,460만 원을 더하고, 다시 레버리지를 일으켜 9,150만 원의 자산을 구입한다. 투자원년에 구입한 자산의 가격은 200만 원, 레버리지는 140만 원 증가했다. 이를 그래프로 나타내면 다음과 같다.

30대 직장인 A씨의 자산 시뮬레이션

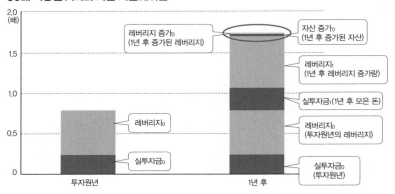

그래프에서 아래 축은 투자원년, 1년 지난 시점을 말한다. 즉 실투자금$_0$의 의미는 돈이 하나도 없다는 것이 아니라, 투자원년에 가지고 있던 실제 투자한 금액이고, 실투자금$_1$은 1년 지난 시점에 모은 돈이다. 레버리지도 마찬가지다. 자산 증가$_0$은 투자원년에 구입한 자산이 1년 동안 오른 양$_{2.5\% \, 증가}$을 나타내고, 레버리지 증가$_0$도 투자원년에 일으켰던 레버리지가 증가된 양$_{2.5\% \, 증가}$을 나타낸다.

위 동그라미 부분을 보면 자산 및 레버리지 증가는 매우 미미해 보인다. 하지만 이것이 앞으로 어마어마한 결과를 낳을 것이므로 기대해도 좋다. 여기서 흥미로운 사실은 레버리지의 증가다. 위 동그라미 부분을 확대하면, 다음 페이지의 그림과 같다.

30대 직장인 A씨의 1년 후 자산 및 레버리지 증가

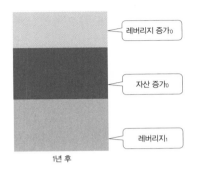

레버리지 증가$_0$
자산 증가$_0$
레버리지$_1$

1년 후

레버리지 증가$_0$은 투자원년에 일으킨 레버리지의 증가인데, 레버리지도 자산이 증가한 만큼 늘어날 수 있다. 이 레버리지 증가를 어떻게 보느냐가 자산을 빠르게 늘리는 중요한 열쇠를 제공해준다.

또 한 가지 중요한 사실은 자산을 자주 사고팔지 않고 가능한 오랫동안 보유한다는 점이다. 이렇게 자신의 실투자금에 맞추어 좋은 자산을 매년 1건씩만 고르고 매입하여 현금흐름을 일으키며 보유하는 것이다. 이때 자산의 가격 상승은 화폐가치 하락만큼만 기대한다 매우 보수적이다. 좋은 자산이라면 가격이 이보다 훨씬 크게 상승하겠지만 시장가격의 변화는 무시해도 좋다. 다만, 자산의 상태가 좋지 않거나 더 좋은 자산이 나타난다면 팔고 갈아탄다.

이 방법으로 30년간 꾸준히 투자한 결과를 보자.

30년 후 A씨는 60대가 되고 자녀는 20대 중후반이 될 것이다. 놀라지 마시라. 이때 A씨의 자산은 130억 원, 연 현금흐름은 4억 1,200만 원이 된다! 심지어 A씨는 이미 20년 전인 40대에 직장을 그만두고 파이어족이 되어 있다. 직장을 그만둘 때 A씨는 자산 약 21억 원에 연 현금흐름 8,000만 원을 만들고 그만두었다.

"이것은 미래가치일 뿐 아니냐?"라는 분들을 위해 현재가치로 계산한 결과를 보면, 현재가치로도 자산은 62억 원, 연 현금흐름은 1억 9,000만 원이다. 그래프의 10년 지점에 꺾이는 점이 있는 이유는 A씨의 퇴사 때문이다.

30대 직장인 A씨의 30년 후 자산 및 현금흐름

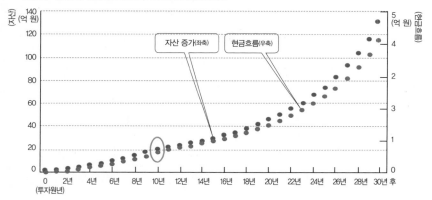

30대 직장인 A씨의 30년 후 자산 및 현금흐름(현재가치로 환산)

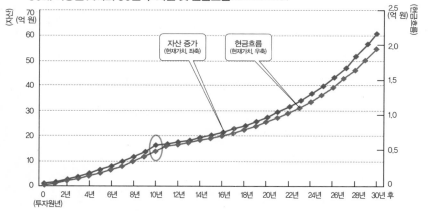

결과가 놀랍지 않은가? 단지 자산을 매년 1건씩 꾸준히 늘려갔을 뿐인데 30년의 세월이 놀라운 결과를 가져다준다.

어마어마한 노력을 한 것도 아니며, 어렵고 전문적인 투자법이 있었던 것도 아니다. 단지 좋은 자산을 찾고 1년에 한 번 수많은 후보군 중에서 하나를 골라 투자했을 뿐이다. **다만, A씨가 30년간 지켜왔던 2가지 중요한 노력은 '좋은 투자를 선택하는 것'과 '꾸준히 하는 것'이었다.**

이제 A씨는 새로운 자산을 늘리려는 노력을 하지 않고 보유 자산만 관리해도 된다. 하지만 다음 그래프를 보면 마음이 바뀔 수 있을 것이다. 다음은 이런 방식의 투자를 55년간 이어갔을 경우의 그래프이다. 90대가 된 A씨 노부부의 자산은 무려 3,100억 원이 된다 투자원년 2,400만 원의 자산이 13,000배 증가한다. 현금흐름은 연 97억 원이 넘는다. 월 8억 원이고 하루에 2,500만 원씩을 쓸 수 있는 돈이다.

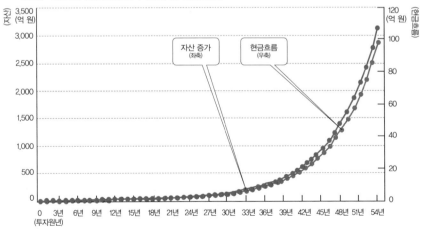

30대 직장인 A씨의 55년 후 자산 및 현금흐름

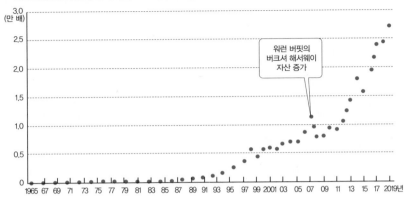

워런 버핏의 버크셔 해서웨이의 55년간 자산 증가 　　　　자료: Berkshire Hathaway Inc.

워런 버핏은 버크셔 해서웨이에 55년 동안 투자해 27,440배의 자산 증가를 이루었다. 버크셔 해서웨이의 자산증가율 정도는 아니지만 우리도 할 수 있다! 수익률 좋은 자산을 모으고 현금흐름을 일으키며 재투자하는 것만으로도 놀라운 결과를 얻게 된다. **투자는 싸게 사서 비싸게 파는 것이 아니라 좋은 자산을 모아가는 것임을 기억하자.**

그럼에도 불구하고 투자가 어려운 이유

투자는 외롭다. 외로울 수밖에 없다. 투자에는 세 부류의 적이 있기 때문이다.

자신이 투자자인 것을 모르는 사람들, 자신이 투자를 하고 있다고 착각하는 사람들, 그리고 투자를 하고 있는 나 자신이다. 투자는 이들과의 끊임없는 싸움을 먹고 성장한다.

이 세상 모든 사람들은 투자자다. 하지만 자신이 투자자인 것을 모르는 사람이 많다. 대다수 싸움은 이들의 말을 걸러 듣는 것으로 시작한다.

"투자는 어려워."

"투자는 너무 위험해."

"너 그러다 망하면 어쩌려고 그래."

하지만 그들은 모른다. 투자게임은 이미 예전부터 진행되고 있었다는 사실을. 그리고 자신이 가장 위험한 투자자란 사실을.

두 번째 부류인 가짜 투자자도 있다. 시장을 예측할 수 있다고 생각하는 사람들, 내가 시장보다 똑똑하다고 착각하는 사람들이다. 투자를 하겠다고 마음먹으면, 처음보다 더 어려운 싸움이 시작된다.

"이럴 땐 이걸 샀다가 이만큼 먹고 나면 파는 거야."

"내가 시장을 좀 아는데, 앞으로 이렇게 될 거야."

"좀 아는 친구가 있는데, 비밀이야. 이거 지금 이렇게 해야 된대."

조언이 난무하지만 그들도 잘 모른다. 나는 더 모른다.

하지만 정말 힘든 싸움은 하루에도 수백 번 힘들게 하는 내 안의 투자자와의 싸움이다.

'내 친구는 이렇게 했다는데….'

'와, 저렇게 하면 잘될 것 같은데!'

'에이, 역시 내 길이 아닌가 봐. 힘든데 그만하자.'

투자는 이렇게 나 자신과도 싸워야 하기 때문에 외로울 수밖에 없다.

반면 현금흐름이 있는 자산을 적절한 레버리지를 써서 모아갈 때, 시간은 투자자의 편이다. 시간이 갈수록 현금흐름에서 나오는 수익률은 복리로 투자되어 막대한 힘을 발휘한다. 더 좋은 점은 잦은 거래를 하지 않기 때문에 자산을 관리하는 데 시간이 많이 소요되지 않는다는 점이다. 만약 재테크를 하기 위해 하루에 7시간 이상을 써야 한다면 그것은 근로소득과 다를 바 없다.

경제적 수익률도 높고 시간적 수익률도 높은 이 투자법의 가장 큰 어려움은 바로 실행이다. 단기간에 큰돈을 버는 것이 아니라 장기간에 걸쳐 꾸준히 시스템을 만들어가는 것이기 때문이다.

하지만 인생이 그렇듯이 투자 역시 내 마음대로 흘러가지 않고 온갖 변수를 만나기 마련이다. 그럴 때마다 의심 마귀가 들면서 '이 길이 아닌가?' 하고 멈춘다면 경제적 자유, 시간적 자유를 위한 시스템을 완성할 수 없다.

전설적인 투자자 워런 버핏의 버크셔 해서웨이의 주가 움직임을 보자 74쪽 참조. 우리와 비교도 할 수 없는 위대한 기록을 세운 투자자조차도 3년 연속 주가가 S&P500지수 대비 하회하곤 했다. 우리라면 3년을 인내하고 버틸 수 있을까? 아마 위대한 투자자와 범인의 차이는 여기서 갈라질 것이다.

원칙이 분명한 투자라면 실행 후 인내하고 기다리는 것 또한 투자의 핵심 과정임을 기억하자.

4장

투자자의
자세

투자의 세계는 불확실성이 가득하다. 그렇다 보니 남의 말에 귀가 팔랑거리기 쉽다. 하지만 본인에게 맞는 투자기준을 스스로 세우고, 그에 따른 적절한 투자를 장기간 꾸준히 실행하면 성공할 수밖에 없다. 그 이유를 자연의 원리를 통해 알아보자.

투자와 투기, 도박의
차이점

2020년 7월 정부는 '부동산 투기와의 전쟁'을 선포하는 동시에 '주식 개미투자자의 투자'를 적극 권장한다고 했다. 이처럼 투자는 좋은 것이고 투기는 나쁜 것이라는 인식이 널리 퍼져 있다. 부동산에 투자하는 사람들은 '투기꾼'이고 주식에 투자하는 사람들은 '투자자'인 것일까?

사실 투자와 투기는 구분하기 매우 어려운 개념이다. 특히 투기라는 단어는 상대편의 노력을 깎아내리고 폄훼하려는 의도가 다분한 수사로 많이 쓰인다. 누군가 '투기꾼'이라는 말로 비난하려 한다면 그 의미는 사실상 '도박꾼'에 가까울 것이다. 도박은 '돈이나 재물 따위를 걸고 서로 내기하는 일, 노름'을 말한다. 영어로 도박을 뜻하는 gambling은 game이라는 의미도 내포하고 있다.

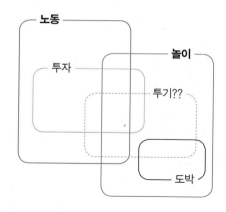

옆의 그림에서 노동work과 놀이game의 영역에 걸쳐 있는 투자, 투기, 도박을 살펴보자.

우리 인류의 활동을 일과 놀이로 구분할 수 있다면 투자는 어느 영역에 들어갈까? 투자는 노동이기도 하면서 놀이일 수도 있다. 그림에서 보는 것과 같이 놀이와 노동이 겹치는 구간도 있다. 도박은 엄밀한 의미에서 놀이의 영역에 있다. 그러면 투기의 정확한 위치는 어디에 둘 수 있을까? 잘 모르겠지만, 투기는 일단 투자와 도박 사이 어딘가에 있을 것으로 추정해보자.

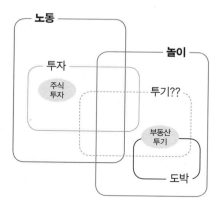

여기에 2020년 정부가 국민들에게 선포한 말에 따라 부동산 투기와 주식투자의 영역을 그려보면 옆 그림과 같을 것이다.

이 말은 주식투자는 신성한 노동이며 '좋은 투자'이고 부동산 투자는 놀이이며 도박에 가까운 '나쁜 투기'이므로 개미 주식 '투자자'들은 돕고 부동산 '투기꾼'들은 벌하자는 주장인 듯한데, 뭔가 이상하다. 왜냐하면 주식시장에서도 기회를 엿보고 시세차익을 얻으려고 단타든 스켈핑초단타 매매기법이든 상승과 하락에 베팅하는 사람들, 다시 말해 도박처럼 돈을 넣었다 뺐다 하는 사람들이 많기 때문이다. 하지만 주식이나 부동산이나 각 개인의 투자원칙이 있을 것이고, 이를 지키고 꾸준히 해나간다면 사실 투자니 투기니 하는 구분은 의미가 없다.

앞에서 거듭 강조했듯이 우리 모두는 투자자다. 시간을 투자해 월급을 받는 회사원도, 시간과 자본을 투자해 현금흐름을 얻는 자영업자/전문직도, 다른 사람의 시간을 레버리지 하는 사업가도, 자본을 레버리지 하는 투자가도 모두 투자자다. 이것을 그림으로 표현하면 다음과 같다.

투자의 세계에는 노동을 통해 돈을 버는 사람도 있고, 놀이를 통해 돈을 버는 사람도 있다. 노동인 듯 놀이인 듯 그 경계에서 돈을 버는 사람도 있다. 최근 유튜브나 인스타그램 등 SNS의 발달은 앞

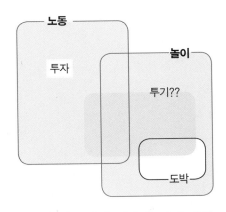

으로 이런 놀이영역의 투자자들을 많이 만들어낼 것이다. 이제 점점 더 '노동만이 신성한 가치를 가진다'는 경제 철학은 의미 없는 시대가 되어가고 있다. 이런 상황에서 우리 국가와 사회가 해야 할 일은 사람들이 도박에 빠지지 않도록 교육하고 규제하는 것이다.

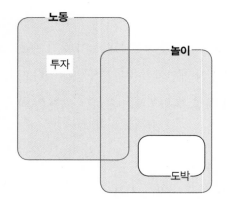

우리가 바라는 사회의 그림은 다음과 같을 것이다.

투자와 투기와 같이 애매한 정의를 가지고 서로 다투는 것보다는 우리 모두가 투자자라는 사실을 깨닫고 도박을 확실히 분리해내 건전한 투자환경을 조성해야 할 것이다. 필자 또한 다양한 투자자들이 자신만의 투자원칙을 세우고 건전한 투자를 지속하는 데 도움이 되었으면 한다.

투자와 도박은 어떻게 구분되는가?

투자와 도박은 어떻게 구분할 수 있을까? 투자와 도박을 구분하기 위해 우선 '확률과 기대값'에 대해 알아보자.

확률

확률은 사건이 일어날 수 있는 가능성을 수로 나타낸 것이다. 예를 들어 동전을 던졌을 때 앞면이 나올 확률은 1/2이고, 주사위를 던졌을 때 1이 나올 확률은 1/6이다. 로또 1등이 될 확률은 8,145,060분의 1이다. 확률 은 어떤 사건이 일어날 수 있는 모든 경우의 수의 역수이다.

기대값/기대수익

기대값은 어떤 사건이 일어날 확률과 그 사건이 일어났을 때의 이익을 전체 사건에 대해 합한 값이다. 예를 들어 동전을 던져 앞면이 나오면 100원을 얻고 뒷면이 나오면 20원을 얻는 게임이 있을 때, 기대값은 다 음과 같다.

기대값 = (동전 앞면이 나올 때의 이익 × 앞면이 나올 확률)
　　　　 + (동전 뒷면이 나올 때의 이익 × 뒷면이 나올 확률)

$$= \left(100원 \times \frac{1}{2}\right) + \left(20원 \times \frac{1}{2}\right) = 60원$$

다시 말해 앞면이 나올 확률 1/2에 이익 100원을 곱하고, 뒷면이 나올 확률 1/2에 20원을 곱해 모두 더한 값인 60원이 이 게임의 기대값이다. 만약 게임 참가비가 50원이었다면, 이 게임에 참가한 사람은 통계적으로 10원의 이익을 보게 된다. 즉 이 게임을 여러 번 시행했을 경우, 위 손익에 수렴한다는 뜻이다. 이 게임에 참가하는 사람의 기대수익은 10원이다. 하지만 이런 게임을 설계하는 바보는 없을 것이다.

로또의 기대값과 기대수익은 얼마일까?

다음과 같이 판매된 특정 회차의 로또가 있다고 가정하자.

특정 회사 로또의 당첨확률 및 기대값

순위	당첨 내용	당첨 확률	당첨금 배분비율	기대 당첨금
1	6개 번호 모두 일치	1/8,145,060	총 당첨금 중 4등과 5등 금액을 제외한 금액의 75%	1,952,160,000원
2	5개 번호 일치 + 나머지 1개가 보너스 번호 일치	1/1,357,510	총 당첨금 중 4등과 5등 금액을 제외한 금액의 12.5%	54,226,666원
3	5개 번호 일치	1/35,724	총 당첨금 중 4등과 5등 금액을 제외한 금액의 12.5%	1,390,427원
4	4개 번호 일치	1/733	50,000원	50,000원
5	3개 번호 일치	1/45	5,000원	5,000원

기대값은 다음과 같이 구해볼 수 있다. 세금 제외.

특정 회차 로또의 기대값

$$= \frac{1,952,160,000}{8,145,060} + \frac{54,226,666}{1,357,510} + \frac{1,390,427}{35,724} + \frac{50,000}{733} + \frac{5,000}{45}$$
$$= 498원$$

로또 1게임의 참가비는 1,000원이므로, 이 로또 회차의 1게임당 기대수익은 -502원이 된다. 즉, 우리가 생각하는 도박이란 통계적으로 기대수익이 마이너스인 게임에 참가하는 것이다.

투자, 투기, 그리고 투자자의 숙명

기대수익을 계산해보면 마이너스가 되는 것이 뻔히 보이는데도 많은 사람들이 이런 게임에 참가한다. 심지어 기대수익을 계산해보지도 않고 낮은 확률에 베팅하기도 한다. 주위의 말만 믿고 주식에 투자하는 경우도 마찬가지다. 이 주식의 주가가 오를지 내릴지 판단할 수 있는 근거가 없다면 이는 도박에 가깝다. 많은 사람들이 투자라는 이름으로 도박을 하고 있는 것이다.

다음 그림에서와 같이 도박은 평균 기대수익이 마이너스(-)인 경우이고, 투자는 평균 기대수익이 플러스(+)인 경우라고 할 수 있다. 하지만 모든 투자에서 기대수익을 정확히 계산하기는 어렵다. 왜냐하면 어떤 일이 일어날 확률이라는 것 자체가 미래의 일을 예측해야 하기 때문이다.

예를 들어 5년 후 1억 원의 수익이 예상되는 투자를 한다고 했을 때, 이 수익이 몇 %의 확률로 생길지를 예측하기는 어렵다. 따라서 과거 데이터를 분석하고, 가치의 기준이 되는 변수를 찾고, 버블을 평가하고, 수시로 현금흐름과 수익을 체크해야 한다. 그것이 투자자의 숙명이다.

투자와 도박

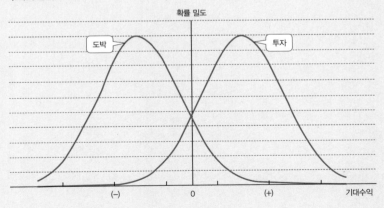

정리하면, 도박은 기대수익이 마이너스인 게임에 참여하는 것을 말한다. 재미를 위해 소액으로 도박을 하는 것은 문제 없지만, 투자자금을 가지고 도박을 하는 것은 지양해야 한다.

투자의 시작은 기본적으로 목표 투자수익률 및 자산증가율을 정하고 이에 맞는 투자상품을 고르고 평가하는 것에서부터 시작해야 한다. 그러기 위해서는 투자상품을 분석할 수 있는 금융지식이 있어야 하고, 금융지식을 체계적으로 쌓기 위해서는 수학지식도 어느 정도 필요하다. 기본적으로 대부분의 투자는 숫자로 표현되기 때문이다.

인류는 미래 예측을 위해 수학을 발전시켜왔다. 투자를 분석하는 것도 그 근본은 '과거의 데이터를 이용해 미래를 예측'하는 것에 있다. 따라서 투자를 제대로 이해하기 위해서는 수학을 알아야 한다. 언젠가 자녀가 "왜 수학을 공부해야 해요?"라고 질문한다면 "투자자로서 미래를 예측하고 준비하기 위해서야"라고 답해주길 바란다.

이 책에서는 수학적인 내용도 많이 이야기하고 있다. 지금 당장 이해가 안 된다면 일단은 넘어가도 좋다. 하지만 나에게 맞는 좋은 투자방법을 찾기 위해 다시 돌아와 천천히 읽어보고 꼭 고민해봤으면 좋겠다.

2

자연상수 *e*

자연의 원리가 알려주는
꾸준한 투자의 비밀

세상에서 가장 경이로운 수를 2가지 꼽자면 원주율 π와 자연상수 *e*
이다. 자연상수 *e*는 원주율과 함께 자연현상 및 사회현상을 해석하는
데 자주 사용된다. '세상에서 가장 아름다운 식'이라고 불리는 오일러
의 공식에도 전혀 관련 없을 것 같은 두 상수가 다음과 같이 간단한
식으로 연결되어 있다.

오일러의 공식 : $e^{i\pi} + 1 = 0$

만약 원주율과 자연상수를 몰랐다면 인류는 지금과 같은 문명을 이루
지 못했을 것이다. 현재 이 두 초월수는 전자기기, 인터넷, 자동차, 비행

기, 도로, 교량, 보험, 파생상품, 암호화폐, 진화, 자율주행, 고층빌딩, 약, 화장품 등 수없이 많은 분야에서 중요하게 사용되고 있다.

이 중에서 자연상수 e는 자연의 연속적인 성장을 다루는 분야에서 특히 중요하게 사용된다. **투자도 자산의 연속성장을 목표로 하기 때문에 투자의 세계에는 자연상수가 담겨 있다.** 자연상수 e는 다음과 같이 정의하며, 끝이 없는 무한소수이자 초월수다.

$$\text{자연상수 } e = \lim_{n \to \infty} \left(1 + \frac{1}{n}\right)^n = 2.7182818284590452353602 8747 \cdots$$

자연상수를 직관적으로 이해하기 위해 흔히 사용하는 복리 예금상품을 예로 들어보자. 1억 원을 넣으면 1년 후에 2억 원을 주는 예금이 있다고 하자 매력적인 예금이다. 이 예금의 이자율은 100%이다. 이것을 식으로 표현하면 다음과 같다.

1억 원을 넣으면 1년 후에 2억 원을 주는 예금
= 1억 원 × (1 + 100%)¹번
= 2억 원

100% 이자율로
1번 투자

하지만 나는 이런 말이 안 되는 이자를 지급하는 은행이 불안하다. 그래서 먼저 6개월만 투자했다가 진짜로 이자를 주는지 확인한 뒤에 다시 6개월 투자해도 되냐고 물었더니 그렇게 해도 된다고 한다. 단, 6개월 이자는 연 이자율 100%의 반인 50%를 적용한다. 즉 6개월 동안 50%의 이자를 받고 6개월 후 다시 50%로 투자한다. 이렇게 투자한다면 1년 후 통장에 남는 돈은 다음과 같다.

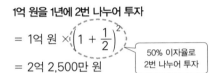

1억 원을 1년에 2번 나누어 투자

$$= \text{1억 원} \times \left(1 + \frac{1}{2}\right)^2$$

$$= \text{2억 2,500만 원}$$

50% 이자율로
2번 나누어 투자

1년 동안 100% 이자율에 1번 투자했을 때는 1억 원의 이자를 더해 총 2억 원을 받았지만, 2번 나누어 투자했더니 2억 2,500만 원을 받을 수 있다. 단순히 기간만 6개월씩 2번으로 나누어 투자했을 뿐인데 2,500만 원이 더 생겼다. 고무적이다.

그래도 불안해 이번에는 4개월씩 나누어 1년에 3번 투자해도 되느냐고 물으니, 역시 된다고 한다. 즉, 연이율 100%의 3분의 1인 33.3%를 4개월 동안 적용받고, 원리금을 재투자해서 다시 33.3%를 4개월 후에 받고, 마지막으로 4개월 재투자, 이렇게 총 3번에 걸쳐 투자한다.

1억 원을 1년에 3번 나누어 투자

$$= \text{1억 원} \times \left(1 + \frac{1}{3}\right)^3$$

$$= \text{약 2억 3,704만 원}$$

33.3% 이자율로
3번 나누어 투자

이번에는 3,704만 원이 더 생겼다. 놀랍다. 욕심이 생긴 나는 더 많이 나누어 투자하면 어떨까 생각해본다. 은행의 답변은 하루에 한 번씩 365번 나누어 투자도 가능하고, 쉬는 날도 없다고 한다. 4개월에 1번씩 3번 나누어 투자했을 때 원래 이자보다 3,704만 원을 더 벌었으니, 365번 나누어 투자하면 못해도 수십 배가 되지 않을까? 계산해보자.

1억 원을 1년에 365번 나누어 투자

$$= 1억 원 \times \left(1 + \frac{1}{365}\right)^{365}$$

0.274% 이자율로
365번 나누어 투자

$$= 약 2억 7,157만 원$$

이상하다. 몇 십 억은 더 벌 줄 알았는데 약 7,157만 원 증가에 그쳤다. 왜 그럴까? 365번으로는 부족한 것일까? 그럼 1시간에 1번씩 8,760번 365일×24시간 투자하면 어떨까?

1억 원을 1년에 8,760번 나누어 투자

$$= 1억 원 \times \left(1 + \frac{1}{365 \times 24}\right)^{365 \times 24}$$

$$= 약 2억 7,181만 원$$

결과는 역시 7,157만 원 언저리에서 크게 늘지 않는다. 즉, 투자를 아무리 잘게 나누어 해도 몇 십억 원은 못 번다.

이번에는 투자 횟수를 무한대로 나누어 계산해보자.

투자 횟수를 무한대로 나누어 투자

$$e = \lim_{n \to \infty} \left(1 + \frac{1}{n}\right)^n$$

$$= 2억 7,182만 8182,8459,0452,3536,0287,47\cdots원$$

위와 같이 2억 7,183만 원에 수렴하게 된다. 연 이자율 100%를 목표로 투자기간을 무수히 짧게 나누어 무한 번 투자했을 때, 최종적으로 받을 수 있는 원리금은 약 2억 7,183만 원에 수렴하는 것이다. 이것을 '자연상수'라고 한다. **자연상수는 실제로 특히 일수를 받는 대부업자들이 직감적으로 알고 있는 수이기도 하다.**

자연상수 e는 다음과 같이 정의하기도 한다.

"자연에서 2배100% 성장을 목표로 1사이클cycle, 주기을 무수히 나누어 성장연속성장했을 때 가질 수 있는 최대 성장량."

투자에서는 자연상수 e를 이렇게 표현할 수 있다.

> 자연상수 e = 투자에서 2배(100%) 자산 증가를 목표로
> 1사이클을 무수히 나누어 투자(연속투자)했을 때
> 얻을 수 있는 최대 자산 증가량

여기서 중요한 개념은 최대 자산 증가량, 사이클, 그리고 목표100%다.

최대 자산 증가량

앞에서 예시로 들었던 예금을 다시 정리해보자.

> · 1번 나누어 투자할 때 원금이 2배
> · 2번 나누어 투자할 때 원금이 2.25배
> · 3번 나누어 투자할 때 원금이 2.37배
> · 365번 나누어 투자하면 원금이 2.716배
> · 무수히 나누어 투자하면 원금이 약 2.718배가 된다.

1번 투자했을 때는 원금이 2배가 되고, 무수히 나누어 투자하면 2.718배가 된다. 이때 추가로 주는 0.718배가 추가로 얻을 수 있는 이자의 최대치다. 즉 시간을 쪼개어 열심히 투자하는 사람에게 주는 자연의 선물이며 보너스인 셈이다. 하지만 아무리 욕심을 부려도 더 이상은 얻을 수 없다.

사이클

사이클Cycle은 투자 지속 연수를 의미한다. 만약 앞의 경우에 1년이 아니라 2년을 무수히 나누어 투자2사이클하면 어떻게 될까? 최대 성장량은 약 2.718배이므로 2년 투자 시 2.718 × 2.718배가 될 것이다.

2년 투자2사이클 했다면?

$2.718... \times 2.718... = e \times e = e^2$배

3년 투자3사이클 했다면?

$e \times e \times e = e^3$배

n년n사이클 연속성장을 한다면?

e^n배

이처럼 여러 해 지속적으로 투자하면 자산은 자연상수 e의 지수 형태로 표현된다.

목표(100%)

그렇다면 만약 연이율 100%가 아닌 20%를 목표로 투자한다면 어떻게 될까? 이해를 돕기 위해 앞에서와 같이 순서대로 진행해보자.

1번 투자했다면,

1억 × (1 + 20%)^{1번} = 1.2배

2번 나누어 투자하면?

$$1억 \times \left(1 + \frac{20\%}{2}\right) \times \left(1 + \frac{20\%}{2}\right) = \left(1 + \frac{20\%}{2}\right)^{2번}배$$

3번 나누면?

$$1억 \times \left(1 + \frac{20\%}{3}\right) \times \left(1 + \frac{20\%}{3}\right) \times \left(1 + \frac{20\%}{3}\right) = \left(1 + \frac{20\%}{3}\right)^{3번} 배$$

n번 나누면?

$$\left(1 + \frac{20\%}{n}\right)^{n번}$$

무수히 나누면?연속 투자하면?

$$\lim_{n \to \infty}\left(1 + \frac{20\%}{n}\right)^{n}$$

어디서 많이 본 듯하지 않은가? 앞에서 자연상수를 나타내는 식인 $e = \lim_{n \to \infty}\left(1 + \frac{1}{n}\right)^{n}$과 비슷하다. 여기에서 1이 20%로 바뀐 것으로 볼 수 있다. 즉 괄호 안의 1이 가지는 의미는 '목표 100%'였다. 100%는 1이기 때문이다. 그렇다면 목표 20%의 최대치는 얼마가 될까?

$$\lim_{n \to \infty}\left(1 + \frac{20\%}{n}\right)^{\frac{n}{20\%}} = e 이므로,$$

우리는 위 식을 다음과 같이 변형할 수 있다.

$$\lim_{n \to \infty}\left(1 + \frac{20\%}{n}\right)^{n} = \lim_{n \to \infty}\left(1 + \frac{20\%}{n}\right)^{\frac{n}{20\%} \times 20\%} = e^{20\%} 배$$

다시 말해 20%를 목표로 시간을 쪼개어 열심히 투자했다면, 최대 약 1.221배를 준다. 1년에 1번 투자했을 때는 1.2배를 주지만, 무수히 나누어 투자하면 여기에 수익의 10.5%를 추가로 주는 것이다.

이때 목표를 10%로 한다면 다음과 같이 표현되고

$$e^{10\%} = e^{0.1}$$

만약 5%를 목표로 한다면 다음과 같이 표현할 수 있다.

$$e^{0.05}$$

위의 값을 기억하자. 목표수익률이 정해지면 기대할 수 있는 최대 자산 증가량은 자연상수에 목표수익률을 지수로 가지는 형태로 표현된다.

정리하면, 투자에서 자연상수 e는 '배100%의 자산 증가를 목표로 1사이클을 무수히 나누어 투자^{연속투자}했을 때 얻을 수 있는 최대 자산 증가량'을 말하고, 목표나 투자기간에 따라 최대 자산 증가량은 자연상수 e에 기간과 목표 수익률의 곱이 지수인 형태로 표현된다.

예를 들어 B씨가 연 20%의 자산 증가를 목표로 투자하고 있는데, 5년 동안 시간을 쪼개 열심히 투자^{연속투자}한다면, 이 사람이 가질 수 있는 최대 자산 증가량은 다음과 같이 표현할 수 있다.

$$\text{B씨의 최대 자산 증가량} = (e^{0.2})^5 = e$$

즉 B씨의 자산증가율은 최대 약 2.718배이다. 조금 어려운 수식이 많고 이해하기 힘든 개념이지만, 꼭 기억했으면 좋겠다. 이처럼 어떤 목표를 가지고 열심히, 꾸준히 투자했을 때 자연은 우리에게 보너스를 준다. 그리고 그 최대치를 알려주는 숫자가 바로 자연상수 e이다.

자산은 연속성장을 통해 증가한다

또한 투자에서 장기투자를 지향해야 하는 이유는 '지수'에 있다. 이를 흔히 '복리 효과'라고 한다.

예를 들어 직장인 A씨가 현재 1,000만 원의 자산을 가지고 있는데, 10년 후에 10억 원으로 늘리고 싶어 한다고 가정하자. 다시 말해 A씨는 10년 동안 자산을 100배 증가시켜야 한다. A씨의 자산은 시간에 따라 어떻게 증가할까?

대부분의 사람들은 자산이 아래의 그림과 같이 증가할 것이라고 기대한다. 즉 1년 후에는 10배, 5년 후에는 50배, 10년 후에 100배처럼 일정한 비율로 정비례하며 증가해 10억 원이 될 것이라 생각한다. 과연 그럴까?

직장인 A씨가 1,000만 원을 10년 후 100배로 늘리고 싶다면(일반인 생각)

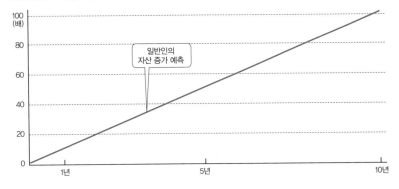

로마가 하루아침에 이루어지지 않았듯이, 자연에서 성장은 한 번에 이루어지지 않는다. 길에 눈이 쌓이는 것처럼 수없이 많은 축적이 모여야 성장이 이뤄진다. 사람도 세포 하나에서 출발해 무수히 많은 분화를 거쳐 30~40조 개의 세포를 가진 개체로 성장한다. 심지어 최근 전 세계적 재앙이 된 코로나19 확진자 수의 증가도 이와 같은 자연의 성장법칙을 따른다. 연속적인 분화와 증가를 통해 성장하는 것, 이를 우리는 **연속성장**이라고 한다. 자산도 이 연속성장을 통해 증가한다물론 무한히 성장만 하는 것은 아니다. 성장 중간에는 변곡점이 있고 나중에 포화된다.

다시 돌아와서, 10년에 10억 원을 달성하려는 A씨의 실제 자산 증가 모습을 단순화하여 그려보면 다음과 같다.

10년 후 10억 원을 달성하려는 A씨의 실제 자산 증가

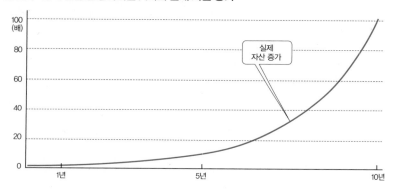

1,000만 원을 가지고 10년 안에 10억 원을 벌겠다는 야심 찬 계획으로 투자를 시작한 A씨는 1년 후 크게 실망하게 된다. 자산이 겨우 1,580만 원밖에 되지 않기 때문이다. 1년에 1억 원씩은 늘어나야 10년 후 10억 원을 달성할 것 같은데, 580만 원밖에 늘지 않다니 실망이 클 수밖에 없다. 뭔가 잘못된 것 같지만, 그래도 같은 방법으로 열심히 투자를 이어간다.

그렇게 5년이 지났다. 자산을 계산해본 A씨는 심각한 우울증에 빠지고 말았다. 목표한 기간의 반이나 지났는데 자산은 겨우 1억 원이었기 때문이다. 이대로 가다가는 10억 원은커녕 반의 반도 달성하지 못할 것 같다.

"10억 원은 무슨, 그냥 포기하고 차나 사자!"

많은 사람들이 투자를 시작해서 몇 년 버티지 못하고 포기하는 가장 큰 이유가 여기에 있다. 처음 몇 년간 자산 증가의 속도가 너무 실망스럽기 때문이다.

하지만 그 이후의 변화를 보자. 6년째 되는 해 1.5억 원, 7년째 되는 해 2.5억 원으로 더디게만 증가하던 자산은 8년째에 4억 원, 8년 6개월째에는 5억 원을 돌파하더니 그후 1년 반 만에 목표했던 10억 원으로 뛰어버린다! 처음 5년간은 자산이 1억 원밖에 늘지 않았지만, 만약 A씨가 포기하지 않고 남은 5년간 꾸준히 투자했다면 자연은 A씨에게 9억 원이라는 달콤한 열매를 맛보게 해주었을 것이다.

위 A씨의 예에서 사용한 자산의 증가 함수는 다음과 같다.

A씨 자산의 증가 함수 $= f(t) = e^{0.461 \times t}$

자산의 증가는 이렇게 이루어진다. 앞서 74쪽에서 보았던 워런 버핏의 버크셔 해서웨이의 자산 증가도 후반부로 갈수록 급격히 상승하는 것을 볼 수 있다.

다시 한번 강조하지만, **자산의 증가는 자연의 연속성장을 따른다. 사람들의 기대와는 달리 일직선이 아니다.** 시작은 매우 더디게 진행되며 지루하고 힘이 든다. 그렇기 때문에 많은 사람들이 중도에 포기하고 옆길로 새버린다. 하지만 꾸준히 견디고 반복한다면 그 열매는 어마어마하게 커진다. 포기하지 말자! 자연의 원리가 그렇다.

자연상수 e의 정의를 다시 한번 보자.

$$e = \lim_{n \to \infty}\left(1 + \frac{1}{n}\right)^n$$

어려워 보이지만 이것을 직관적으로 표현하면 다음과 같은 모양이 될 것이다.

$$(1 + 0)^\infty$$

이 식은 4개의 기호와 숫자로 이루어져 있는데 각각을 다음과 같이 분해해볼 수 있다.

이를 투자에 적용하면 자산 증가를 올바른 방향으로 꾸준히 반복해 쌓아가는 것으로 정리할 수 있다.

$(1 + 0)$, 즉 1을 무한 번 곱한다고 해도 1 정도밖에 되지 않을 것 같지만, 결과는 놀랍게도 2.72배 이상이 된다. 눈송이가 하늘에서 내려와 길에 닿으면 다 녹아 없어지는 것처럼 보이지만 결국 어느 순간에 쌓여 있듯이, 꾸준한 반복과 축적이야말로 자연의 법칙이라고 할 수 있다. 투자도 마찬가지로 방향만 올바르다면 자산의 증가가 더뎌 보이더라도 꾸준히 반복하며 축적하면 놀라운 성과를 누릴 수 있다.

여기서 중요한 것은 '방향'이다. 만약 방향이 잘못되었다면 어떻게 될까? 다시 말해 앞의 자연상수 모양에서 플러스(+)가 마이너스(-)로 바뀌면 자산이 거의 3분의 1토막이 되어버린다!

앞에서 투자와 도박을 구분했다. 투자가 아닌 도박을 꾸준히 한다면, 즉 플러스(+)가 아니라 마이너스(-)의 방향으로 꾸준히 간다면 결국 큰 손실을 입게 될 것이다. 하지만 올바른 방향, 즉 도박이 아닌 투자를 꾸준히 하면서 내공이 쌓인다면 투자수익률을 높일 수 있게 되고 자산증가율도 높아질 것이다. 다시 말해 앞의 자연상수 모양에서 '③ 증가' 부분을 향상시킬 수 있다. 이는 아래 그림과 같이 목표를 이루는 데 걸리는 시간을 단축시켜줄 것이다.

자산 증가와 시간 단축

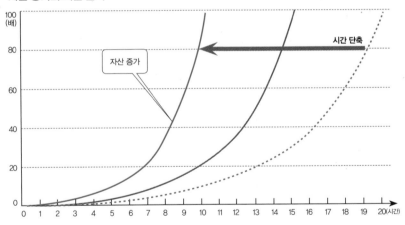

정리하자면, 자연이 주는 진리의 메시지는 "더디더라도 올바른 방향으로 꾸준히 반복하라"다.

"네 시작은 미약하였으나 네 나중은 심히 창대하리라" 욥기 8장 7절

5장

화폐형 투자

유대인의 자산 3분법을 기반으로 현재 나에게 가장 적합한 투자법을 찾아보자.

투자법의 종류

사람들은 보통 투자를 어떻게 시작할까? 처음에는 일반적으로 취직을 하거나 알바를 해서 돈을 벌려고 할 것이다. 그리고 그렇게 번 돈의 일부를 예금이나 적금으로 저축하면서 종잣돈을 모을 것이다. 그래서 어느 정도 종잣돈이 모이고 나면 금융상품이나 주식투자, 부동산 투자 등을 꿈꾸는 게 일반적인 투자자의 성장 경로일 것이다. 투자자가 투자를 시작하고 성장해가는 이 코스에 실전 투자방법이 모두 담겨 있다.

먼저 취직해서 돈을 버는 방법은 나의 시간 자산을 투자하는 회사형 투자법이라고 할 수 있다. 반면 예금과 적금 등으로 모아서 종잣돈을 만드는 것은 화폐형 투자법이다. 주식투자는 회사형 투자법에 속하고, 부동산 투자는 당연히 부동산형 투자법에 속할 것이다.

> ① 돈 모으기 : 화폐형 투자법
> ② 돈 불리기 : 부동산형 투자법
> ③ 돈 모으기, 돈 안정적으로 유지하기 : 회사형 투자법
> ④ 하이브리드/파생형 투자법

이 투자법의 분류는 유대인의 경전 『탈무드』에 나오는 자산을 배분하는 방법을 이용한 것이다. '현대 포트폴리오의 아버지'라 불리는 미국의 경제학자 해리 마코위츠는 유대인의 자산 3분법을 이용해 투자이론을 정립했다. 『탈무드』에 나오는 자산 3분법은 "3분의 1은 주머니에, 3분의 1은 집에, 3분의 1은 가게에 배분하라"이다. 현대적 관점에서 '주머니'는 바로 재화로 교환 가능한 화폐를 말하고, '집'은 부동산을, '가게'는 회사를 말한다고 볼 수 있다. 금융 시스템의 발달로 현재는 위 3가지 자산 외에 다양한 파생상품이 있으므로, 그것들의 조합으로 4번째 투자법까지 만들 수 있다.

우리 부부가 그동안 해왔던 다양한 투자들을 위의 분류에 따라 구분해보면 다음과 같다.

> ① **화폐형 투자** : 예금, 적금, 달러와 엔화 매입, 비트코인/이더리움 매집, 실물 금 보유
> ② **부동산형 투자** : 거주용 단독주택 신축, 오피스텔 분양, 아파트 전세 레버리지, 월세 아파트, 상가, 토지 지분 경매, 농지 경매, 아파트 공매

③ **회사형 투자** : 회사원(은퇴), 자영업(소상공인), 공유 오피스 운영, 미국과 일본의 배당주/성장주, 미국 국채
④ **하이브리드/파생형 투자** : 리츠, ETF(상장지수펀드), 지인 펀드 운용, 해외옵션

이런 경험들을 통해 앞서 강조한 투자원칙들을 정리할 수 있었고, 다음의 원칙에 집중한 투자를 해오고 있다.

① **현금흐름이 나오는가?**

　　→ 자산이 창출하는 현금흐름으로 복리 투자하자.

② **플로트, 즉 꿈의 레버리지를 이용할 수 있는가? 그리고 시간 레버리지 이용이 가능한가?**

　　→ 레버리지 비용은 낮을수록, 레버리지 기간은 길수록 좋다. 그리고 나의 시간은 적게 들수록 좋다.

③ **기대수익률이 우리 부부가 정한 기준 투자수익률보다 높은가?**

　　→ 투자수익률을 점검해보자.

플로트를 기반으로 적절한 레버리지를 이용해서 현금흐름이 나오는 자산, 즉 황금알을 낳는 거위들을 꾸준히 모아가는 것이 우리 부부가 현재 실행하고 있는 농장 운영의 가장 중요한 원칙이다. 부동산 거위든, 주식 거위든 투자대상은 다양하지만, 안정적인 현금흐름을 예측해서 투자수익률이 우리의 목표 수익률 이상인 거위만이 우리 농장에 들어올 수 있다.

5장부터는 우리 부부가 했던 실전 투자방법을 좀더 구체적으로 소개하려고 한다. 당부하고 싶은 것은 이 방법만이 최고의 방법은 아니라는 것이다. 다만 투자원칙에 부합하는 실전 투자방법 중 하나일 뿐이며, 이를 참고로 각자의 원칙에 맞는 투자법을 스스로 연구하길 바라는 마음에서 소개하는 것이다. 각자 상황에 맞는 투자법을 찾고 이를 꾸준히 실천해 경제적 자유와 시간의 자유를 얻길 바란다.

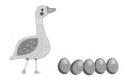

화폐형 투자 – 종잣돈 모으기

돈을 모아갈 때는 화폐형 투자

화폐형 투자의 대상은 원화, 달러, 엔화 등 화폐와 화폐 역할을 하는 금과 은 등이다. 현대 사회에서는 종이 화폐 또는 신용이 주로 돈의 역할을 하고 있지만, 금과 은은 사실상 오랫동안 화폐의 역할을 해왔다. 과거 미국은 금본위제 아래 보유하고 있는 금만큼만 달러를 발행했지만, 금본위제가 폐지된 지금은 달러를 금 보유량과 상관없이 찍어내고 있다. 따라서 달러는 미국의 경제체제에 대한 신뢰도만큼의 가치를 가지고 있다.

달러뿐만 아니라 원화도 마찬가지다. 다만, 원화는 달러와 같은 기축통화가 아니므로, 지난 1997년 외환위기나 2008년 글로벌 금융위기처럼 한국의 경제 시스템에 대한 믿음이 약해질 때에는 국제사회에서 원화의 가치가 흔들릴 수도 있다는 점을 기억해야 한다.

화폐형 투자의 큰 약점은 현금흐름 창출과 레버리지 효과가 둘 다 약하다는 것이다. 따라서 화폐형 투자는 자산 증식 수단이라기보다는 예적금은 다른 투자를 위한 종잣돈을 만드는 역할을 하고, 달러, 금 등은 위험에 대비하는 수단이 된다. 위험에 대비하는 수단으로서의 화폐형 투자에 대해서는 8장에서 상세히 다루겠다.

예금, 적금의 수익률은?

가장 일반적인 저축방법인 예금과 적금도 화폐형 투자방법 중 하나다. 돈 자산이 적고 시간 자산만 있을 때에는 시간 자산을 써서 종잣돈을 만드는 과정이 필요하다. 이때 예적금을 이용해서 돈을 모아야 한다. 하지만 예적금은 현재의 저금리 상태에서 현금흐름이 거의 없는 것이나 마찬가지이고, 레버리지 효과도 없어서 자산 증가 효과가 미미하다. 따라서 어느 정도 종잣돈을 모으면 다른 투자방법으로 이동하거나 병행해야 한다. 예적금으로 종잣돈을 모아가면서 그다음 단계의 투자방법에 대해 조금씩 공부하며 준비해보자.

2020년 7월 기준 신규 예금금리가 1% 이하로 떨어졌다. 세후 0.95%의 금리를 주는 1년짜리 예금에 100만 원을 넣었다고 하면, 1년 후 내가 받는 돈은 100만 9,500원이다. 1년간의 투자수익이 9,500원인 것이다. 이때 투자수익률은 얼마일까? 사실 굳이 계산할 필요도 없이 세후 금리가 0.95%라고 했으니 0.95%이다. 하지만 나의 목표 수익률이

5%라면 예금이나 적금은 적절한 투자가 아니다. 수익률 0.95%는 나의 목표 수익률 5%에 턱없이 부족하니 말이다.

사실상 수익률을 따진다는 게 거의 무의미하지만, 종잣돈을 모으는 것 자체가 모든 투자의 기반이 된다는 점에서는 예금, 적금도 의미가 있다. 이 과정을 거치지 않고서는 다른 투자를 시작할 수 없기 때문이다.

달러 투자도 위기에 대비하는 화폐형 투자다

원화의 가치 하락에 대비해서 대표적 기축통화인 달러를 틈틈이 환전해서 보유하는 것도 화폐형 투자방법 중 하나다. 위기에 대비해서 달러를 일부 보유할 수도 있고, 회사형 투자해외 주식투자나 파생형 투자해외 옵션 투자에 활용할 수도 있다. 달러는 우리나라의 경제위기나 금융위기에 대비할 수 있는 수단이 되기도 하고 다른 투자방법에도 활용도가 높으므로, 환율이 꽤 떨어졌다 싶을 때마다 조금씩 환전해서 보유하는 것도 좋다.

금을 보유하라
금에 투자해야 하는 이유와 투자법

실물 금과 은은 현금흐름을 가져오지 못하고 레버리지 효과도 없는데, 보유를 추천하는 이유는 무엇일까? 금은 글로벌 경제위기 속에서도 믿을 만한 화폐형 투자수단이기 때문이다. 현재 경제 시스템이 붕괴되는 등 최악의 위기에 대비할 수 있다.

또한 금은 전쟁이 나도 비교적 안전한 교환수단이다. 로버트 기요사키의 저서 『페이크Fake』에 보면, 그가 장교로 베트남 전쟁에 참여했던 1972년 전쟁 속에 금 거래를 시도한 이야기가 나온다. 전쟁터에서는 금을 시세보다 싸게 살 수 있을 거라는 기대를 갖고 금 거래상을 찾아갔지만, 전쟁 통의 시골마을에서도 금 가격은 당시 국제 시세와 똑같았다고 한다. 금 시세는 전쟁 속에서도, 베트남 시골에서도 유지된다는 것을 보여주는 일화다.

금 투자는 대공황과 같은 경제위기, 2008년과 같은 글로벌 금융위기, 전쟁, 심각한 자연재해 등 평생 한 번 있을까 말까 한 위기를 대비하기 위한 것이다. 과거와 같은 위기가 앞으로 또 닥쳐오지 않으리라는 보장은 없다. 다만 금은 현금흐름을 만들지 못하기 때문에 시간에 따른 복리투자 효과가 없다. 따라서 금에 투자함으로써 수익을 내거나 자산이 증가하기를 바라기보다는, 위기에 대비하기 위한 리스크 헤지 차원에서 약 3개월 정도의 생활비만큼을 실물 금으로 보유하길 추천한다. 8장에서 실물 금 투자로 현금흐름을 만드는 방법에 대해 설명할 예정이다. 실물 금 투자의 아쉬움을 달래고 싶은 독자라면 읽고 실천해보길 바란다.

금을 사는 다양한 방법

당연한 말이지만, 금에 투자하기 위해서는 금을 사야 한다. 금을 사는 다양한 방법에 대해 알아보자.

실물 금

가장 추천하는 방법이다. 한국조폐공사, 은행, 증권사, 금거래소, 금은방 등에서 금괴골드바나 금가공품을 살 수 있다. 매일 바뀌는 국제 금시세와 환율에 따라 시세가 변동한다. 2020년 6월 10일 오전 10시 기준으로 1kg의 금괴는 약 7,600만 원이다. 국제 금시세는 1트로이온스당 1,722.6달러이고 이는 1kg당 약 55,400달러이다. 당시 환율이 1,198.6

원/달러였으므로 1kg의 금은 약 6,640만 원 정도였다.

그런데 왜 당시 실제 금괴의 가격은 7,600만 원이나 했을까? 우리나라에서 금괴를 사기 위해서는 10%의 부가가치세를 내야 하고, 금시장의 수수료 약 0.5%에 골드바 제작비용 약 5%, 그리고 관세를 내야 하기 때문이다. 즉, 15~18% 정도는 세금과 비용이 발생한다. 또 1kg이 아닌 100g 또는 10돈, 1돈, 1g으로 구매 단위가 낮아질수록 세공비나 수수료 비중이 증가하여 실제 금가격보다 더 높은 비율의 비용을 지불해야 한다. 또한 은행, 증권사, 금거래소, 금은방에서 파는 무게당 금의 가격이 다르다. 이는 도매와 소매에 따라 유통마진이나 수수료의 차이가 있기 때문이다.

이렇게 실물 금을 살 때는 세금과 비용 때문에 실제 국제 금시세보다 비싸게 구입하게 된다. 또한 보관도 쉽지 않다. 금을 안전하게 보관하기 위해 개인금고를 마련하거나 은행의 보관함을 대여해야 하는 등 번거로움과 추가비용도 발생할 수 있다. 하지만 금 투자를 하는 근본적인 이유를 생각한다면 궁극적으로는 실물 금을 보유하는 것이 좋다. 금 투자는 큰 위기에 대비하기 위한 것인데, 금 통장이나 증권사의 금거래를 이용한다면 이런 위기에서 은행이나 증권사 또한 안전하지 않을 수 있기 때문이다.

실물 금 보유의 또 다른 좋은 점은 보유와 처분 시 세금이 없다는 점이다. 보유세, 시세차익에 대한 양도소득세, 소득세뿐만 아니라 증여나 상속 시에도 세금이 없다. 물론 증여된 금의 양이 많으면 자녀가 금을 팔아 자산을 구입하는 경우 증여세에 대한 세무조사를 받을 수 있다. 따라서 조심해서 증여해야 한다.

금 통장(골드뱅킹)

현재 가장 많이 알려진 금 투자방법 중 하나다. 은행에서 금 통장을 개설하고 돈을 입금하면, 은행이 입금액에 해당하는 금을 국제시세에 맞추어 금 무게로 환산하고, 통장에 적립시켜주는 방법이다. 입출금이 자유롭고, 현금이나 실물 금으로 인출이 가능하다. 신규 가입 시 1g 이상 입금해야 개설할 수 있는 경우가 많으며, 그 이후에는 0.01g 단위로 입금이 가능하다. 시중은행에서 쉽게 개설할 수 있어 접근성이 좋고 편리하다.

반면 금 통장은 취급수수료가 발생하고 차익에 대해 배당소득세 15.4%를 내야 한다. 또한 금융소득종합과세의 대상이 될 수 있기 때문에 세금에 민감한 분들에게는 금 통장을 추천하지 않는다. 아울러 금 통장에서 실물 금을 인출할 경우 역시 부가가치세 10%와 수수료, 세공비 등을 내야 하므로 사실 실물 금을 직접 사는 것과 큰 차이가 없게 된다.

금 통장의 가장 큰 단점은 금에 투자하는 근본적인 이유와는 다소 맞지 않다는 것이다. 만약 큰 위기가 발생했을 때 내가 넣어둔 돈이 온전할 수 있을까? 큰 위기 시 원화의 가치는 크게 떨어질 것이고, 그러면 금 통장에 찍힌 돈의 가치도 함께 떨어질 것이다. 더 큰 문제는 그런 위기에 그 은행이 온전할지, 그 은행에서 내 돈을 빼올 수 있을지다. 위기에 대비하기 위해 금에 투자하는 것인데, 정작 위기가 왔을 때 금을 빼 올 수 없는 상황이 된다면 곤란할 것이다.

KRX 금거래소

2014년 3월부터 금의 현물가격을 취급하는 KRX 금거래소가 등장했다. 현재 국내 10여 개의 증권사에서 직접 창구를 방문하거나 홈트레이딩시스템HTS, 모바일트레이딩시스템MTS에서 거래할 수 있다. 거래단위가 1g으로 5만~10만 원으로도 투자가 가능하다.

KRX 금거래소를 이용할 경우, 금 통장과 달리 매매차익에 대해 비과세이며 장내거래 시 부가가치세가 면세된다. 한국조폐공사가 인증하는 99.99%의 고품질 금만을 거래하며 매수한 금은 한국예탁결제원에 안전하게 보관된다. 하지만 실물 금을 인출하기 위해서는 역시 부가가치세 10%와 세공비, 수수료를 지불해야 한다. 또한 금 통장과 마찬가지로 큰 위기 시 내 금이 온전할까 하는 문제가 있다. 물론 금 통장처럼 원화 가치 하락의 영향은 없을 것이고 은행보다는 안전할 수 있지만, 금을 온전하게 인출할 수 있을지는 의문이다. 이런 불안을 안고 투자하기에는 기대수익률이나 자산증가율이 턱없이 낮다. 위기에 대비하기 위해 수익률이나 자산증가율의 감소를 각오하고 금에 투자하는 것인데, 다시 이런 불안을 안게 된다면 다른 더 좋은 자산군에 투자하는 것이 나을 수 있다.

금 펀드

'금 펀드'라고 하니, 금에 투자하는 것처럼 포장되어 있지만, 사실은 금을 다루는 회사에 투자하는 것이다. 주의할 것은 금뿐만 아니라 다이아몬드나 금 이외의 귀금속을 생산하는 기업들에도 투자하므로 금 가격변동과 다른 움직임을 보일 수 있다는 점이다. 최근에는 은행의 골드뱅킹에 연동되거나 국제 금시세에 연동되는 펀드도 출시되었지만 이는 파생에 파생을 더한 것에 불과하다. 즉, 화폐형 투자가 아닌 하이브리드/파생형 투자가 된다. 더군다나 현금흐름이 없어 펀드를 환매하지 않는 이상 수익이 없다. 각종 수수료를 지불해야 하고, 펀드의 가격변화에만 집중해야 하는 이런 투자는 추천하지 않는다.

금 관련 ETF/ETN/DLS

가장 저렴한 가격으로 금에 손쉽게 투자할 수 있는 방법이기에, 많은 사람들이 금 투자를 한다면 이런 상품들을 떠올린다. 국제 금시세를 반영하여 금 가격의 변화에만 베팅하는 형태로, 사실 도박과 가깝다. 골드선물ETF 상장지수펀드는 금 투자의 '파생'인 선물투자에서 다시 '파생'한 ETF를 만든 것이고, 여기에 다시 파생을 입혀 금 가격 상승에 2배를 베팅하는 골드선물레버리지ETF, 하락에 베팅하는 인버스금선물ETN 상장지수증권, 심지어는 파생결합상품DLS까지 있다. 또한 금뿐만 아니라 원유를 포함하는 것도 있어 주의를 기울여야 한다. 게다가 매매차익에 대한 배당소득세15.4%까지 내야 하므로 이 투자 역시 추천하지 않는다 금 관련 투자에 대해서는 8장에서 상세히 다룬다.

6장

부동산형 투자

부동산은 주거의 필수재인만큼 누구나 반드시 이해해야 하는 자산이다. 또한 레버리지가 비교적 용이하고 현금흐름을 만들기 쉬운 자산이기도 하다. 최근 부동산 시장환경이 변화무쌍하지만 그럴수록 기본기를 충실히 다져놓을 때이다.

부동산 시장을
이해해야 하는 이유

부동산형 투자의 장단점

화폐형 투자예금, 적금 등로 종잣돈을 만들었다면, 이제는 종잣돈과 레버리지로 자산을 매입하여 현금흐름을 만드는 방법을 연구해보자.

부동산형 투자는 자본 레버리지를 이용해서 현금흐름을 만들기 쉬운 분야이기 때문에 황금알을 낳는 거위가 될 가능성이 충분하다. 부동산형 투자에서는 예를 들어 1억 원짜리 집을 살 때 은행 대출을 40% 정도 이용하거나 전세를 끼고 사는 게 일반적이다. 1억 원의 집을 사기 위해 1억 원이 필요한 것이 아니라 적게는 2천만~3천만 원, 많아야 6천만 원만 있으면 살 수 있다. 이처럼 대출이나 전세금 같은 레버리지를 이용해서 소액의 종잣돈으로 부동산을 구입하고, 거기에서 나오는 현금흐름과 근로소득을 합해서 추가 자산을 구입하는 것, 이것이 자산을 가장 효과적으로 불려가는 방법이다.

그렇다면 부동산형 투자의 약점은 무엇일까?

자본 레버리지, 즉 대출이나 전세보증금처럼 남의 돈을 빌리기는 쉬운 편이지만 내 시간이 많이 묶인다는 것이다. 부동산 투자를 하기 위해서는 해당 지역과 부동산을 여러 번 방문해야 하고, 계약과 보유 과정에서도 관리에 만만치 않은 시간이 소요된다. 따라서 부동산형 투자로 경제적 부를 많이 불리고 나면, 내 시간을 적게 쓰는 다음 투자 단계로 넘어가야 할 것이다.

부동산 시장을 이해해야 하는 이유

얼마 전 MBC에서 방영된 예능프로그램 〈나 혼자 산다〉에서 2017년에 부동산을 산 연예인과 사지 않은 연예인의 자산상태가 확 달라진 것이 큰 화제가 되었다. "부동산은 이미 끝물이야" 하고 지레 단정해버리고 포기한다면 앞으로 살아가면서 만날 부동산형 투자의 기회들을 또 다시 그냥 흘려보낼지도 모른다. 지금이라도 부동산 시장이 어떻게 움직이는지 원리를 알아야 한다.

근본적으로 부동산은 누구에게나 필요한 필수재이고, 통화량의 증가에 따라 앞으로도 가격이 장기적으로 우상향할 것이다. 앞서 설명했듯이 통화량이 증가하면서 실물자산의 가격이 그와 비슷한 수준으로 상승하기 때문이다.

"집을 사고 싶어도 집값이 너무 올라서 못 사요"라는 분들에게는 의지만 있다면 방법은 찾을 수 있다고 말씀드리고 싶다. 전월세를 살더라도, 자신이 감당할 수 있는 예산 내에서 가장 좋은 주택을 전세를 끼고 사두는 방법은 어떨까? 전세를 레버리지 해서 투자를 해두면, 주택 가격이 상승하면 좋고, 향후 나의 주거비용_{전월세 비용}이 상승할 경우 보유 주택의 전월세 수입도 함께 증가하므로 상쇄가 가능할 것이다. 이처럼 목표가 있다면 방법은 찾을 수 있다.

모든 사람은 자신의 의지와 상관없이 투자자이며, 부동산 시장에서는 특히나 그렇다. 어디에서든, 어떤 형태이든 간에 주거를 해야만 하기 때문에, 누구나 의지와 상관없이 부동산 시장에 참여하고 있는 것이다. 그러므로 이왕이면 부동산 시장을 잘 이해하고 나에게 유리한 포지션이 무엇인지 찾는 것이 좋다.

특히 무주택자라면 주택시장에서 무주택자의 포지션이 어떤 의미인지 잘 이해해야 한다. 왜냐하면 무주택자는 주택 공급물량과 전월세 물량이 함께 감소하고, 통화량 증가율이 더 가팔라지는 현 시점에서 가장 위험한 포지션의 투자자가 될 수 있기 때문이다.

2021년 현재 전국적으로 입주물량이 감소 추세인 데다가 정부의 부동산 규제정책들이 오히려 전월세 공급물량의 감소를 더 부추기고 있기 때문에, 적어도 향후 2~3년간은 입지가 괜찮은 부동산의 가격이 우상향할 가능성이 높다. 나의 자금사정에 맞추어 부동산 투자를 시작할 수 있도록 지금부터 준비해야 한다.

워런 버핏의 플로트와
전세 레버리지 투자

부동산 투자를 하는 방법은 굉장히 다양하다. 그중에서 우리 부부가 집중하고 있는 전세 레버리지 투자는 말 그대로 전세금을 레버리지로 해서 현금흐름을 꾸준히 만드는 투자법, 즉 황금알 낳는 거위를 모으는 투자법이다.

만약 어떤 자산에서 현금흐름이 나온다면 그 자산의 크기는 클수록 좋을 것이다. 그래야 더 많은 현금흐름이 나올 테니 말이다. 그래서 내 돈뿐만 아니라 레버리지를 써서 자산을 매입하는 것이다. 그런데 여기서 사용하는 레버리지가 이자비용이 없고 대출기간도 거의 무기한이라면 더욱 환상적일 것이다. 그리고 이 자산에서 2~4년마다 현금흐름으로 목돈이 나와준다면 부담 없이 즐겁게 보유할 수 있다. 이러한 투자가 바로 전세 레버리지 투자다.

전세 레버리지 투자를 이야기할 때 가장 많이 하는 질문이 **"전세금은 돌려줘야 하는 돈 아닌가요?"**이다. 그래서 앞에서 '레버리지 증가는 현금흐름'이라고 설명한 것이다. 이는 전 세계적으로 통용되는 회계 기준이기도 하다. 전세보증금을 레버리지로 삼으면 이자가 없고 대출기한 또한 거의 영구적이라는 점이 매력적이다. 특히 입지가 좋아서 살기가 좋은 지역이라면 세입자가 나가더라도 다음 세입자를 받는 데 큰 어려움이 없다. 이따금씩 전세 시세가 하락하는 위험이 있는데, 이것은 뒤에 다시 설명하겠지만 일시적일 뿐이다.

워런 버핏도 투자를 지속하기 위해 보험회사를 인수하고 수입보험료를 장기로 조달했다. 그의 플로트 비용을 연구한 한 논문에 따르면, 워런 버핏은 보험 플로트를 이용해서 1976년부터 2011년까지 무려 36년 동안 미국 기준금리보다도 낮은 금리로 자금을 조달해왔다. 한국으로 치자면, 지난 36년 동안 한국은행 기준금리보다 낮은 금리로 자금을 조달해서 투자한 셈이다. 그런데 우리는 전세 레버리지를 이용하면, 워런 버핏보다 더 낮은 비용으로 매매가의 무려 70~80%를 조달할 수 있으니, 이런 훌륭한 플로트를 이용하지 않을 이유가 있을까?

'레버리지를 이용하고 현금흐름을 만들어라'고 하면, 대부분의 사람들은 흔히 수익형 부동산 투자라고 하는 월세 투자를 떠올린다. 하지만 월세 투자는 은행 대출을 이용하므로 대출이자가 나간다. 특히 수도권은 대출이 매매가의 40% 정도밖에 나오지 않아서 실투자금이 크고 수익률이 낮다. 월세 세입자의 연체 리스크도 있다.

하지만 전세를 레버리지 해서 부동산을 보유하면 실투자금이 매매가의 20~30%로 적게 든다. 전세가와 매매가가 모두 저평가된 지역을 선별해서 투자했을 경우에는 2~4년 후에 실투자금의 상당부분을 전세보증금 증액으로 회수할 수 있다.

전세금이 꾸준히 상승하면 현금흐름이 꾸준히 들어오므로 그것을 재투자해서 복리효과를 누릴 수도 있다. 자산을 보유하면서 현금흐름을 만들어내는 대표적인 예이다.

투자수익률을 높여주는 현금흐름의 위력

5년 전에 A 아파트를 3% 이자율의 대출 8,000만 원을 끼고LTV 40% 2억 원에 매입하고 거주하다가 5년 후 시세인 3억 원에 매도했다고 하자. 이때 전세 레버리지 투자를 실거주의 경우와 비교해보자.

먼저 실거주 경우부터 살펴보자. 매년 이자비용으로 대출 8,000만 원의 3%인 240만 원을 지불하므로 보유기간 동안 현금흐름은 마이너스다. 이 투자의 수익률은 어떨까?

단순히 생각했을 때 아파트 가격이 1.5배가 되었으므로 투자수익률이 50%일 것 같지만, 이자비용과 5년 동안의 기간이 있으므로 연평균 수익률IRR로 따져보면 11.6%이다. 꽤 괜찮은 수익률이다.

A 아파트 주택담보대출 시 수익률(연이자 3%, 대출금 8,000만 원)

	투자원년	1년	2년	3년	4년	5년(매도)
현금흐름	-1억2,000만 원	-240만 원	-240만 원	-240만 원	-240만 원	2억2,000만 원
매매가	2억 원					3억 원
대출	8,000만 원					0
					투자수익률	11.6%

하지만 똑같은 아파트에 전세 레버리지 투자를 했다면 투자수익률은 훨씬 더 높아진다. A 아파트를 5년 전에 2억 원에 사서 1억 6,000만 원에 전세로 내놓았다면 나의 실투자금은 4,000만 원이다. 전세보증금을 2년마다 5%씩 약 800만 원가량 올렸기에, 2년마다 800만~840만 원 정도의 현금흐름이 생겼다. 5년이 지난 후 똑같은 가격인 3억 원에 매도한다면 전세금을 제외한 1억 2,360만 원가량의 순현금흐름이 생긴다. 이때의 연평균 투자수익률IRR은 30.7%이다.

A 아파트 전세 레버리지 시 수익률

	투자원년	1년	2년	3년	4년	5년(매도)
현금흐름	-4,000만 원	0	800만 원	0	840만 원	1억 2,360만 원
매매가	2억 원					3억 원
전세가	1억 6,000만 원		1억 6,800만 원		1억 7,640만 원	
					투자수익률	30.7%

같은 가격에 사서 같은 가격에 매도했는데도 투자수익률이 19%p 가까이 차이가 난다! 그 이유는 투자비용의 차이와 현금흐름 유무에 있다. 두 번째의 경우 전세금을 레버리지 해서 실투자금을 4,000만 원으로

줄일 수 있었고, 2년마다 전세보증금을 5%씩 올리면서 플러스 현금흐름을 만들었기 때문에 투자수익률이 크게 높아졌다. 이처럼 레버리지를 통해 나의 투자금을 아끼고 현금흐름을 만드는 투자의 위력은 놀랍다.

이런 투자를 좀더 긴 시간 동안, 여러 건을 진행해간다면 어떨까? 통화량 증가에 따라 부동산의 매매가와 전세가가 모두 장기적으로 상승하는 것을 즐기면서, 2년마다 오른 전세보증금으로 황금알을 낳는 거위를 더 늘려나갈 수 있다.

전세 레버리지 투자법 및 갭투자와의 차이점

전세 레버리지 투자의 핵심은 결국 전세가가 꾸준히 상승할 지역의 부동산을 모아가는 것이다. 전세가 상승으로 현금흐름을 만들어내는 거위를 모으는 방법이다. 이는 사실 새로운 개념이 아니다. 『부동산 투자의 정석』김원철, 2016 과 『노후를 위해 집을 이용하라』백원기, 2016 등에서 선구자들이 소개한 바 있고, 많은 사람들이 이를 이용해 경제적 자유를 얻었다.

전세 레버리지 투자법

지금의 상황은 전세 레버리지 투자를 시작하기에 좋은 환경이다. 그 이유는 전국 대부분 지역들의 전세가가 그동안 저평가되어 있었기에 앞으로 상승세가 예상되기 때문이다. 또한 부동산 규제로 인해서 일부 지역에서는 매도물량이 많이 나와서 실투자금을 최소화하면서 매수할 수 있는 기회도 있을 것이다. 전세 레버리지 투자법은 다음과 같다.

① **지역 분석** : 매매가와 전세가가 둘 다 저평가되어 있는 지역을 찾는다.
② **투자 아파트 수익률 분석** : 저평가 지역 중 투자 예산범위 안에서 입지가 가장 좋은 아파트 후보들을 선정한다. 그중에서 과거의 투자수익률과 미래 예측 투자수익률을 구해서 나의 목표 수익률보다 높은지 확인한다.
③ 전세를 레버리지해서 구매한다.
④ 같은 방식으로 1년에 1채씩 소액의 실투자금으로 아파트를 모아간다.

절충형 전세 레버리지 투자법

최근의 부동산 규제 때문에 전세 레버리지를 이용해서 부동산 개수를 늘려가는 것에는 어려움이 있다. 따라서 우리가 제안하는 절충형 전세 레버리지 투자방법은 다음과 같다.

첫째, 종합부동산세이하 종부세 **절감을 위해 남편 명의와 아내 명의로 각각 인별 종부세 공제금액인 공시지가 6억 원 내외로 맞춘다.** 이 경우 시가 2억~3억 원 수준의 아파트를 2~3채 정도 살 수 있으므로, 남편과 아내 명의를 모두 활용한다면 4~6년간 4~6채 정도 모을 수 있다.

둘째, 취득세 절감을 위해 적정가보다 10% 이상 싸게 사는 것을 목표로 한다. 또는 취득세 중과가 적용되지 않는 공시지가 1억 원 미만의 아파트를 목표로 하거나시가는 1억 원대 중반 정도 된다, **비조정지역에서 2채까지 사는 것을 우선적으**

로 고려하는 것도 좋다. 1년에 1채를 사는 것이기 때문에 급매와 경매, 공매를 잘 활용해서 10% 이상 싸게 사는 것을 목표로 하자.

지난 몇 년간 부동산 경기가 호황이었기 때문에 지금은 믿기 어렵겠지만, 부동산 경기는 공급과 수요가 맞물리면서 상승과 하락이 반복되고, 이에 따라 규제당국의 태도도 크게 달라진다. 지금은 상상하기 어렵지만, 몇 년 전만 해도 양도소득세 면제라는 파격적인 규제완화를 하기도 했다.

현재는 아파트의 입주물량이 급감하고 있고, 정부의 규제로 공급이 더욱 줄어들면서 아파트 경기가 과열양상을 보이기 때문에 규제가 늘어나고 있다. 하지만 부동산 경기가 후퇴할 경우 규제는 언제든지 바뀔 수 있다. 지금은 부동산 규제 강도가 최고 수준에 있지만 언젠가 완화되는 날이 올 것이다. 그때까지는 세금부담을 최소화하기 위해 4~6채 정도 모으는 것을 목표로 하고, 1채씩 싸게 구매하면서 4~6년을 기다리면 된다.

부동산 투자에 대한 압박이 심한 시절이지만, 결국 시장규제는 시간이 지나면서 바뀌는 것이기 때문에 세금 부분을 조심하되 투자는 계속해나가자.

전세 레버리지 투자, 갭투자와 무엇이 다른가?

전세를 레버리지로 이용해서 투자하는 것은 이른바 '갭투자'와 다르다. 매매가와 전세가의 차이를 이용해서 부동산을 매입하는 과정은 비슷하지만, 둘은 운용과정이 전혀 다르다. **갭투자는 매매가의 상승을 전제로**

한 단기차익형 투자이다. 반면 전세 레버리지 투자는 전세가의 상승을 기대하고 투자한다.

주식투자를 할 때 일반적으로 주가가 싼지 비싼지는 그 회사의 실적을 보고 평가한다. 회사가 성장하고 수익_{현금흐름}을 내고 있다면 그 현금흐름의 가치를 기반으로 주식의 가격을 평가하듯이, 부동산의 가치와 가격 또한 그것이 가져오는 현금흐름을 기반으로 평가해야 한다. 전세 레버리지 투자에서 현금흐름은 전세보증금의 증액분이다.

전세 레버리지 투자를 잘하기 위해서는 다음 명제에 대한 이해가 필요하다.

① 레버리지의 증가는 현금흐름이다.
② 레버리지는 잘 관리되어야 하고, 리스크에 대비한 신용 유지 및 지역 분산을 해야 한다.
③ 전세가에도 버블이 존재한다.
④ 주택 공급량과 통화량의 증가는 전세가에 영향을 준다.

과거 우리나라의 사회경제적 상황은 전세가 확산될 수밖에 없는 분위기였다. 금융 시스템이 제대로 자리 잡기 전, 급속한 도시화로 인해 도시지역의 주택 부족이 심각했고, 주택가격이 지속적으로 상승한 반면 전세를 대체할 공공임대주택도 절대적으로 부족했기 때문이다. 이 공공임대주택의 역할을 민간이 대신하면서 전세제도가 자리 잡게 된 것이다.

전세는 세입자와 집주인, 그리고 국가 모두에게 유리했다. 세입자는 월세보다 상대적으로 적은 비용으로 집을 빌릴 수 있었고, 집주인은 주택담보대출이 거의 없던 시절에 레버리지를 이용해 투자할 수 있었으며, 국가는 공공임대주택을 지어야 하는 부담을 덜 수 있었다.

인구주택총조사에 따르면, 1975년 전체 가구의 17.3% 정도였던 전세가구 비중은 1995년에는 29.7%로 증가했다가 2010년 21.7%, 2018년에는 15.2%로 낮아지고 있다. 이는 전세 수요의 감소가 아니라 전세 공급의 감소로 인한 효과라고 봐야 한다. 자가 비중은 큰 증가가 없는데 월세 및 반전세의 비중이 크게 늘었기 때문이다. 특히 예금금리가 낮은 요즘, 집주인 입장에서는 전세보다 월세를 더 선호할 것이지만, 임차인 입장에서는 전세대출 이자가 낮기 때문에 월세보다는 전세를 더 선호한다. 즉 저금리로 인해 전세의 공급은 감소하는데 수요는 증가하는 추세이므로 전세는 매우 귀해질 수 있다.

2016~2018년에는 전국적으로 아파트 입주물량이 많았기 때문에 전세가가 하락세였지만, 최근 전세 레버리지 투자환경은 점점 좋아지고 있다. 전세를 놓으려는 집주인이 줄어 경쟁자가 감소하고 있고, 월세보다 전세를 선호하는 대기 수요자들이 많다. 또한 전국적으로 아파트 공급이 크게 줄어든 상황에서 정부의 정책효과까지 더해져서 향후 몇 년간 역대 최저 공급의 시기를 경험할 가능성이 높다. 특히 최근 국회에서 통과된 '전월세 상한제'나 '계약갱신청구권'은 전세 공급을 크게 줄일 것이고, 미래의 전세보증금 증가분을 미리 받으려 하는 집주인들이 늘어나면서 전세가는 앞으로도 크게 상승할 가능성이 높다.

역전세에 대비하는
우리의 자세

전세 레버리지 투자의 가장 큰 장점은 무이자 대출이라는 점이다. 이자율의 변화에 따른 리스크가 없어서 편안한 투자가 가능하다. 반면 전세 레버리지 투자의 유일하면서도 가장 큰 위험은 '역전세'로 인한 대출의 일부 상환 압박이다.

역전세가 일어날 확률 알아보기

전세 레버리지를 투자할 때 역전세가 일어날 확률은 얼마나 될까?

전국 전세가격지수를 보면 꾸준히 우상향하고 있지만, 중간중간 횡보와 하락 구간이 보인다. **전세를 임대한 시점을 기준으로 2년 후** 전세가의 변화를 살펴보면 다음 그래프와 같다.

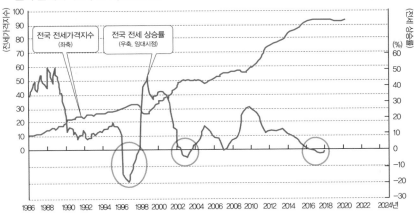

전국 전세가격지수와 전세 상승률   자료: KB부동산

전국 전세가격지수
(좌축)

전국 전세 상승률
(우축, 임대시점)

우리나라 아파트 역사상 역전세는 1996년 3월 ~ 1997년 11월에 임대한 경우, 2002년 8월 ~ 2003년 8월에 임대한 경우, 그리고 최근 2016년 11월부터 2018년 상반기까지 임대한 경우 등 총 3차례 발생했다.

  1986년 1월부터 2018년 3월까지 임대시점 총 387개월 중에서 51개월은 역전세가 나타났고, 46개월은 횡보했으며2년 5% 미만의 상승, 나머지 290개월은 상승했다. 이를 표로 나타내면 다음과 같다.

아파트 역전세 기간 및 비율(1986년 1월 ~ 2018년 3월, 임대시점)

	역전세	횡보	상승	합계
개월 수	51개월	46개월	290개월	387개월
비율	13%	12%	75%	100%

기간을 줄여 최근 20년간의 통계를 살펴보면, 217개월 중에서 14%인 30개월 정도 역전세가 나타났다. 이 결과를 보면 보수적으로 투자기간

의 약 15% 정도는 역전세를 고려해야 한다.

아파트 역전세 기간 및 비율(1998년 ~ 2018년 3월, 임대시점)

	역전세	횡보	상승	합계
개월 수	30개월	43개월	144개월	217개월
비율	14%	20%	66%	100%

또한 거의 무위험자산인 국고채 3년물 금리와 비교하면, 전세 레버리지 투자의 위험은 좀더 상승하는 것을 볼 수 있다. 전세 상승률과 무위험자산인 국고채 3년물 금리의 차이를 그래프로 나타내면 다음과 같다. 이를 보면 역전세는 발생하지 않았지만, 안전자산 대비 수익률이 낮은 구간들이 보인다. 다시 말해 횡보기간까지 합하여 투자기간의 약 30% 이상은 전세 레버리지 투자가 사실상 손실을 볼 수 있는 구간이라고 볼 수 있다.

전세 상승률과 무위험자산 비교   자료: KB부동산, 한국은행

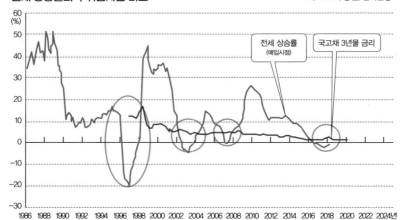

다음의 그래프를 보면 2008년부터 2016년까지는 전세 레버리지 투자의 전성기였음을 알 수 있다. 이후 2016년 하반기부터 2018년 상반기까지 역전세 구간에 들어섰다. 2018년 하반기에 입주한 세입자는 2020년 하반기에 전세 만기가 되었기 때문에, 2020년 하반기 전세가의 변화에 따라 전세 상승률이 정해질 것이다 2020년 말 현재는 전세가 폭등으로 전세난이 일고 있다.

전세 레버리지 투자의 위험도

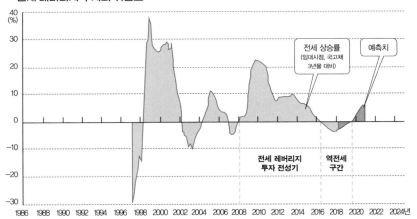

위 그래프에서 회색 부분은 추세를 이용해 예측해본 결과이다. 이 예측에 따르면 2019년 하반기에 입주한 세입자는 그동안 떨어졌던 전세가가 회복되어 2021년 하반기에는 전세금을 올려주어야 할 것으로 보인다. 전세 레버리지 투자자 입장에서 보면, 2019년 하반기는 전세 레버리지 투자의 전성기가 다시 시작되는 시기일 수 있다. 이는 2021년이 되어야 결과를 확인할 수 있다.

정리하면, **전세 레버리지 투자는 투자기간 중 약 15% 정도는 역전세가 될**

위험이 있다. 또한 투자기간의 30% 이상은 예상하는 현금흐름이 나오지 않을 수 있다. 이 리스크를 피할 수 있는 방법을 찾고, 리스크를 줄이기 위해 노력해야 한다.

리스크를 줄이는 안정적 전세 레버리지 투자

리스크를 줄이고 안정적인 전세 레버리지 투자를 하기 위해서 우리 부부가 지키려고 노력하는 조건은 다음과 같다.

① 전세가가 저평가된 지역에 투자하기
② 전세 수요가 많은 입지 선택하기
③ 되도록이면 아파트에 투자하기
④ 역전세 대비용 자금이나 신용 유지하기
⑤ 전국 각 지역으로 분산투자하기
⑥ 레버리지를 한 번에 많이 끌어 쓰지 않기

1. 전세가가 저평가된 지역에 투자하기

전세가가 저평가되어 있어야 향후 차츰 제자리를 찾으면서 안정적 현금흐름을 만들 수 있을 것이다. 전세가가 고평가되어 있다면 아무리 매매가와 전세가의 갭이 좁아서 실투자금이 적더라도 전세 레버리지 투자를 해서는 안 된다. 향후 전세가가 제자리를 찾으면서, 다시 말해 전세가가 하락하면서 역전세, 즉 마이너스 현금흐름을 가져올 가능성이 높기 때문이다. 전세가 저평가 여부를 확인하는 방법에 대해서는 뒤에서 설명한다.

2. 전세 수요가 많은 입지 선택하기

사실 부동산 투자에서 가장 중요한 것은 입지라는 것을 누구나 알 것이다. 일자리, 대단지, 학군, 교통, 편의시설, 자연환경 등이 갖추어진 곳이 살기 좋은 곳이므로 전세 수요가 많다. 이런 곳들은 전세 수요가 꾸준하고, 역전세에 대한 위험이 상대적으로 적다.

물론 이 모든 조건을 만족하는 입지의 아파트는 매우 비쌀 것이다. 자금력만 된다면 투자수익률의 감소를 각오하고 완벽한 입지의 아파트에 투자해도 된다. 하지만 실투자금이 부족한 우리는 최고의 아파트만을 고집할 수는 없다. 한두 가지 조건이 부족하더라도 꾸준한 수요가 있을 것 같은 입지를 찾도록 노력해야 한다.

사실 쉽지는 않다. 처음부터 잘할 수는 없다. 누구나 처음은 미흡하기 때문에 우리 부부도 초기에 투자한 물건들을 보면 '왜 여기에 투자했을까' 하는 경우가 많다. 이처럼 실패하고 돌아보며 경험을 쌓고, 차츰차츰 더 나은 투자를 해나가야 한다. 따라서 처음 투자하는 사람이라면 적은 금액으로 일단 실행해보길 권한다. 너무 완벽하게 시작하려는 것은 욕심일 뿐이다. 일단 시작해서 '꾸준히' 배워나가는 것이 중요하다.

3. 되도록이면 아파트에 투자하기

많은 주택 형태 중에서 왜 아파트일까? 바로 모두가 가장 선호하는 일반적인 주거형태이기 때문이다. 전세를 줄 수 있는 주택의 종류는 원룸, 빌라, 오피스텔, 아파트 등 여러 가지가 있지만, 그중에서도 아파트가 가장 인기가 많다. 매매든 임차든 수요가 가장 많으므로, 빌라나 오피스텔보다는 되도록이면 아파트를 선택하는 것이 좋다.

아파트를 선택해야 하는 또 다른 이유는 바로 규격화로 인한 통계의 안정성 때문이다. 아파트는 평수와 층수가 정해지면 구조나 편의성의 편차가 빌라나 오피스텔에 비해 크지 않다. 따라서 각 평형별로 전세가격 통계의 상관관계가 높다. 다시 말해 투자대상 간의 비교가 편리하고 과거의 축적된 통계가 믿을 만하다. KB 전세가격지수에서 단독주택, 연립주택, 아파트의 통계를 발표하고 있지만, 단독주택이나 연립주택의 통계는 개별 물건의 편차가 너무 크다. 특히 아파트는 대단지의 경우 실거래 데이터가 많아 시세를 파악하기에 비교적 용이하고, 실거래가를 시세로 믿을 수 있다.

마지막으로 아파트는 다른 주택에 비해 설계와 시공과정에 대한 믿음이 조금 더 크다. 실거주용으로 단독주택을 건축한 경험에 비추어 볼 때, 집은 기초부터 단열재와 방수, 마감까지 설계/시공자의 능력과 신뢰도에 따라 그 완성도가 천차만별이었다. 물론 잘 지은 빌라나 오피스텔이 존재하지만, 아파트 외의 주택은 직접 짓는 것을 보지 않고서는 완성도를 온전히 믿을 수 없을 것 같다. 아파트는 그래도 중견 이상의 건설사가 짓는 제품이므로 규격화되고 시스템화되어 있다. 또한 관리사무소가 있어 문제가 발생했을 경우 내 시간과 비용을 들이지 않고 해결이 가능한 것도 장점이다.

4. 역전세 대비용 자금이나 신용 유지하기

앞서 살펴본 바와 같이 전세 레버리지 투자는 투자기간 중 15% 정도의 기간에 역전세를 경험할 수 있다. 우리 부부는 가지고 있는 자금을 모두 투자하지 않고 일정 부분의 자금을 남겨두고 있다. 하지만 실투자금도 모자란데 여유자금까지 준비하는 것은 사실 어려운 일이다.

이에 대한 해결책으로 신용을 유지하는 방법이 있다. 직장인이나 사업자가 개설할 수 있는 마이너스 통장을 만들어두고 급할 때 꺼내 쓰는 방법을 추천한다. 하지만 이 신용은 절대 투자에 올인해서는 안 된다. 특히 초반에 마이너스 통장으로 투자를 하는 것은 레버리지 위험을 극도로 높이기 때문에 추천하지 않는다.

투자가 안정화 단계에 들어서면, 매매가가 예상보다 크게 올라 전세가와 차이가 큰 아파트들이 생긴다. 이 아파트를 담보로 후순위 대출을 받거나 담보부 마이너스 통장을 개설할 수 있다. 이를 잘 두었다가 역전세 상황에서 유용하게 쓸 수도 있다.

5. 전국 각 지역으로 분산 투자하기

아무리 전세가 상승 유망지역이라고 하더라도 한 지역 내에 집중 투자하는 것은 피하고, 되도록이면 전국의 각 지역에 나누어 투자하는 것도 분산을 통한 리스크 관리방법이다. 어느 한 지역에서 역전세가 발생하더라도, 다른 지역의 전세가가 상승하면서 역전세의 위험이 상쇄되기 때문이다.

6. 레버리지를 한 번에 많이 끌어 쓰지 않기

투자를 하다 보면 전세난이 발생해 전세를 많이 올려 받을 수 있는 시기가 온다. 최근이 그렇다. 이때 조심해야 할 것은 전세금을 한 번에 너무 많이 올리지 말아야 한다는 것이다. 투자 시 예상한 일정 정도의 레버리지 증가만으로도 훌륭한 결과를 얻을 수 있다. 전세난의 시기에는 전세가에 버블이 심하게 끼어 있을 가능성이 높으므로 욕심부리지 말자.

예를 들어 2016년 초 전세난이 최고조에 달했을 때 전세가를 최대로 올려 받았다면, 2018년 초 역전세로 전세가 상승분의 대부분을 돌려주어야 하는 상황이 발생했을 것이다. 이를 방지하기 위해 전세난이 발생하더라도 처음 예상한 상승률만큼만 올려 받아야 한다. 더 많은 현금흐름을 만들겠다는 욕심을 버리고, 장기적으로 보고 레버리지를 아끼는 것이 현명한 투자법이다.

전세 레버리지 투자 프로세스 :
전라북도 전주의 사례

지금까지 살펴본 전세 레버리지 투자를 바탕으로 실전 투자사례를 소개한다. 실전 투자사례를 먼저 접하고 나면, 전세가와 매매가를 예측하는 구체적인 방법이 더 쉽게 이해될 것이다.

전세 레버리지의 투자 프로세스는 크게 두 단계로 이루어진다.

① 먼저 지역 분석이다. 해당 지역의 매매가와 전세가가 충분히 저평가되어 있는지를 보는 것이다.

② 다음은 저평가된 지역 내에서 구체적인 아파트 후보 중 과거 투자수익률과 미래 투자수익률을 살펴보고 나의 목표 투자수익률보다 높은지 검증하는 것이다.

투자사례로서 전라북도 전주의 모 아파트를 선정한 이유는 주변에서 쉽게 볼 수 있는 보통의 아파트이기 때문이다. 신축 아파트도, 지역의 대장주라고 손꼽히는 아파트도 아닌, 어찌 보면 평범한 구축 아파트다. 하지만 전세보증금을 시세에 따라 5% 이내에서 꾸준히 올리기만 해도 훌륭한 수익률을 달성할 수 있다는 것을 확인할 수 있다. 전주지역이나 해당아파트에 대한 매수/매도 추천이 아니며, 투자결정의 프로세스가 어떻게 이루어지는지를 보여주기 위한 사례다.

우리가 전주를 주목한 이유는 2012년 이후 매매가와 전세가가 지속적으로 하락함에 따라 둘 다 저평가 구간에 도달했다는 것을 버블차트를 통해 확인했기 때문이다. 또한 가족이 거주하는 곳이기 때문에 평소에 오가면서 자연스럽게 임장을 다닐 수 있었다.

참고로 필자의 스페이스봄 홈페이지www.spaceboum.com 에서는 인구 50만 명 이상 지역의 아파트 시장분석을 제공하고 있으니, 자신과 가까운 지역부터 하나씩 돌아보는 것도 좋은 방법이다.

지역의 아파트 투자수익률 분석하기

1. 매매/전세가격지수 및 추세 살펴보기

2012년 이후 전주지역의 매매가와 전세가 모두 하락 또는 보합 추세를 유지하고 있음을 볼 수 있다KB국민은행 사이트에서 매매가와 전세가 시계열을 다운받아 그릴 수 있다.

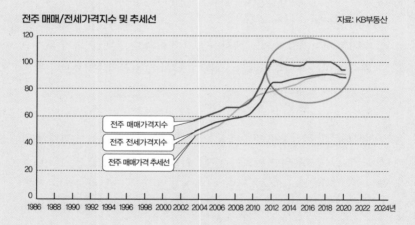

전주 매매/전세가격지수 및 추세선   자료: KB부동산

2. 버블차트 분석하기

현재 매매가와 전세가에 거품이 있는지 살펴보는 중요한 단계다. 버블차트로 분석한 결과, 전주지역은 매매가는 역사적 저점인 2009년만큼은 아니지만 그래도 꽤 저점 수준이고, 전세가도 저평가 구간이었다. 2009~2011년 급상승의 여파로 버블이 꺼지는 과정이 오래 걸렸다. 결과적으로 매매가와 전세가에 버블은 없는 시점이라고 판단할 수 있다.

전주 아파트 버블

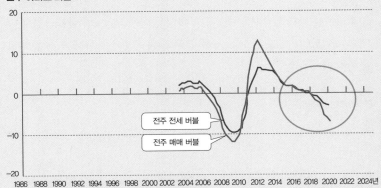

3. 입주물량 알아보기

전주지역은 2020년까지 입주물량이 있지만 2021년 이후 평균 이하로 감소하는 것을 확인할 수 있다. 입주물량은 사실 매우 단편적인 정보이기 때문에, 우리는 단순 참고만 하며 다음에서 소개하는 수급불균형 차트를 더 중요하게 본다.

전주 아파트 입주물량   자료: 닥터아파트

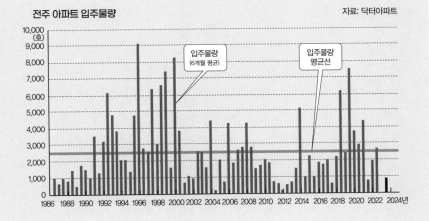

4. 수급불균형 체크하기

2020년은 상당한 입주물량에도 불구하고 공급부족으로 수급불균형이 나타나고 있었다. 그 당시 2020년 여름 전주의 거래량이 증가해서 생긴 현상으로 보인다.

전주 아파트 수급불균형

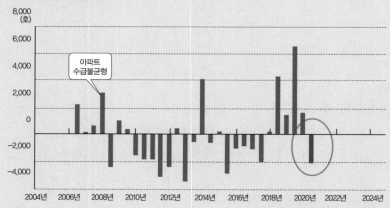

5. 심리지수

당시 전라북도의 매수우위 심리지수는 아직 50을 넘지 못하고 있었고, 전세수급 심리지수는 150을 넘었다. 아직은 매수자 우위시장이었다. 전세는 수요가 공급보다 많았다. 또한 전주에는 준공 후 미분양이 거의 없었기 때문에 새 아파트에 대한 수요가 매우 높다는 것을 알 수 있었다.

결론적으로 전주지역은 당시 매매가와 전세가에 버블이 없는 상태로 저평가되어 있다고 판단할 수 있었다. 2020년 상당한 입주물량이 있었음에도 수급불균형이 나타나고 있는 것으로 보건대, 향후 입주물량이 지속적으로 감소하는 추세가 더 심화될 것으로 추측할 수 있었다. 전라북도 아파트 시장이 아주 뜨겁지는 않더라도 통화량 대비 완만하게 상

전북 주택 심리지수   자료: KB부동산

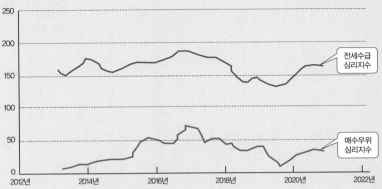

승할 것 같은 기대가 생기는 부분이었다.

이제 현장으로 가서 동네 분위기를 파악하고 관심을 가질 만한 아파트 후보를 압축해볼 차례이다.

개별 아파트의 투자수익률 분석

교통, 학군, 주거환경들과 실투자금 등 여러 요소를 토대로 다녀본 결과, 우리는 전주시 A 아파트에 관심을 가지게 되었다. 이 아파트는 총 1천 세대 이상으로 구성된 대단지이고, 초등학교를 품고 있는 아파트인 데 다가 인근에 생활 인프라가 잘 갖추어져 있었다. 또한 20년 이상 된 구축 아파트이기 때문에 매매가-전세가 갭도 적은 수준이었다.

관심 아파트가 생겼다면 우리의 투자 기준금리, 즉 목표수익률에 부합하는 투자가 될지 세부적으로 점검해봐야 한다. 이 A 아파트는 우리의 기준 수익률에 부합할까? 먼저 과거의 수익률을 살펴보자.

2004년에 A 아파트로 전세 레버리지 투자를 시작했더라면 어떻게 되었을까? 아파트의 과거 매매가, 전세가 시계열은 KB부동산에서 다운 받을 수 있다. 다음의 매매가/전세가는 일반 평균가 기준으로 계산했다.

전주 A 아파트의 매매가 및 전세가 동향

	매매가	전세가	실투자금/ 전세보증금 갭
2004년	1억 600만 원	7,250만 원	3,350만 원 실투자금
2005년			0
2006년	1억 2,000만 원	9,000만 원	1,750만 원
2007년			0
2008년	1억 2,250만 원	9,250만 원	250만 원
2009년			0
2010년	1억 2,750만 원	1억 250만 원	1,000만 원
2011년			0
2012년	1억 7,000만 원	1억 3,250만 원	3,000만 원
2013년			0
2014년	1억 6,750만 원	1억 4,250만 원	1,000만 원
2015년			0
2016년	1억 9,250만 원	1억 6,250만 원	2,000만 원
2017년			0
2018년	1억 9,000만 원	1억 6,750만 원	500만 원
2019년			0
2020년(매도)	1억 7,000만 원	1억 5,500만 원	1,500만 원
		투자수익률	17.0%

2004년에 1억 600만 원에 사서 7,250만 원에 전세를 놓았다면 실투자금
은 3,350만 원이다. 2년이 지난 2006년에 전세가가 올라서 1,750만 원의
현금흐름이 생겼다. 그후로도 2년마다 작게는 250만 원, 많게는 3,000만
원씩 현금흐름이 생겼다. 이것이 보유를 통한 현금흐름 창출인 것이다. 중
간에 2008년 금융위기와 가까운 신도시에서 어마어마한 입주물량 공세

가 있었지만 다행히 역전세는 없었고, 작게나마 꾸준히 현금흐름이 발생했다.

그 결과 2020년 8월 평균 시세인 1억 7,000만 원에 매도했다면 연평균 수익률은 무려 17.0%이다. 놀랍지 않은가? 중개수수료와 세금 등을 제하면 수익률이 다소 낮아지겠지만 두 자릿수 수익률은 유지할 수 있을 것이다. 이처럼 현금흐름이 꾸준히 발생하면 매매가의 등락은 신경쓸 필요가 없다. 이런 전세 레버리지 투자를 1년에 1채씩 해서 4~6채가 되면 어떨까?

임대차 3법으로 인한 변화 확인하기

과거 수익률만 봤을 때는 연평균 수익률이 무려 17%이기 때문에 분명 훌륭한 투자였다. 하지만 임대차 3법이 시행된 현재, 전세 레버리지 투자를 시작해도 그와 유사한 수익률을 기대할 수 있을지 확인해봐야 할 것이다.

임대차 3법에 대해 간단히 설명하자면 다음과 같다.

① **계약갱신청구권제**: 임차인이 2년 기한으로 기존 전월세 계약의 연장을 1회 요구할 수 있다. 따라서 임차기간이 2년이 아니라 4년이 될 수 있다.

② **전월세 상한제**: 임차계약을 연장할 때 기존 계약 금액 대비 5% 이상 올릴 수 없다.

③ **전월세 신고제**: 주택임대차 계약을 맺으면 30일 이내로 계약사항 신고가 의무화된다.

이 중에서 가장 영향이 큰 법안은 전월세 상한제다. 이에 따라 2년마다 전세금을 5%만 올렸을 경우 미래 현금흐름과 투자수익률을 구해보자. 매매가는 알 수 없으므로 공란으로 두었다.

전주 A 아파트의 투자수익률 예상(전세가 2년마다 5% 상승 기준)

	매매가	전세가	실투자금/ 전세금 증액	투자수익률
2020년	1억 7,000만 원	1억 5,500만 원	1,500만 원 실투자금	
2021년			0	
2022년		1억 6,275만 원	775만 원	
2023년			0	
2024년		1억 7,089만 원	814만 원	
2025년			0	
2026년		1억 7,943만 원	854만 원	
2027년			0	
2028년		1억 8,840만 원	897만 원	
2029년			0	
2030년		1억 9,782만 원	942만 원	
2031년			0	
2032년(매도)		2억 771만 원	0	21.3%

투자수익률을 구하기 위해서는 다음의 3가지를 결정해야 한다.

① **투입자금** : 2020년 기준 현재 매매가가 1억 7,000만 원이고 전세가가 1
억 5,500만 원이므로 실투자금은 1,500만 원이다

② **현금흐름 예측** : 현재의 전세금을 2년마다 5%씩 증액하기로 한다.

③ **투자기간** : 투자기간이 길어질수록 거래비용이 감소해서 수익률이 높
아진다. 투자기간을 12년으로 결정해보았다.

2020년에 실투자금 1,500만 원을 가지고 전세 레버리지 투자를 시작하
고, 전세보증금을 2년마다 5%씩 증액해가면 2년 후에는 전세금 상승액
인 775만 원, 그다음 2년 후에는 814만 원의 현금흐름이 생길 것으로 예

상할 수 있다. 전주지역의 전세가와 매매가가 저평가되었고 공급이 감소하는 추세이기 때문에, 보증금을 상한선인 5%까지 증액하는 것은 큰 무리가 없을 것으로 보인다.

전세보증금을 2년마다 5%씩 올리면서 보유하다가 12년 후인 2032년에 그때의 전세가에 매도한다고 보수적으로 가정하면, 2032년 현금흐름은 0이 된다. 이 경우 12년간의 투자수익률은 21.3%이다. 여기서도 세금 및 인테리어 비용 등을 제하면 수익률이 좀더 낮아질 것을 감안하더라도 상당히 훌륭한 수익률이다.

결론적으로 A 아파트는 과거 약 17%의 수익률을 보여주었고, 앞으로도 21% 수준의 수익률이 예상된다고 할 수 있다. 따라서 나의 투자 기준금리, 즉 목표수익률이 17%보다 낮다면 이 투자를 진행해도 좋을 것이다.

이 사례에서 볼 수 있듯이, 매매가와 전세가가 저평가된 지역에서 전세 수요가 꾸준히 있을 만한 아파트에 투자하여 안정적인 현금흐름을 누리면서 최대한 오래 유지하면 목표 수익률이 높아진다.

앞에서 매매가를 매우 보수적으로 추정했기 때문에 매도 시 현금흐름을 0으로 가정했는데, 현실에서는 매도가격이 전세가보다 높을 것이기에 수익률은 더 높을 것이다! 하지만 그 경우 황금알을 낳는 거위가 사라지므로, 현금흐름이 안정적이라면 되도록이면 매도는 고려하지 않는 것으로 하자.

매매가가 아닌 전세가에 집중해야 하는 이유

앞의 전세 레버리지 실전 투자사례 분석에서 우리는 매매가가 아닌 전세가 예측에 좀더 집중했다. 주거용 부동산 투자에서 아파트가 거위라면, 아파트가 가져오는 전세보증금^{현금흐름}은 황금알이기 때문이다.

우리는 황금알을 쑥쑥 낳아주는 거위들을 잘 키워갈 농장주다. 거위가 황금알을 잘 낳아주고 있다면, 농장주의 가장 큰 관심사는 '이 거위를 지금 시장에 갖다 팔면 얼마를 받을 수 있을까?'보다는 '오늘은 우리 거위들이 황금알을 몇 개나 낳아줄까?'일 것이다. 따라서 거위^{자산}를 살 때만 가격에 거품이 있는지 살펴보면 된다.

매매가를 예측하려는 이유는 결국 '사고팔기 위해서'다. 사람들은 투자를 이야기할 때 항상 '싸게 사서 비싸게 팔기'를 말한다. 따라서 자산의 가격변화에 민감하다. 시장을 매일 예의주시하고 매매가를 예측하려 든다. 가장 적절한 시기에 높은 가격에 팔아야 하기 때문이다.

하지만 정작 자산을 매입한 후 팔 때까지 어떻게 보유하는지에 대해 관심을 가지는 사람은 별로 없다. 거위 농장주로 치자면, 거위들이 황금알을 잘 낳는지 신경쓰기보다는 거위들을 언제 팔아버리고 농장을 접을까를 고민하는 것과 같다. 사실 건강한 거위들이 황금알을 잘 낳도록 보살피면서 알짜배기로 키운 거위농장을 대대손손 이어갈 수 있는데도 말이다.

그렇다면 농장주가 마음을 바꿔서 거위를 시장에 팔기로 결정했다고 하자. 거위를 얼마에 팔지 매매가격을 정할 때는 무엇을 기준으로 할까?

당연히 황금알을 많이 낳는 거위는 가격이 더 높고, 알을 적게 낳는 거위는 가격이 더 낮을 것이다. 부동산 투자에서도 똑같은 원칙이 적용된다. 현금흐름을 많이 가져올 수 있는 부동산은 가격이 더 높고, 현금흐름이 적은 부동산은 가격이 더 낮다.

부동산의 현금흐름은 월세/전세보증금의 증액이나 부동산 자산가치 증가에 따른 레버리지 증가가 될 것이다. 따라서 향후 전세보증금이 차곡차곡 오를 것으로 예상되는 부동산의 가격은 높아질 것이고, 반대로 전세보증금이 낮아져서 역전세의 위험이 있는 경우 가격은 그만큼 낮아질 것이다. 다시 말해 전세가를 알아야 주거용 부동산의 진정한 가치와 매매가를 알 수 있다.

전세가 예측하기 ①
전세가는 무엇을 따라가는가?

전세 레버리지 투자 시 현금흐름을 미리 알아보기 위해서는 전세가
를 예측해보아야 한다. 전세보증금의 상승분이 곧 현금흐름이기 때문
이다. 최소한 현재 전세가에 거품이 있는지의 여부는 알아야 한다.

매매가와 전세가의 움직임

먼저 전세가의 특징을 알아보자. KB부동산에서 매월 발표하는 '월간
KB주택가격동향'에서 아파트 전세가격지수의 시계열을 살펴보면 다음
과 같다1986년 1월 ~ 2020년 3월.

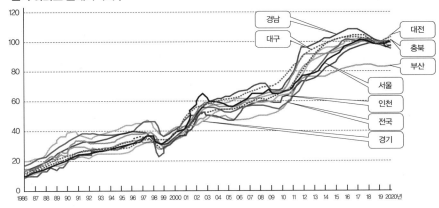

자료: KB부동산

전세가 시계열을 보면 우리는 다음의 2가지 사실을 알 수 있다.

① 전세가는 몇 번의 위기를 제외하고 꾸준히 우상향해왔다. 전세가 하락은 일시적이다.

② 전세가의 전국적 흐름은 지역과 관계없이 비슷한 흐름을 보인다.

신기하게도 서울과 전국 아파트 전세가격지수의 상관도를 보면, 결정계수 R^2가 0.9953으로 상관관계가 매우 높음을 알 수 있다. 통계적으로 사실상 같이 움직인다고 볼 수 있다. 반면 전국 아파트의 매매가는 지역별로 천차만별의 모습을 보인다.

왜 전국의 아파트 매매가는 지역별로 전혀 다른 모습을 보이는데, 전세가는 지역별로 비슷한 흐름을 보일까? 전세가는 실사용가치를 주로 반영하지만, 매매가는 실사용가치에 투자가치를 더해 반영되기 때문이다. 전세는 매매보다 상대적으로 옮겨다니는 데 자유롭다. 전세가가 실사용가치 대비 높다면 같은 지역 내에서 다른 평수로 옮길 수도

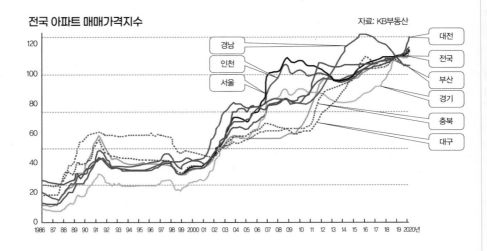

전국 아파트 매매가격지수

자료: KB부동산

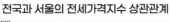

전국과 서울의 전세가격지수 상관관계

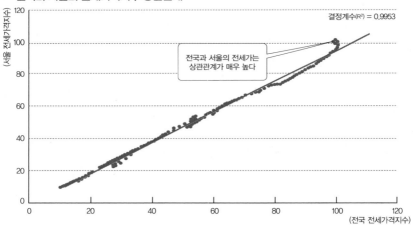

결정계수(R²) = 0.9953

전국과 서울의 전세가는
상관관계가 매우 높다

있고, 다른 지역으로 이사를 갈 수도 있다. 다시 말해 전국 평균을 봤을 때 전세가는 대부분 실사용가치를 따라간다. 이 연쇄적인 전세의 이동은 전국적으로 전세가의 파동을 만들어내고, 결국 전세가는 입지 순위에 맞게 배열된다.

전세가 ≃ 실사용가치
매매가 ≃ 실사용가치 + 투자가치

유럽의 워런 버핏으로 불리는 앙드레 코스톨라니는 강아지와 함께 산책에 나선 주인을 실물경제, 목줄에 매여서 주인을 앞서거니 뒷서거니 하는 강아지를 주식시장에 비유한 바 있다. 코스톨라니의 이와 같은 산책이론을 빌리자면, 전세가는 주인이고 매매가는 목줄에 매여 있는 강아지라고 볼 수 있다. 목줄 범위 내에서 주인을 앞서거니 뒷서거니 하지만, 결국 산책하는 주인을 따라가게 된다. 즉 매매가는 전세가를 따라 왔다 갔다 할 수 있지만 결국에는 전세가를 따라가게 된다.

전세가의 향방 예측하기

주인이 가는 산책길의 방향, 즉 전세가가 앞으로 나아갈 길의 방향은 어떻게 알 수 있을까? 전세가는 통화량의 변화를 따라갈 것이다. 실사용가치에 따른 가격은 통화량과 상관관계가 높기 때문이다. 통화량이 증가하면 화폐가치가 떨어져 가격이 오르고, 통화량이 감소하면 화폐가치가 올라 가격이 떨어진다이에 대한 자세한 설명은 51~56쪽을 참고.

전세가격지수와 통화량의 관계를 살펴보면, 양(+)의 상관관계가 있기는 하지만 정확도가 떨어져 보인다. 왜 그럴까?

이것은 통화량의 증가가 바로 비례해서 물가의 상승으로 이어지지는 않기 때문이다. 즉, 화폐유통속도가 떨어지고 있기 때문이다. 화

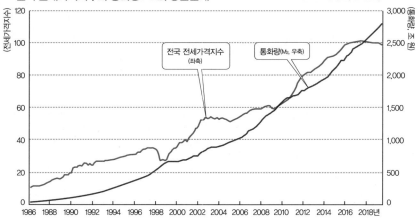

전국 전세가격지수와 통화량(M₂)의 상관관계

자료: KB부동산, 한국은행

화폐유통속도는 돈이 1년 동안 몇 바퀴 돌았는지를 측정하는 지표로, 화폐유통속도가 떨어지는 것은 돈이 시장에서 잘 돌지 않는다는 것이다.

하지만 전세가격지수와 통화량의 관계를 2차 함수식으로 표현하면 결정계수가 0.97로 상관관계가 매우 높다이에 대한 자세한 설명은 209쪽 심화학습 '화폐유통속도에 대하여' 참고. 이것은 통화량이 전세가격에 영향력이 매우 크다는 것을 의미한다! 통화량 추세선이 곧 전세가격이 걷는 산책길임을 알 수 있다.

통화량을 기반으로 추정한 전세가격 추세선과 실제 전국 전세가격지수의 그래프는 다음과 같다. 이를 보면 실제 전세가격지수는 추세선을 기준으로 들쑥날쑥하다. 전세가격지수가 추세선 대비 낮으면 저평가되었다고 볼 수 있고, 전세가격지수가 추세선보다 높다면 고평가되었다고 볼 수 있다.

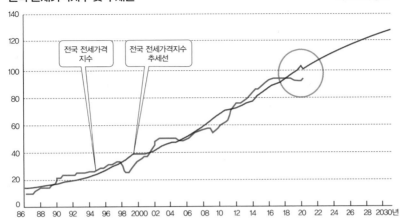

전국 전세가격지수 및 추세선   자료: KB부동산

우리는 앞에서 통화량 추세선도 그려보았다55쪽 참조. 사실 통화량을 정확히 예측하는 것은 불가능하기 때문에, 통화량 예측을 통해 나온 전세가의 예측도 정확하지는 않다. 다만, 불확실성이 가득한 투자 세계에서 끝없이 기준점을 찾아야 하는 투자자에게 북극성과 같은 역할을 해줄 수 있다.

이번에는 각 특별시/광역시와 경기도의 산책길을 살펴보자. 월간 KB주택가격동향은 2003년부터 광역시 이상 시도의 전세가격지수를 수집하고 있다. 몇몇 주요도시의 통화량 추세선 대비 전세가격지수 추세를 살펴보면 다음 그래프와 같다. 어떤 공통점들이 보이는가?

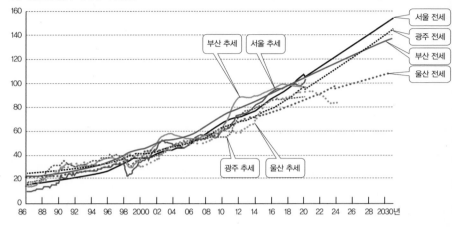

지역별 전세가격지수 추세선   자료: KB부동산

위의 그래프들에서 3가지 사실을 알 수 있다.

① 전세가격지수는 통화량 증가에 따라 우상향한다.

② 현재 전세가격지수는 일부를 제외하고, 거의 모든 시도에서 통화량 대비 저평가되어 있다.

③ 전세가격지수는 하락을 멈추고 통화량을 따라 상승, 또는 상승 초 기에 있다.

화폐유통속도에 대하여

화폐유통속도는 피셔의 화폐 교환방정식 또는 수량 방정식으로 표현할
수 있다.

피셔의 화폐 교환방정식 = 통화량(M) × 화폐유통속도(V)
= 평균가격지수(P) × 총거래량(T)
= $M \times V = P \times T$

위 방정식에서 총거래량(T)은 측정하기 어려우므로 총생산량(Y)으로
대체한다. 그러면 '평균가격지수×총생산량'($P \times Y$)은 명목GDP가 된다.
즉, 화폐유통속도는 명목GDP를 통화량으로 나누어 구할 수 있다. 이렇
게 구한 화폐유통속도와 통화량의 그래프를 보면 다음과 같은 흐름을
알 수 있다.

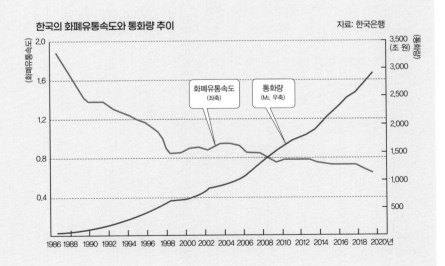

한국의 화폐유통속도와 통화량 추이 　　　　　　　　　　자료: 한국은행

우리나라의 화폐유통속도는 1986년 이후 지속적인 감소세다. 통화량을 아무리 늘려도 그에 따라 GDP가 크게 상승하지는 않는다.

반대로 화폐유통속도가 급격히 증가하면 물가는 하늘 높은 줄 모르고 치솟을 수 있다. 이런 예를 베네수엘라에서 볼 수 있다.

자국 화폐에 대한 믿음이 사라지면서 사람들이 수중에 돈이 들어오면 좀더 가치 있다고 생각하는 재화로 바로바로 교환한다.

그러면 화폐는 이 사람, 저 사람으로 빠르게 옮겨가면서 화폐유통속도(V)가 높아지고 가격지수가 올라가 물가가 크게 상승한다. 통화량만으로 가격변화를 예측해서는 안 되는 이유다.

우리나라는 통화량은 증가하지만, 화폐유통속도가 감소하고 있어 평균가격지수, 즉 전세가의 변화가 통화량에 정비례하지는 않는다.

전세가 예측을 위한 피셔 방정식의 수정

전세가를 예측하기 위해서는 피셔의 방정식을 조금 수정할 필요가 있다.

전세가 예측 = 전세가격지수(J) × 전세 거래량(T) ∝ 통화량(M) × 화폐유통속도(V)

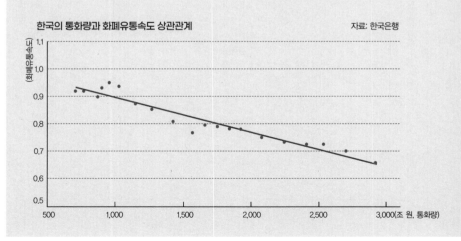

한국의 통화량과 화폐유통속도 상관관계　　　　자료: 한국은행

전세가격지수와 전세 거래량의 곱은 통화량과 화폐유통속도에 비례할 것이다 <small>등식은 아니다</small>. 거래량은 통화량과 관계없는 변수이기 때문에, 만약 화폐유통속도를 통화량의 식으로 표현할 수 있다면, 전세가격지수(J)는 통화량(M)에 따라 상당부분 결정될 것이다.

우리나라의 통화량과 화폐유통속도의 관계를 살펴보면, 최근 화폐유통속도는 통화량이 증가함에 따라 감소하는 1차함수의 식으로 표현되고 있다.

통화량(M) = {a × 화폐유통속도(V)} + b (a < 0)
$$M = aV + b \ (a < 0)$$

그렇다면 수정된 피셔의 방정식에서,

전세가격지수(J) × 전세 거래량(T) ∝ 통화량(M) × 화폐유통속도(V)
∝ 통화량(M) × {a × 화폐유통속도(M) + b}
$$J \times T \propto M \times V \propto M \times (aM + b) \text{이고}$$

거래량 T는 통화량에 관계된 변수가 아니므로,

전세가격지수 ∝ {a × 통화량(M)^2} + {b × 통화량(M)} + c
$$J \propto aM^2 + bM + c$$

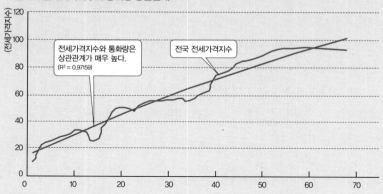

전국의 전세가격지수와 통화량 상관관계

전세가격지수와 통화량은
상관관계가 매우 높다.
(R² = 0.97159)

전국 전세가격지수

(전세가격지수)

전세가격지수는 통화량의 2차함수식으로 표현할 수 있다. 앞의 전국 전
세가격지수와 통화량의 상관관계를 살펴보면, 결정계수(R²)가 0.97159
로 상관관계가 매우 높다.

전세가에 버블이 생기는 이유

206쪽의 그래프에서 보듯, 통화량 추세선과 전세가격지수는 일치하지 않고 들쭉날쭉하다. 전세가는 실사용가치를 반영하기에 버블이 없을 것 같지만, 전세가도 실사용가치 대비 가격이 높거나 낮을 수 있다. 통화량 추세와 전세가격지수의 차이를 '전세 버블'이라 정의해보자.

전세 버블 = 전세가격지수 - 통화량 추세

전세 버블 그래프를 보면, 2020년 초부터 전세 버블은 저점을 찍고 상승하고 있다. 2013년 후반부터 2016년 초까지 전세 버블은 최고점에 달했다. 각종 뉴스에서 연일 '전국이 전세난'이라고 외치던 때이다. 2016

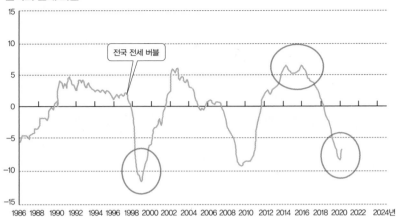

전국의 전세 버블

전국 전세 버블

년 이후 전세가는 횡보 내지는 하락해왔고, 2018년부터 2020년 초반 까지는 '역전세'가 나오다가 지금은 다시 전세난이 우려되고 있다. 현재 는 다시 상승하는 초입에 있다고 볼 수 있다.

왜 이런 현상이 나타나는 걸까? 전세가의 버블은 수급불균형과 투자심리 때문에 발생한다.

수급불균형

1986년부터 전국 아파트 공급량입주량을 살펴보면 다음 그래프와 같다. 전국적으로 아파트는 6개월 평균 약 15만 4천 세대, 1년에 약 30만 세 대 정도 공급되어왔다. 진갈색 막대 그래프는 이미 입주를 완료한 것을 나타내고, 연갈색은 입주 예정이다. 뒤에 2023년 이후의 회색 부분은 아직 입주량이 확정되지 않은 것을 나타낸다.

아파트 공급량을 보면, 2013년 전국 아파트는 공급 부족이 누적되

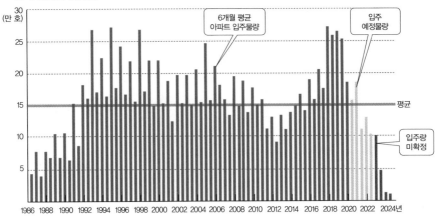

자료: 닥터아파트

(만 호)

6개월 평균
아파트 입주물량

입주
예정물량

평균

입주량
미확정

1986 1988 1990 1992 1994 1996 1998 2000 2002 2004 2006 2008 2010 2012 2014 2016 2018 2020 2022 2024년

고 있었고, 2017년부터 역대 최대로 초과 공급된 것을 알 수 있다. 따라서 전세난, 역전세난이 차례로 터진 것이다. 2022~2023년에는 1990년대 이후 역대 최저 입주량을 기록할 수도 있다.

이번에는 전세 버블과 평균 대비 입주량의 차이를 함께 살펴보자.

1990년대에 전세가는 많은 입주량에도 불구하고 경제호황을 등에 업고 지칠 줄 모르고 올랐으나 1997년 외환위기 이후 급락했다. 외환위기는 엄청난 디플레이션 위기였다. 따라서 심리 위축으로 거의 모든 자산의 가격이 급락했고, 전세가도 예외는 아니었다. 하지만 1997년 10월부터 시작된 하락은 약 10개월 만인 1998년 8월에는 급격한 상승으로 바뀌었다. 이후 전세가는 다시 통화량으로 회귀하는 구간을 거치다가 2002년 공급이 증가하면서 또다시 횡보와 하락 기간을 거친다.

또한 2008년 금융위기 때 하락했던 전세가는 평균 대비 입주량이 줄어드는 2009년부터 다시 급격하게 상승하고, 2016년부터는 공급 확

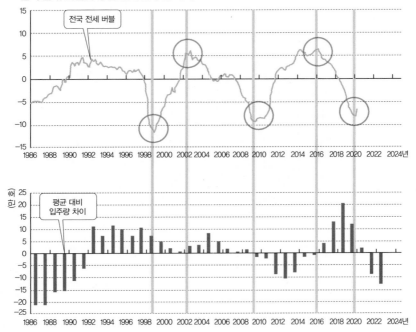

전국 전세 버블과 평균 대비 입주량 차이

대로 다시 하락 내지는 횡보기간을 거쳐 현재에 이르고 있다. 앞으로
는 예상되는 공급이 평균에 비해 급격히 줄어들고 있어 전세난이 우려
되는 상황이다.

수급불균형을 논하기 위해서는 공급뿐만 아니라 수요도 중요하지
만, 수요를 정확히 알 수 있는 방법은 없다. 일반적인 방법으로는 인구
수의 0.5%를 아파트 신규 수요로 보고 있으나 정확하지는 않다.

투자심리

"전세 세입자는 투자자가 아닌 온전한 실거주자인가?"

　　A, B, C 세 사람이 주식투자를 한다고 하자. 이 중에서 가장 위험한 투자를 하는 사람은 누구일까?

A. 주식시장에서 배당수익과 주가 상승을 기대하며 주식을 모아가는 사람

B. 회사를 다니면서 회사에서 나누어준 자사주를 들고 있는 사람

C. 주식시장의 하락을 기대하고 숏 포지션으로 풋옵션을 매수하는 사람

당연히 누구나 C씨라고 답할 것이다. 그런데 전세 세입자 중에는 위의 C씨와 같은 위험한 투자를 하는 사람들이 있다. 주택시장 급락에 베팅하여 전세가가 지속적으로 오름에도 불구하고 집을 사지 않고 계속 전세 거주를 고집하거나, 심지어 집값 하락에 베팅하여 아파트를 팔고 전세로 옮기는 사람을 본 적도 있다. 전세가에는 이런 사람들의 투자심리도 반영된다. 아파트 매매가가 하락하고 있을 때 전세가에 버블이 생기는 이유도 여기에 있다. 이런 시기에는 아파트 가격의 하락을 예상해 매수를 늦추고, 높은 전세가율에도 전세를 구하려는 수요가 증가하는 것이다. 반대로 아파트 매매가가 상승하는 시기에는 매매 수요는 증가하고 전세 수요는 감소하기도 한다.

매매가 예측하기 ①
매매 버블 구하기

갭이 작다고 무작정 투자하면 위험한 이유

전세 레버리지 투자자는 맞든 틀리든 매매가의 버블 여부를 살펴봐야 한다. 왜냐하면 실투자금, 즉 매매가격과 전세가격의 차이가 투자수익률을 결정하기 때문이다.

$$투자수익률\text{(ROI)} = \frac{현금흐름}{실투자금} = \frac{현금흐름}{매매가 - 전세가 + 초기비용}$$

투자할 지역과 투자대상을 결정할 때 매매가가 싼 물건을 살수록 투자수익률을 높일 수 있다. 여기서 초보자가 특히 주의해야 할 점은 매매가와 전세가의 차이, 즉 갭이 작다고 무조건 투자하면 안 된다는 것이다. 왜냐하면 전세가에도 버블이 존재하기 때문이다. 따라서 전세가에 버블이 많은 물건은 투자대상에서 제외해야 한다.

앞서 말했듯이 현재 매매가가 싼지, 앞으로 얼마나 오를지 정확히 알 수 있는 사람은 없다. 하지만 리스크를 줄이고 기대수익을 높이기 위해서는 버블이 잔뜩 끼어 있는 지역과 대상은 피해야 한다. 따라서 투자지역과 대상을 선정할 때 매매가가 통화량의 증가 대비 저평가되어 있는 지역인지 확인하는 것이 매우 중요하다. 현 시스템이 유지된다는 가정 아래 가격은 통화량의 증가에 따라 변화할 것이라는 사실에 베팅하는 것이다.

매매 버블을 알 수 있을까?

당연한 말이지만 매매가에는 버블이 존재한다. 매매가에 버블이 생기는 이유는 무엇일까? 매매가는 실사용가치와 투자가치를 반영하는데, 실사용가치는 입지와 상품가치를 반영한다. 이 중 투자가치에 대한 대중의 판단이 버블을 만들며, 이는 수요와 공급, 호재와 심리, 수급불균형 등에 의해 좌우된다. 호재와 심리는 투자수요에 영향을 주는 요소이다. 결국 수요와 공급의 불균형이 투자가치에 대한 대중의 판단을 좌지우지한다고 볼 수 있다.

매매 버블은 다음과 같이 정의할 수 있다.

매매 버블 = 매매가 - 통화량 추세선

아파트 개별 매매가를 장기 시계열로 제공하는 자료는 없기 때문에, 우리는 어쩔 수 없이 평균 매매가 시계열, 즉 매매가격지수를 살펴볼 수밖에 없다. 매매가격지수는 전세가격지수와는 달리 지역에 따라 매우 다른 흐름을 보인다. 지역별로 수급상황이 다르고, 개발계획이 다르며, 실거주자나 투자자의 쏠림이 다르기 때문이다. 따라서 매매가는 전국의 흐름이 일치하지 않으며 지역별로 따로 살펴봐야 한다.

서울의 매매 및 전세 버블 확인하기

다음의 그래프를 보면, 서울의 아파트는 이제 매매가와 전세가가 모두 통화량 대비 고평가 구간에 접어들었다. 버블이 최고조에 달했던 2008년에 비하면 더 상승할 여지가 있기는 하다. 다만 기억해야 할 것은 "매매가를 예측하는 것은 불가능하다"라는 명제이다. 앞으로 매매가가 올라갈지 떨어질지를 아는 사람은 없다. 현 상태에서 정부정책이 발표되면

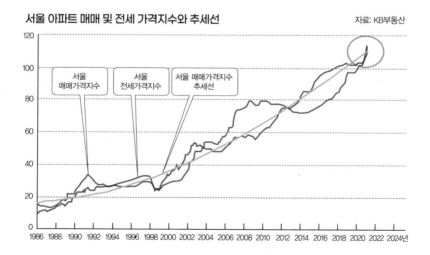

서울 아파트 매매 및 전세 가격지수와 추세선　　　　　　자료: KB부동산

220

다시 버블이 꺼지는 방향으로 꺾일 수도 있다.

또 주의할 점은 이 그래프가 서울의 평균값이라는 점이다. 요즘같이 신축이 대세이고 양극화된 시장에서는 오래된 아파트, 입지가 떨어지는 아파트까지 모두 포함한 평균값은 시장상황을 정확히 반영하지 못할 수도 있다. 이미 버블이 잔뜩 끼어 있을지 모르는 신축이나 입지 좋은 A급 아파트를 시세차익을 얻겠다고 덜컥 구매하는 것은 피해야 한다.

전세 레버리지 투자자의 입장에서 앞의 그래프를 본다면 "이미 서울 시장은 떠났다"라고 할 수 있다. 이제 고평가 구간으로 들어서고 있기 때문이다. 이런 경우에는 전세가와의 갭이 커질 수밖에 없고, 실투자금의 증가로 투자수익률이 떨어질 수밖에 없다.

이제 서울의 전세 버블과 매매 버블을 함께 보자.

아래의 그래프를 보면 2016년이 서울 갭투자의 전성시대가 된 이유를 알 수 있다. 매매가는 버블 최저점으로 낮았고, 전세가는 버블 극

서울 아파트 매매 및 전세 버블

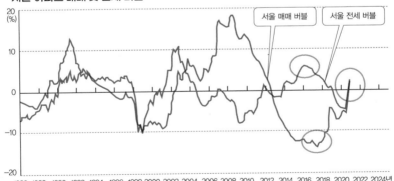

대점으로 높았기 때문이다. 매매가와 전세가의 차이가 적어 실투자금
이 적게 들고, 매매가의 버블이 없어 앞으로 상승을 기대할 수 있었다.

그러나 전세 레버리지 투자자 입장에서 보면, 2016년 서울은 투자
적기는 아니었다. 만약 2016년 서울에 전세 레버리지 투자를 했다면
2018년 역전세로 고생했을 가능성이 높다. 매매가는 크게 올라 기분은
좋았겠지만, 입지가 좋은 곳을 빼고는 실제 현금흐름은 없었을 것이다.

서울의 전세 레버리지 투자 최적기를 굳이 꼽자면, 1997년 외환위
기 직후부터 2001년까지다. 전세 버블도 매매 버블도 낮은 때가 실투
자금도 적게 들고 전세가의 상승도 기대할 수 있기 때문이다.

대전의 매매 버블 확인하기

이런 상황은 얼마 전 대전에서 나타났다. 대전은 2018년부터 2019년
초까지 전세 레버리지 투자의 최적기였다. 전세 버블이 없고, 매매 버블
도 극소인 지점이다. 이때는 실투자금이 적게 들고 전세가의 버블도 작
아 역전세 위험이 낮다. 이런 시기에 갭이 작은 아파트에 전세 레버리지
투자를 했다면 지금은 매매가도 오르고 전세가도 올라 마음 편안한
투자를 하고 있을 것이다. 갭투자자들은 얼른 팔고 다른 곳으로 가고
싶겠지만, 전세 레버리지 투자자는 느긋하다. 거위가 시간을 먹고 자라
황금알을 낳아주기 때문이다.

버블 지수를 보면 지금은 대전 또한 투자를 하기에는 적합하지
않다. 최근에 급격하게 매매가가 상승하여 매매 버블은 고평가 구간으
로 들어섰고, 실투자금이 많이 들어 투자수익률이 낮기 때문이다. 하

대전 아파트 매매 및 전세 가격지수와 매매 버블

자료: KB부동산

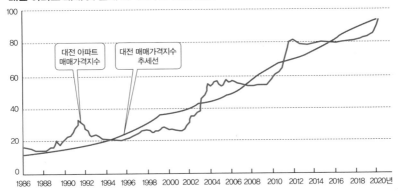

대전 아파트
매매가격지수

대전 매매가격지수
추세선

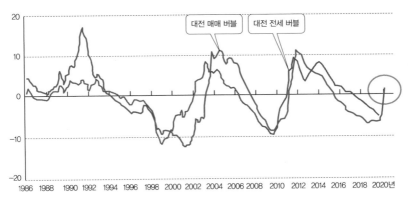

대전 매매 버블

대전 전세 버블

지만 걱정하지 않아도 된다. 서울과 대전 말고도 투자적기인 곳이 전국에 많기 때문이다. 본격적인 전세 레버리지 투자의 전성기가 다가오고 있다.

이와 같이 매매가와 전세가 버블 여부만 확인하더라도, 현 부동산 시장에서 나의 액션플랜을 세우는 데 큰 도움이 된다.

8

매매가 예측하기 ②

수급불균형 구하기

"난 사람의 얼굴을 봤을 뿐 시대의 모습을 보지 못했소. 시시각각 변하
는 파도만 본 격이지. 파도를 만드는 건 바람인데 말이오." 영화 〈관상〉 중에서

　영화 〈관상〉에는 주인공이 피상적인 현상만 보느라 그 현상을 일
으키는 이면을 보지 못했던 것에 아쉬움을 토로하는 장면이 나온다.
시시각각 요동치는 매매가가 파도와 같다면, 우리 또한 파도 자체보다
는 그것을 만드는 이면의 요소들을 봐야 하지 않을까?

　시장에서는 아파트 매매가를 예측하기 위해서 다양한 방법들이
사용되고 있다. 입주물량은 물론 인허가/착공 물량, 미분양, PIR Price-In-
come Ratio, 소득 대비 주택가격비율, 매수우위지수, 인구/세대수 분석, 평당가
순위 변화, 10년차 부부의 증감, 사업체 수, 인구 대비 직장인 수, 호재

분석, 환율, 금리, 달러 대비 매매가 비율, 정부정책 예상 등등… 셀 수 없을 정도의 많은 방법들이 시도되고 있다.

매매가 예측을 위해 사용되는 지표는 선행지표, 후행지표, 동행지표로 나눌 수 있다. 선행지표는 매매가보다 선행하여 움직이는 지표를 말하고, 동행지표는 매매가와 함께 변하는 지표, 후행지표는 매매가가 정해지면 뒤따라 결정되는 지표를 말한다.

미래를 예측하기 위해서는 선행지표가 필요하다. 하지만 선행지표로는 '입주물량'이 유일하다. 인허가/착공 물량도 있지만 같은 의미이며, 사실 입주물량보다 부정확해서 예측에 사용하기에 불가능하다. 공기지연 등으로 100%는 아니더라도, 앞으로의 입주물량은 어느 정도 예정되어 있기 때문에 가격을 결정하는 공급과 수요 중에서 공급의 한 부분을 엿볼 수 있다. 하지만 이것조차 앞에서 살펴보았듯이 매매가를 예측해주지는 않는다.

허무하게도 사람들이 찾고 있는 꿈의 선행지표는 없다. 우리가 매매가를 예측할 수 없는 이유다. 입주물량인허가/착공을 제외하고, 사람들이 찾은 모든 지표는 후행지표거나 동행지표다. 상관관계가 높게 나타난다고 해서 그 지표가 매매가를 결정할 수 있다고 생각해서는 안 된다. 매매가를 정확하게 예측하는 것은 불가능하지만, 투자자는 투자금을 줄이고 투자수익률을 높이기 위해 매매가를 예측하려는 노력을 해야 한다. 다만, 미래 시세를 예측해서 자산가격 상승을 기대하고 '거래'를 하기 위해서가 아님을 기억하자.

아파트 공급과 수요를 어떻게 추정할까?

아파트 매매가를 결정하는 공급과 수요는 어떻게 추정해볼 수 있을까?

가장 흔히 생각하는 '공급 = 입주물량'은 정답이 아니다. 왜냐하면 입주물량은 공급의 일부분일 뿐이기 때문이다. 공급을 계산하기 위해 이렇게 생각해보자.

"몇 개월 안에 아파트를 소유해야 한다면, 어떤 방법이 있을까?"

가장 쉬운 방법은 부동산 중개사무소에 가서 현재 나와 있는 매물을 사는 것이다. 이외에도 경공매로 낙찰받는 방법, 아파트 분양권을 사는 방법, 분양사무소에서 준공 후 미분양 물량을 사는 방법도 있다. 이 모든 것이 공급에 포함된다.

이 중에서 가장 많은 비중을 차지하는 것은 부동산 중개사무소의 매물일 것이다. 일반적으로 투자자들이 공급을 말할 때는 흔히 입주물량만을 생각하는데, 실제 공급과의 큰 차이가 여기에서 발생한다.

그러면 수요는 어떻게 구할까? 수요는 변화무쌍하다. 사람의 심리에 기반하기 때문이다. 갑자기 끓었다가 느닷없이 식을 수도 있다. 따라서 정확한 수요를 알 수 있는 방법은 없다. 다만, 어렴풋이 수요의 변화를 들여다볼 수는 있다. 만약 경매 낙찰률이 높아지고 경매로 나오는 매물 수가 줄어들고 있다면 그 지역의 아파트 수요가 증가하고 있다고 할 수 있다. 그동안 적체되어 있던 준공 후 미분양 물량이 빠르게 소진되고 있다면 수요가 증가한다고 할 수 있고, 매매 거래량이 급격히 늘어나고 있다면 이 또한 수요가 증가하고 있다고 볼 수 있다.

흔히 쓰는 인구 수의 0.5~0.55%라는 룰은 버리자. 시시각각 변하는 수요에 잘 맞지도 않을 뿐 아니라, 신규 아파트 수요만을 가지고 전체 수요를 알 수 있다고 말하기에는 너무 오차가 크다.

수급불균형

수급불균형은 공급과 수요의 차이다.

수급불균형 = 공급 − 수요

앞에서도 살펴보았지만, 공급은 다음과 같다.

아파트 공급 = 입주물량 + 준공 후 미분양 + 경공매 물량 + 중개소 매물

문제는 수요 변화를 나타내주는 통계자료가 없다는 것이다. 공급은 어느 정도 자료가 있다고 하지만, 수요에 대한 자료는 찾을 수 없다. 따라서 약간의 편법을 사용해야 한다.

1. 입주물량

다음의 그래프들은 서울의 매매가격지수와 6개월 입주물량 시계열 그래프이다. 입주물량 시계열 그래프에서 진갈색 막대는 이미 입주를 마친 물량이고, 연갈색 막대는 확정된 입주 예정물량, 회색 막대는 아직 입주물량이 확정되지 않은 것이다.

　서울 아파트의 입주물량 그래프를 매매가격지수 추세와 함께 보

면 우리가 보통 알고 있는 상식과 다르다. 입주물량이 많을 때 아파트 가격이 오르고, 적을 때 떨어지는 것처럼 보인다! 사실 서울의 입주물량은 매매가에 직접적인 영향을 주지 못한다. 입주물량이 적다고 해서 서울 아파트의 매매가가 반드시 상승하는 것은 아니기 때문이다. 그 예로 2012년, 2013년 역대급 공급 부족에도 서울 아파트 매매가격지수는 하락했다. 입주물량만으로 매매가를 예측할 수 없는 이유다.

사람들은 이를 끼워 맞추기 위해 서울은 경기도와 인천의 입주물

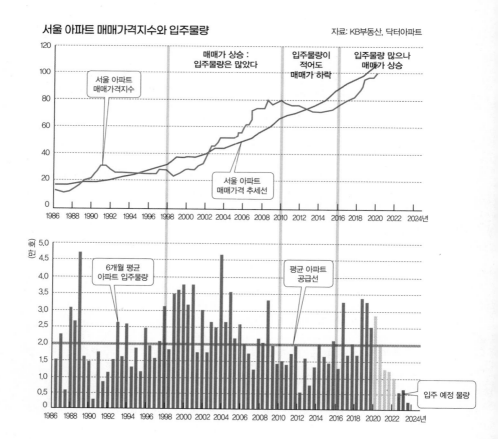

서울 아파트 매매가격지수와 입주물량   자료: KB부동산, 닥터아파트

량을 함께 봐야 한다고 하지만, 그래도 마찬가지다. 서울 아파트 매매가는 수도권의 입주물량이 많을 때 오르고 적을 때 내렸다.

사람들은 다시 이를 끼워 맞추기 위해 서울에 영향을 주는 입주물량에서 멀리 화성이나 평택의 물량은 제외하고, 성남이나 과천, 안양의 물량만 더하고, 인천은 6개월 뒤에 영향을 준다면서 물량을 넣었다 빼는 등 맞추기 바쁘지만, **앞의 그래프를 보면 서울의 입주물량과 매매가는 아무런 상관관계가 없다는 것을 확인할 수 있다.**

서울 아파트 시장은 2020년 하반기 평균 정도의 입주물량이 예정되어 있지만, 이후에는 새 아파트 공급이 급감하게 된다. 2023년 이후의 입주물량은 변화 가능성이 있다. 후분양 물량이 반영되지 않았고, 아직 분양하지 않은 물량은 집계에서 제외되었기 때문이다. 앞으로 발표될 정부의 공급대책은 2023년 이후 새 아파트 공급량의 변화를 가져올 수 있다.

아파트 공급을 논할 때, 새 아파트 공급만을 보게 되면 오류에 빠질 가능성이 높다. 서울은 기존 아파트의 수가 많기 때문에 새 아파트의 공급이 주는 영향이 제한적일 수밖에 없다. 서울의 기존 아파트는 160만 호 정도 되는데, 새 아파트의 공급량은 매해 약 4만 호 정도다. 비율로 따지면 서울의 전체 아파트 중 2.5%에 불과해서 전체 가격을 좌우하지는 못한다.

2. 준공 후 미분양

미분양 자료는 '분양 후 준공 전까지의 미분양', '준공 후 미분양'으로 나눌 수 있다. 이 중에서 준공 전 분양된 분양권은 사실 실소유자의 수요가 아닐 수 있다. 분양권은 계약금 10% 정도만 가지고 소유권을 예정한 상태로서 선물futures이라 할 수 있다. 실제로 소유하지 않고 분양권을 팔아 차익을 얻으려는 사람들도 존재한다. 따라서 준공 전 미분양은 실소유자를 위한 공급에서 제외되어야 한다.

서울의 준공 후 미분양 추이를 살펴보면 다음의 그래프와 같다. 서울의 준공 후 미분양 자료는 2000년 9월부터 존재한다. 자료를 보면 준공 후 미분양이 2009년에서 2014년까지 평균 약 500세대가 넘었다. 지금은 믿기 어렵겠지만, 2012년에는 서울에서 1,000여 세대의 아파트가 주인을 못 찾고 헤매고 있었다.

현재 미분양은 크게 줄었으나 시장의 수요는 이렇게 변덕스럽다. 준공 후 미분양 자료는 수요의 변화를 단편적으로 볼 수 있는 지표다.

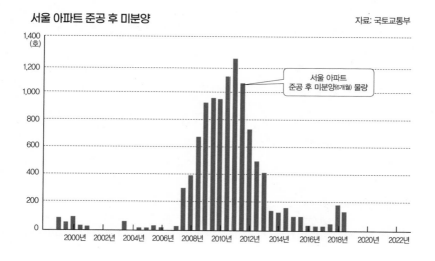

서울 아파트 준공 후 미분양   자료: 국토교통부

서울 아파트 준공 후 미분양(6개월) 물량

3. 경공매 물량

법원에서 제공하는 서울의 월별 경매물량 자료는 2005년 1월부터 집계되었다. 유료 경매지를 이용하면 좀더 편하게 자료를 수집할 수 있다. 공매물량도 함께 보면 좋겠지만, 아쉽게도 자료가 없다. 사실 공매보다는 경매물량의 비중이 커서 공매물량은 제외해도 큰 무리는 없을 것으로 보인다.

다음의 그래프를 보면, 2014년 이후 서울의 경매물량이 급격이 줄어들고 낙찰가율이 급격히 높아지는 것을 볼 수 있다. 현재 서울에서 경매로 아파트를 낙찰받기가 어려운 이유다.

지금은 경매로 서울 아파트를 사기에 좋은 시기는 아니다. 최근 낙찰가율은 변화가 심해 통계의 의미가 없다. 아마도 경매물건의 개수가 줄어들면서 몇 개 되지 않은 낙찰물건이 평균 낙찰가율을 좌우하기 때문인 것으로 보인다.

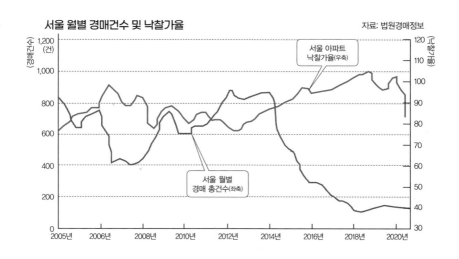

서울 월별 경매건수 및 낙찰가율

자료: 법원경매정보

4. 잉여거래량

한편 우리는 **중개소 매물량**을 알기 어렵다. '아파트 실거래가' 앱 등을 통해 매물 증감 시계열을 볼 수 있겠지만, 그 역사가 너무 짧은 게 아쉬운 점이다. 그나마 우리가 구할 수 있는 시계열 자료는 아파트 매매거래량이다. 국가통계포털KOSIS에서 제공하는 '거래 원인별 아파트 거래현황'에서 2006년 1월부터의 아파트 매매거래량 시계열을 볼 수 있다.

이제 이 자료를 활용해보자. 중개소 매물에서 수요를 빼면 잉여거래량이 된다. 잉여거래량은 거래되지 않고 적체된 매물량이다.

잉여거래량 = 중개소 매물 − 수요

중개소 매물보다 수요가 많다면 잉여거래량은 마이너스(−)가 된다. 즉 매물이 부족한 상태다. 반면 중개소 매물은 있는데 수요가 없다면 잉여거래량은 계속 늘어날 것이다. 이 잉여거래량은 다음과 같이 표현할 수도 있다.

잉여거래량 ≈ 평균 거래량 − 현재 거래량

현재 거래량이 평균 거래량에 비해 많다면 잉여거래량은 마이너스(−)가 된다. 즉 매물 부족이다. 반면 현재 거래량이 평균 거래량 대비 적다면 잉여거래량, 즉 매물은 적체될 것이다. 정확히 일치하지는 않지만, 그래도 우리가 모르는 두 변수인 '중개소 매물'과 '수요'를 알 수 있는 변수인 '거래량'으로 바꿀 수 있다.

서울의 잉여거래량을 살펴보면 다음 그래프와 같다. 거래량 통계
는 국가통계포털KOSIS에서 얻을 수 있다. 막대는 평균 거래량에서 현
재 거래량을 뺀 값을 나타낸 것이다.

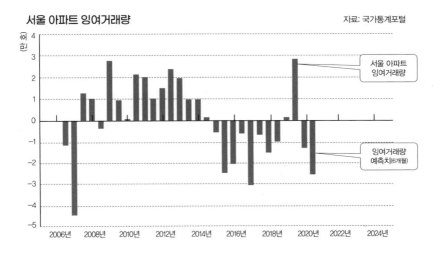

서울 아파트 잉여거래량

자료: 국가통계포털

서울 6개월 거래량의 평균은 약 4만 3,600건이다. 6개월 입주물량의 평
균은 약 1만 9,500건으로, 사실 공급은 일반 매물의 비중이 훨씬 높다
는 것을 알 수 있다. 준공 후 미분양이나 경매물량의 6개월 평균은 각
각 263건, 2,990건으로 공급에서 차지하는 비중은 작다.

이와 같이 우리가 알 수 있는 자료들을 모으면 한 지역의 수급불
균형을 나타낼 수 있다.

서울의 주택 공급 비중

공급	비중
일반 거래(중개소 거래)	65.7%
입주물량	29.4%
경매물량	4.5%
준공 후 미분양	0.4%

수급불균형이 플러스(+) 상태인 경우는 공급이 수요 대비 많거나 수요
가 공급 대비 적음을 의미한다.

수급불균형   = 공급 - 수요
공급   = 입주물량 + 준공 후 미분양 + 경공매 물량 + 중개소 매물이므로,
수급불균형   = 입주물량 + 준공 후 미분양 + 경공매 물량 + (중개소 매물 - 수요)
             ≈ 입주물량 + 준공 후 미분양 + 경공매 물량 + (평균거래량 - 현재 거래량)

서울의 수급불균형과 매매가격지수 그래프를 함께 보면, 전체적으로
수급불균형이 플러스(+)인 시기에는 매매가격지수가 하락하고, 수급불
균형이 마이너스(-)일 때 매매가격지수가 상승하는 것을 볼 수 있다.

  서울의 아파트 시장은 2019년 상반기 공급 초과 구간을 지나고,
2019년 하반기부터 현재까지는 약간의 공급 부족 구간이다. 현재와 같
은 수요가 유지된다면 2021년 상반기는 공급 부족이 예상된다.

서울 아파트 매매동향과 수급불균형

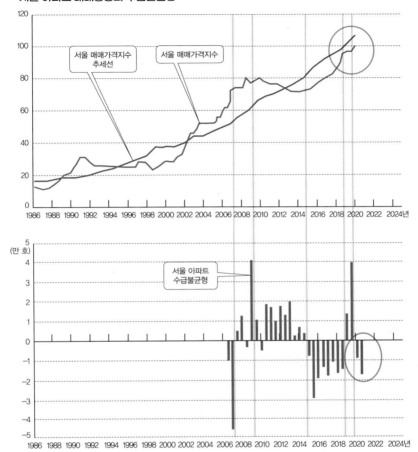

부동산 심리지수
체크하기

"부동산은 심리다"라는 말이 있다. 동의하는가? 많은 사람들이 미래를 예측하기 위해서 이른바 '족집게' 지수를 찾아다닌다. KB부동산에서 발표하는 심리지수도 많이 참고하는 자료다. 2000년 1월부터 매주 각 지역 부동산 공인중개사들의 도움을 받아 '매수자 많음, 매도자 많음, 비슷함'을 조사한 자료인데, 그래프로 그리면 다음 페이지의 첫 번째 그래프와 같다. 매수자 및 매도자의 비율로 시장 참여자들의 심리를 엿볼 수 있다.

아파트 시장이 점점 열기를 더해 매수 문의가 많아지면 매수우위지수가 높아진다. 이 중에서 매수우위 값_{검은색} 선을 가지고 그래프를 그리면, 두 번째 그래프와 같이 수많은 점들이 이리저리 날뛰는 것을

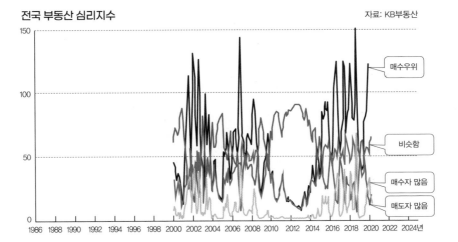

전국 부동산 심리지수

자료: KB부동산

매수우위

비슷함

매수자 많음

매도자 많음

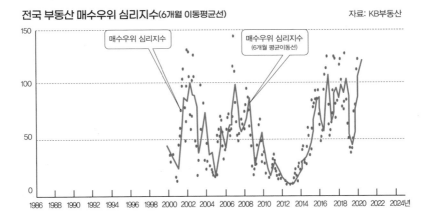

전국 부동산 매수우위 심리지수(6개월 이동평균선)

자료: KB부동산

매수우위 심리지수

매수우위 심리지수
(6개월 평균이동선)

볼 수 있다.

우리가 부동산 심리지수를 살펴보는 이유는 현재 상황을 판단하기 위해서일 뿐, 부동산 심리지수로 미래의 상황을 알 수는 없다. 투자수익률을 높이고 리스크를 대비하려면 지금이 매수자 우위시장에 가

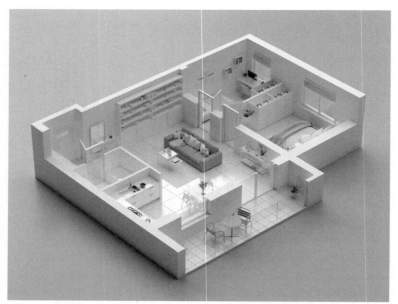

우리가 부동산 심리지수를 살펴보는 이유는 현재 상황을 판단하기 위해서일 뿐, 부동산 심리지수로 미래의 상황을 알 수 없다.

까운지, 매도자 우위시장에 가까운지를 알아야 한다.

　다음의 그래프에서 서울의 매수우위지수갈색와 전세수급지수회색를 살펴보면, 서울의 매수우위지수는 100을 넘고 150에 가까워지고 있다.

　2020년 6.17 부동산 대책과 연이은 7.10 부동산 대책에도 불구하고, 서울 아파트를 사고 싶어 하는 심리는 이미 역대 최고치를 기록하고 있으며, 이는 2007년 급등기보다 훨씬 높다. 앞으로 서울 아파트의 급상승이 우려되는 이유다.

　더 걱정인 것은 전세 수급이다. 새 아파트의 입주는 급격히 줄어

서울 아파트 매수우위지수와 전세수급지수

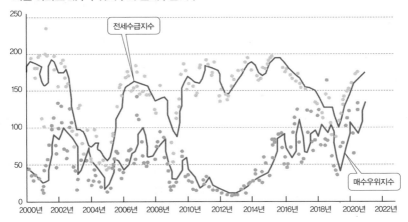

들고 있으며, 전세를 원하는 사람들은 급증하고 있다. 여기에 임대차 3법은 그렇지 않아도 부족한 전세의 공급을 차단시켜 전세수급난을 가중시키고 있다. 서울에 거주하는 세입자들의 고민이 깊어질 것으로 보인다.

7장

회사형 투자

회사형 투자 중 하나인 주식투자와 부동산형 투자의 가장 큰 차이점은 레버리지의 종류가 다르다는 것이다. 그래서 시간이 부족한 직장인이 많이 하는 투자이기도 하다. 누가 좋다더라 해서 무작정 사고 기도하는(buy and pray) 투자가 아니라 현금흐름을 기반으로 투자 여부를 결정해보자.

회사형 투자를 하는 사람들

회사형 투자란 회사를 투자의 대상으로 삼는 것이다. 회사의 지엽적인 정의는 '영리행위를 목적으로 하는 법인'이지만, 단어 자체의 뜻은 '모이고 모은 것'을 말한다. 즉 사람과 재화의 자금과 시간이 모이는 곳, 그것을 모으는 곳이 회사다. 그리고 사람들은 각자의 방식으로 회사에 자신이 가진 시간과 자금을 투자하고 있다. 회사형 투자에서 시간을 투자하는 대표적인 예가 회사원이다.

회사원도 투자자다

회사원은 회사에서 급여를 받고 일하는 사람들이다. 국가기관도 넓은 의미에서 보면 일종의 회사이고 공무원도 회사원이라고 할 수 있다.

회사원으로 가장 성공하는 대표적인 예는 임원이 되는 것이다. 임원이 되기까지 자신의 시간 자산을 효율적으로 투자하고, 회사에 할애한 유효시간만큼 보상을 받는다. 따라서 회사원으로서 투자에 성공하기 위해서는 내 시간 자산의 가격을 높여야 하며, 그 시간을 효율적으로 투자해야 한다. 즉 업무에 시간을 투자하여 몸값을 높이고, 안전한 줄을 찾아 인간관계를 유지하며, 무엇보다 회사에 충성하는 모습을 보여야 한다. 회사에 충성하지 않는 직원은 오너 입장에서 보면 가장 불안한 요소이기 때문이다.

회사원은 회사와 명운을 같이하기 때문에 환경변화에 가장 취약한 투자자이기도 하다. 생존을 위해서는 회사의 운명을 믿고 자신의 시간 가치를 최대로 인정받기 위해 노력하든지, 아니면 회사를 고정적인 현금흐름의 수단으로 이용하고 다른 투자를 진행하든지 해야 한다. 이 결정은 빠르면 빠를수록 좋다.

자영업자/전문직/프리랜서, 시간 자산 투자 극대화

자영업자/전문직/프리랜서는 시간 자산에 대한 투자를 가장 극대화한 경우다. 자신이 쓰는 시간만큼 수입이 정해지고, 시간을 조금만 느슨하게 쓰면 당장 수입이 줄어든다. 즉 시간 자산의 가치변동성이 크다고 볼 수 있다. 이는 단점이면서도 큰 장점이 될 수 있다. 노력 여하에 따라 언제든지 엄청난 현금흐름을 만들 수 있는 잠재력이 있다는 이야기가 되기 때문이다.

회사원으로 일하다가 프리랜서나 자영업자 또는 전문직이 되어

독립하는 사람들이 있다. 이들은 자신의 시간 자산의 가치를 믿고 더 많은 현금흐름을 얻기 위해 이런 결정을 한 사람들이다. 내 시간이 회사에 귀속되는 것이 싫고, 그 가치를 회사로부터 제대로 평가받지 못한다고 느낄 때 이런 결정을 하기도 한다.

시간 자산의 가격을 높이는 활동 역시 투자라고 할 수 있다. 그런 점에서 자영업자/전문직/프리랜서는 시간 자산의 가격을 극대화하기 위해 노력하는 투자자들이다. 이들이 다른 사람의 시간이나 재화의 시간을 레버리지 하는 방법을 익힌다면 전혀 다른 영역의 투자자가 될 수 있다.

사업가, 회사의 오너, 다른 사람의 시간을 레버리지

자영업이나 프리랜서 단계에서 현금흐름을 만드는 핵심 업무를 다른 사람에게 위임한 경우 사업가가 될 수 있다. 치과병원을 예로 들면 직접 진료하고 치료하는 원장은 자영업자지만, 다른 치과의사들을 고용하여 진료를 위임하고 관리를 주로 하는 원장은 사업가다. 또한 음식점에서 직접 조리하고 고객응대까지 하는 사장은 자영업자지만, 다른 사람에게 맡기고 관리만 하거나 지점을 내고 프랜차이즈를 운영하는 사장은 사업가다. 직접 디자인을 하고 클라이언트를 상대하는 사람은 프리랜서지만, 디자인 부서를 만들고 영업부서를 운영하는 사람은 사업가다.

자영업자/프리랜서와 사업가를 구분하는 기준은 다른 사람의 시간을 레버리지 하고 있는가이다. 나의 순시간 자산을 많이 들이지 않고도 현금흐름이 발생하고 있다면 사업자가 된다. 시간 대차대조표 상에서 현금흐름을 일으키는 시간 자산 중 레버리지 비율이 얼마인가에 따라 순시간 자산의 가격이 결정된다.

투자가, 시간보다 자본 레버리지가 큰 경우

회사에는 사람뿐만 아니라 자본이 모인다. 이 자본을 투자하는 사람들은 투자가라고 할 수 있다. 회사가 커가는 단계마다 자본을 투자하는 방법에도 차이가 있다.

음식점을 예로 든다면, 자영업 단계의 음식점에 투자하는 투자가는 은행이나 지인 정도에서 그친다. 은행은 자영업자의 신용도를 보고 돈을 빌려줄 것이고, 지인은 사장의 음식 솜씨나 성실함 등을 평가해 빌려줄 것이다.

만약 음식점이 꽤 잘 되고 사업성이 좋다면 지인이나 은행의 자금을 더 많이 이용할 수 있다. 지점을 늘리자는 제안이 들어올 수도 있다. 이후 몇 개 지점이 잘 유지되고 음식의 맛을 규격화할 수 있다면 프랜차이즈화할 수도 있다. 이때는 법인을 만들고 창업단계의 자금을 이용하게 될 것이다. 다만, 리스크가 크기 때문에 투자가는 높은 비율의 지분이나 많은 배당을 요구할 수 있다.

이제 프랜차이즈 지점이 많아지고 기업이 성장하면 일반인에게 기업 주식을 팔고 자금을 조달할 수 있다. 투자가는 이 회사의 비상장 주식을 거래할 수 있으며, 향후 상장 시 높은 수익을 기대하고 투자하게 된다.

기업이 거래소에 상장되면 더 많은 사람들이 이 주식을 거래하게 되고, 경영에 영향을 줄 정도의 자본을 가진 투자가는 영업 현금흐름이나 수익을 보고 기업가치를 평가하여 투자하고, 자본이 부족한 투자가는 기업의 배당이나 주식의 시세차익을 보고 투자하게 된다.

회사형 투자를 하는 사람들은 사실 로버트 기요사키의 '현금흐름 4분면'32쪽 그림 중 하나에 투자하는 것과 같다. 회사원, 자영업자, 사업가, 투자가 모두 각자의 방식으로 회사형 투자를 하고 있는 것이다.

부동산과 주식투자는
레버리지가 다르다

회사형 투자 중 하나인 주식투자는 투자에 대해 이야기할 때 부동산형 투자와 함께 가장 많이 거론되는 투자대상이다. 그렇다면 둘의 차이점은 무엇일까? 바로 레버리지다.

부동산은 자본 레버리지가 쉽다

부동산 투자는 자본 레버리지를 사용하기가 쉬워 수익률이 높다. 최근 대출이 어려워지긴 했지만, 투기과열지구의 아파트를 산다고 해도 보통 매매가의 40%는 대출을 받을 수 있다. 만약 무이자대출인 전세를 끼고 산다면 더 높은 수준의 레버리지를 이용할 수도 있다.

반면 주식투자는 자본을 레버리지 하기 쉽지 않다는 것이 가장 아쉬운 점이다. 앞서 '투자수익률' 부분에서 살펴보았듯이, 적절한 레버리지는 투자수익률을 높이는 데 필수적이다. 따라서 주식투자는 보통 부동산 투자보다 투자수익률이 낮다여기서 말하는 투자수익률은 자산을 보유하는 동안 실제로 내 손안에 쥐어지는 현금흐름의 수익률로, 자산의 가격만 증가하는 자산증가율과는 다르다. 주식투자에서 레버리지를 사용하려면 주식담보대출 등이 있긴 하지만 대출기간이 짧고 금리가 높다. 따라서 주식을 장기 보유하고 싶어도 대출상환 압박 때문에 보유를 포기해야 할 수도 있다.

주식투자는 시간 레버리지 효과가 크다

그렇다면 주식투자는 포기하고 부동산 투자에만 올인해야 할까?

자본 레버리지를 이용할 수 있어야 투자수익률이 높아지는데, 레버리지를 쓰지 않을 경우 배당주의 투자수익률은 한 자릿수에 불과해서 각자의 목표 수익률나만의 기준금리에 못 미치는 경우가 대부분일 것이다.

그럼에도 우리가 주식투자를 하는 이유는 시간 레버리지 효과 때문이다. 앞서 부동산 투자는 주식투자에 비해 자본 레버리지가 쉽기 때문에 투자수익률이 높은 편이라고 했는데, 시간 레버리지 면에서는 정반대다. 부동산 투자는 시간 레버리지가 쉽지 않아 시간 자산을 제법 사용해야 한다. 해당 지역을 몇 번씩 임장해야 하고, 계약용 서류를 준비하고 부동산 중개업소에 가서 계약을 하는 등 실제로 오가면서 소요되는 시간이 많다. 그러나 주식/채권 투자는 그에 비해 걸리는 시간이 적은 편이다. 물론 주식이나 채권도 해당 업종과 기업에 대해 연

구해야 하지만, 증권사에 가거나 해외주식을 사기 위해 직접 해외에 갈 필요 없이 즉시 투자를 실행할 수 있다. 즉 주식/채권 투자는 시간을 레버리지 하기가 쉬우므로 시간 자산의 효율성이 매우 높다.

시간의 자유를 얻기 위해서는 자산이 증가함에 따라 부동산 투자와 주식/채권 투자의 비중을 조절해가야 한다. 전세 레버리지 투자는 전세가 상승이 예상되는 저평가지역을 잘 골라서 들어가면 높은 수익을 기대할 수 있지만, 현실적으로 한없이 늘릴 수는 없다. 기업형으로 직원을 고용해 운영하는 방법을 고려해보거나, 아니면 시간이 점점 적게 드는 투자로 바꿔가야 한다. 즉 전세 레버리지 투자를 통해 어느 정도 원하는 수준의 경제적 자유에 가까워지면, 직원 고용이나 투자법의 교체 등으로 (수익률이 낮아지더라도) 시간 대비 수익률을 높이는 방향으로 나아가야 한다. 그 대표적인 방법이 바로 배당주 투자다.

성장주보다는 배당주, 국내보다는 해외 주식

주식투자의 목적이 내 시간을 아끼고 안정적인 현금흐름을 얻는 것이라면, 우리가 집중해야 할 대상은 명확해진다. 바로 안정적인 배당의 역사가 증명된 미국의 배당귀족주다.

기업의 주인은 주주이며, 주주의 투자금_{자본금}과 외부차입을 이용하여 기업을 잘 운영해서 수익을 내는 것이 주주가 임명한 경영진의 역할이다. 주주는 경영진이 기업을 잘 운영해서 벌어들인 수익 중에 향후 기업의 성장과 운영에 필요한 자금_{내부유보금}을 제외한 일부를 배당금으로 받기를 기대한다.

주주 자본주의가 발달한 미국의 경우 대부분의 상장사가 분기별 배당을 시행하고 있고, 장기적으로 매년 배당을 증액시켜온 기업들이 많다. 이들을 '배당성장주'라고 하는데, 특히 25년 이상 연속적으로 배당을 증액해온 주식을 '배당귀족주'라고 한다. 이처럼 오랜 세월 동안 안정적으로 배당을 증액시켜온 배당성장주들을 매수해서 받은 배당금을 재투자한다면 장기적으로 높은 투자수익률을 기대할 수 있다. 주식을 산 후 투자수익을 실현하기 위해 주가 상승만 기다렸다가 파는 게 아니라, 분기별로 배당 수입이 있으므로 진짜 투자수익률이 높아지는 것이다.

단지 시세차익만을 노리고 자신만의 가치 평가기준 없이 사고파는 식의 주식투자는 사실 도박에 가깝다고 볼 수 있다. 워런 버핏이 말했듯, 어떤 회사의 주식에 투자할지 말지를 판단하는 유일하게 합리적인 기준은 현금흐름이다. 현금흐름을 이용해 기업의 내재가치를 평가하고, 주식이 평가된 기준보다 쌀 때 매입해서 현금흐름을 일으키며 보유하는 것이 워런 버핏을 세계 최고의 부호로 만든 비결이다.

특히 해외 배당주를 추천하는 이유

주식투자를 해야 하는 이유, 특히 해외 배당주를 추천하는 이유를 정리하자면 다음과 같다.

첫째, 배당주는 시간 레버리지 활용이 쉽다.

주식투자의 목적을 분명히 하자. 내 시간을 아끼고 현금흐름이 나오는 투자는 배당주 투자다.

둘째, 배당주 투자는 장기투자 시 복리효과를 누릴 수 있다.

복리효과를 위해서 중요한 것은 장기투자가 가능해야 한다는 점이다.

따라서 중간에 배당이 끊기거나 감소하는 일이 없어야 하므로 25년 이상 배당성장 이력이 있는 배당귀족주를 추천한다. 특히 물가상승률 이상으로 매년 배당을 증액해주는 배당주에 투자할 경우, 향후 인플레이션에도 대비가 될 것이다.

셋째, 환쿠션 효과를 위해 국내 주식보다는 해외 주식을 보유하는 것을 추천한다.

글로벌 경제위기 상황이 발생할 때마다 원화 가치는 크게 떨어진다. 미국이나 일본의 배당주를 보유하면, 기축통화로 여겨지는 달러나 엔화로 배당을 받을 수 있으므로 원화 가치 하락에 따른 손실을 어느 정도 상쇄할 수 있다. 어차피 우리 자산의 대부분은 원화로 된 자산이고, 급여나 투자소득 등 현금흐름 또한 대부분 원화다. 따라서 원화 가치 변동성에 대비해 달러나 엔화로 구성된 자산을 추가하는 것이 좋다.

배당이 없는 주식은 제외해야 할까?

배당을 주지 않는 주식은 매도하기 전까지는 현금흐름이 없기 때문에 황금알을 낳지 않는 거위와 같다. 하지만 성장주의 엄청난 주가 상승세를 보면 욕심이 나기도 할 것이다. 당장 알을 낳지는 않지만, 거위가 엄청나게 빠른 속도로 오동통하게 쑥쑥 자라는 것에 비유할 수 있다.

배당을 주지 않는 기업이라도 이익잉여금을 성장에 재투자하기 때문에 복리효과가 있긴 하다. 하지만 이는 워런 버핏처럼 실제적으로 기업을 경영하는 입장에서는 가시적 효과가 있지만, 일반 투자자 입장에서는 배당이 없다면 사실상 그 효과를 체감하기 어렵다. 경영권 없이 배당만 받는 소액 주주 입장에서는 기업이 망하지 않고 배당이 장기간 유지되는 것이 가장 중요하다. 장기간 배당이 증액까지 된다면 금상첨화다. 25년 이상 배당을 증액시켜온 배당귀족주 중에서 투자대상을 고르기를 추천하는 이유다.

배당을 주지 않는 성장주는 회사의 자본을 성장에 재투자한다. 하지만 투자가 항상 성공할 수는 없으며, 언제나 실패의 위험이 존재한다. 성장주에 투자하려면 망하지 않고 오랫동안 살아남고, 또 배당을 줄 만큼 성공할 것이라는 확신이 있어야 한다.

배당을 오랫동안 안정적으로 했다는 사실 자체가 우량기업의 기본적인 조건이 되기도 한다. 따라서 자산을 모아가기 위해서는 배당주를 중심으로 하되, 배당을 주지 않는 성장주의 비중은 아쉬움을 달랠 정도로만 소액으로 조절하기를 추천한다.

배당을 하지 않는 주식 중에서 유일하게 우리 부부가 모아가고 있는 주식은 워런 버핏이 이끄는 버크셔 해서웨이티커: brk.B다. 버크셔 해서웨이는 1965년 이후 연평균 20% 이상의 자산 성장주가 상승을 이끌어왔다. 시장에서 오랫동안 살아남았을 뿐만 아니라 성공적으로 주주가치를 키워왔으며, 아마 몇 년 후에는 배당을 실시할 것으로 기대하고 있다.

투자소득에서 생활비 이상의 현금흐름이 생겨 일차적으로 경제적 자유를 달성한 이후라면, 배당주뿐만 아니라 성장주 등 다양한 거위로 농장을 운영해볼 수 있다. 하지만 아직 그 수준이 아니라면 현금흐름이 있는 배당주에 집중해서 배당투자 시스템부터 만들기를 추천한다.

주가가 상승해도 배당이 없다면 이는 자산 증가일 뿐 투자수익이 아니다. 주식을 팔기 전까지는 투자수익이 없기 때문에 주가가 상승하면 팔아서 현금화하고 싶은 유혹이 커진다. 반대로 주가가 하락하는 경우에는 팔아서 손절하고 싶어질 것이다. 하지만 주식을 팔아버리면 자산은 사라진다. 그동안 폭발적인 주가 상승을 보여준 아마존, 테슬라를 운 좋게 초기에 매수했다고 하더라도, 오랫동안 보유할 수 있는 능력과 인내심을 갖춘 투자자는 얼마 되지 않는다.

배당투자자의 질문법

보통 초보 투자자들은 주식투자를 시작할 때 다음과 같이 질문한다.

"지금 주가에 살까요, 말까요?"

하지만 이 질문은 마치 "지금 출발하는 KTX 열차에 탈까요, 말까요?"라고 묻는 것과 같다. 행선지와 가야 할 날짜를 알아야 그 KTX에 탈지 말지를 결정할 수 있다. 행선지가 옆동네라면 기차 대신 버스가 나을 수도 있고, 외국이라면 비행기를 타야 할 수도 있다. 이처럼 사람마다 목표하는 수익률나만의 기준금리과 투자기간이 모두 다르기 때문에 사야 할 좋은 가격도 각기 다르다. 예를 들어 나는 20년간 연 10%의 수익률이 나온다면 만족하지만, 성격 급한 내 친구는 3년간 연 20%의 수익률을 목표로 할 수도 있다.

따라서 앞의 질문은 다음과 같이 바꿔야 한다.

"연 ○○% 수익률을 목표로 ○○년간 투자하려고 할 때, 이 주식의 적정한 매수가격은 얼마인가요?"

이렇게 질문해야 현재 주가가 매수할 만한 가격인지 아닌지 판단할 수 있다.

앞에서 우리는 다음의 3가지를 구하면 현금흐름할인법DCF을 이용해서 투자대상의 적정가치를 파악할 수 있다고 했다.

① 현금흐름(미래수익)　② 목표수익률(할인율)　③ 투자기간(잔여수명)

$$현금흐름할인법(DCF) = \sum_{n=1}^{잔여수명} \frac{현금흐름_n}{(1 + 할인율)^n}$$

주식투자의 경우, 현금흐름은 투자목적과 지분율에 따라서 기업의 전체 현금흐름이 될 수도 있고 배당이 될 수도 있다. 현금흐름을 이용해서 주식의 투자가치를 판단하는 방법은 2가지가 있다.

① 기업 자체의 현금흐름을 기준으로 내재가치를 평가하는 법

DCF: Discounted Cash Flow

경영권을 가진 대주주 입장에서는 기업 전체의 현금흐름이 내 것이므로, 기업 자체의 현금흐름을 기준으로 투자판단을 할 것이다. 미래의 영업 현금흐름을 현재가치로 할인해서 기업의 적정한 인수가격을 판단할 수 있다.

② 배당액을 기준으로 배당주 시스템으로서의 가치를 평가하는 법

DDM: Dividend Discount Model

경영권이 없는 소액 주주 입장에서는 기업 전체의 현금흐름보다는 배당수입을 현금흐름의 기준으로 삼는 것이 타당하다. 미래의 배당을 현재가치로 할인하면 주식의 적정한 매수가격을 구할 수 있다.

이 두 방법은 미래의 현금흐름을 현재가치로 할인해서 투자대상의 가치를 구한다는 기본원리는 같지만, 기준이 되는 현금흐름의 종류가 다르다. 우리는 소액주주 입장에서 다음에서 설명할 배당누적지수를 이용해 현금흐름_{미래의 배당}을 예측할 수 있다. 그리고 목표 수익률과 투자기간을 정하면 현재 주가가 적정한 매수가격인지를 스스로 판단할 수 있을 것이다.

적정 매수가를 구하기 위한 3요소
현금흐름, 할인율, 투자기간

투자하고 싶은 종목의 적정주가를 구하기 위한 3가지 요소에 대해 알아보자.

현금흐름 예측하기

가장 중요한 현금흐름, 즉 미래의 배당금은 어떻게 구할까?

전세 레버리지 투자에서 전세가는 과거의 전세금 상승분이 누적된 결과다. 배당 또한 마찬가지다. 배당주의 과거 배당액이 누적되면 전세금 또는 전세가격지수와 같은 의미를 가진 배당누적지수^{과거 배당의 누적 합계}를 구할 수 있다.

엑셀을 이용해서 오랜 시간 동안 배당이 누적되어 만들어진 배당누적지수의 추세선을 그리면, 미래의 배당까지 예측한 추세선이 만들어진다. 추세선의 결정계수도 함께 표시할 수 있는데, 결정계수는 1에 가까울수록 추세선의 예측력이 높다. 즉, 결정계수가 1에 가까울수록 미래의 배당 예측에 대한 신뢰도가 높아지는 것이다.

지난 58년 동안 배당액을 꾸준히 늘려온 미국 배당귀족주 중의 하나인 존슨앤드존슨을 예로 들어보자. 1962년부터 존슨앤드존슨의 배당누적지수와 그 추세선은 다음과 같다.

존슨앤드존슨의 배당누적지수

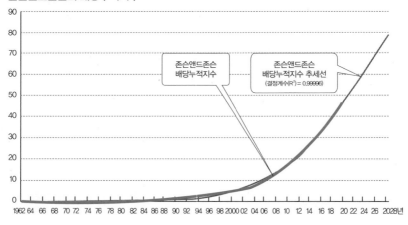

위 그래프에서 추세선의 결정계수는 0.99996으로 예측력이 매우 높다. 지금과 같이 배당 성장을 지속해준다면 이후 배당액을 꽤 정확하게 예측할 수 있을 것으로 기대한다. 참고로 과거 배당기록은 야후 파이낸스finance.yahoo.com에서 기업별로 다운받을 수 있다.

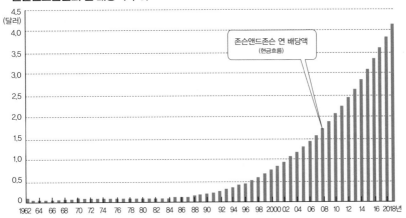

존슨앤드존슨의 연 배당액 추이

자료: 야후파이낸스

존슨앤드존슨 연 배당액
(현금흐름)

추세선이 예측한 존슨앤드존슨의 미래 연간 배당액은 다음과 같다.

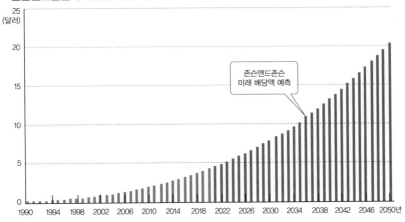

존슨앤드존슨의 미래 연 배당액 예측

존슨앤드존슨
미래 배당액 예측

할인율 정하기

할인율을 정하기 위해 참고할 만한 금리는 해당 주식의 과거 내부수익

률과 앞에서 '자산을 늘리는 원칙' 편에서 구한 나만의 목표 수익률이
있다.

존슨앤드존슨의 1962년부터 2020년까지 과거 내부수익률IRR을
구해보면 20.8%이다. 1962년 1주를 5센트에 매입해서 그 이후 38년간
누적적으로 배당 45달러를 받고 2020년에 157달러에 매도했을 경우다.
앞으로도 이런 수익률이 유지될 수 있을지는 미지수다. 하지만 오랜 시
간 동안 높은 내부수익률이 나왔으므로 이 배당투자 시스템은 매우
안정적이다. 특히 배당주 투자는 시간 소모가 매우 적기 때문에 과거
보다 수익률이 좀더 낮아지더라도 수용할 만하다.

나의 목표수익률을 할인율로 정하는 것은 어떨까? 주식투자에서
는 나의 목표수익률을 좀더 낮추어 잡아야 한다. 왜 그럴까?

앞에서 주식투자와 부동산 투자의 차이점으로 '레버리지'를 꼽
았다. 부동산 투자는 자본 레버리지를 이용해서 실투자금을 줄이고 투
자수익률을 높일 수 있지만, 주식투자는 자본 레버리지를 이용하기 어
렵기 때문에 그만큼 투자수익률이 낮아진다. 나의 투자 기준금리를 결
정할 때는 동원 가능한 레버리지 효과까지 포함했지만, 주식투자의 목
표수익률은 레버리지 효과가 없으므로 나의 투자 기준금리보다 좀더
낮게 잡아야 한다.

결론적으로 과거 높은 투자수익률을 지속적으로 낸 성과가 있는
지를 점검하고, 나의 투자 기준금리에서 어느 정도 낮추어 할인율을
정해보자.

투자기간 정하기

존슨앤드존슨의 미래 배당을 배당누적지수의 추세선을 이용해서 예측하고, 할인율은 과거 내부수익률과 나의 투자 기준금리를 감안해서 5%로 결정했다고 하자. 이제 투자기간을 결정할 차례다.

2020년 말 존슨앤드존슨의 주가는 157달러였다. 1주당 157달러로 샀을 때 예상되는 현금흐름은 미래의 배당과 매도 시 매도가격이다. 미래의 배당을 앞서 정한 5%로 할인하면 현재가치로 환산할 수 있다. 매도가격은 알 수 없기 때문에 매수가인 157달러가 그대로 유지된다고 가정하고, 157달러 또한 5%로 할인해서 현재가치로 환산했다. 배당액이 꾸준히 증액되면 주가도 그와 비슷하게 상승할 가능성이 높으므로 매도가가 매수가와 같다는 가정은 매우 보수적인 것이다. 이때 미래 현금흐름미래 배당과 매도가격을 현재가치로 할인한 가치는 다음 페이지의 표와 같다.

이 표에 따르면 다음의 질문에 이렇게 답할 수 있다.

"연 5% 수익률을 목표로 21년간 투자하려고 할 때, 이 주식의 적정한 매수가격은 얼마인가요?"

투자기간을 2041년까지, 즉 21년 이상으로 결정한다면 현재의 주가인 157달러가 이 주식의 적정한 매수가격이 된다.

21년이 너무 길어 보인다면 굉장히 보수적이었던 매도가격 가정을 조금 수정해보자. 배당누적지수와 주가의 추세선을 그리면 미래 배당에 따른 주가의 방향도 가늠해볼 수 있다. 추세선이 추정한 주가를 5%로 할인해서 새로운 현재가치를 구해보면, 1년 후 현재가치가 매수가

존슨앤드존슨의 미래 배당 및 매도가격 추정

연도	투자기간	현금흐름 누적 예측(A)	매도가격(B)	현재 가치(A + B)
2021년	1년	4.6달러	149.5달러	154.1달러
2022년	2년	9.0달러	142.2달러	151.1달러
2023년	3년	13.6달러	135.6달러	149.2달러
2024년	4년	18.1달러	126.2달러	147.3달러
2025년	5년	22.8달러	123.0달러	145.8달러
2026년	6년	27.5달러	117.2달러	144.6달러
2027년	7년	32.2달러	111.6달러	143.8달러
2028년	8년	37.0달러	106.3달러	143.3달러
2029년	9년	41.9달러	101.2달러	143.1달러
2030년	10년	46.7달러	96.4달러	143.2달러
2031년	11년	51.6달러	91.8달러	143.4달러
2032년	12년	56.6달러	87.4달러	144.0달러
2033년	13년	61.5달러	83.3달러	144.8달러
2034년	14년	66.5달러	79.3달러	145.8달러
2035년	15년	71.4달러	75.5달러	146.9달러
2036년	16년	76.4달러	71.9달러	148.3달러
2037년	17년	81.4달러	68.5달러	149.9달러
2038년	18년	86.4달러	65.2달러	151.6달러
2039년	19년	91.4달러	62.1달러	153.5달러
2040년	20년	96.3달러	59.2달러	155.5달러
2041년	21년	101.3달러	56.4달러	157.6달러
2042년	22년	106.2달러	53.7달러	159.9달러
2043년	23년	111.2달러	51.1달러	162.3달러
2044년	24년	116.1달러	48.7달러	164.8달러
2045년	25년	121.0달러	46.4달러	167.3달러
2046년	26년	125.8달러	44.2달러	170.0달러
2047년	27년	130.6달러	42.1달러	172.7달러
2048년	28년	135.4달러	40.0달러	175.5달러
2049년	29년	140.2달러	38.1달러	178.3달러
2050년	30년	144.9달러	36.3달러	181.2달러

＊ 매도가격은 매수가 157달러의 가치가 매년 5% 할인되는 것으로 추정했는데, 이는 매우 보수적인 가정이다.

157달러보다 높으므로 투자기간은 매우 짧아질 수도 있다. 이처럼 미래의 매도가격 추정에 따라 투자기간은 달라질 수 있다.

버블지수

'전세 레버리지 투자' 편에서 추세선에서 벗어난 가격을 버블로 정의했다. 마찬가지로 배당주 투자에서도 배당누적지수에 따른 주가의 추세선을 그리면, 그 추세선을 벗어난 주가 상태를 버블로 판단할 수 있다. 현재 존슨앤드존슨의 주가는 추세선에 근접해 있으므로 버블도 거의 없어 보인다.

만약 주가에 큰 버블이 있는 상황이라면 매수에 앞서 좀더 신중해

존슨앤드존슨의 주가 및 버블지수

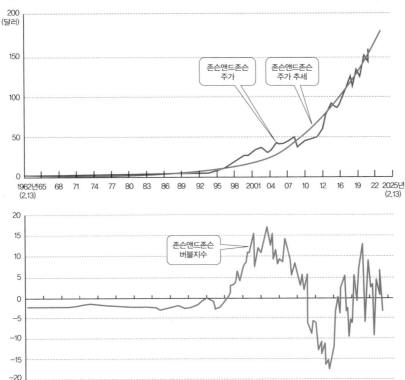

우리가 예측한 대로 배당이 꾸준하게 잘 나오고 있다면 주가에 버블이 있다고 해서 성급히 매도를 결정할 필요는 없다.

질 필요가 있다. 하지만 우리가 예측한 대로 배당이 꾸준하게 잘 나오고 있다면 주가에 버블이 있다고 해서 성급히 매도를 결정할 필요는 없다.

기본적으로 배당주에 투자하는 마인드는 배당액이 감소하지 않는 이상 영원히 보유하는 것이어야 한다. 우리의 예상대로 분기마다 꼬박꼬박 배당을 주고 있다면 말이다. 마치 건물을 샀는데 월세가 따박따박 잘 나와주고 있다면, 시세가 좀 올랐다고 해서 굳이 팔 생각을 하지 않는 것과 같다. 월세라는 현금흐름이 잘 나와주고 건물의 위치가 좋다면 영원히 보유하려고 하는 것처럼, 주식도 배당이 잘 나오고 있다면 영원히 보유해도 좋다.

배당귀족주 중에서 마음에 드는 것을 하나 골랐다면 이 주식에 투자해야 할지, 만약 투자한다면 얼마에 매수해야 할지 답을 찾아보

자. 이 책에서 줄곧 강조해온 투자원칙을 배당주 분석에도 똑같이 적용하면 된다.

배당주 투자원칙

① 먼저 투자하고 싶은 주식의 목표 수익률과 나만의 투자 기준금리를 비교해서 투자 여부를 판단한다.

② 목표 수익률이 나의 투자 기준금리보다 낮다면 패스하거나 소액만 투자한다.

③ 목표 수익률이 나의 투자 기준금리보다 높아서 투자해볼 만하다고 판단되면, 적정가치보다 싸게 살 수 있는 주가를 기다렸다가 매수한다.

8장

파생형 투자

파생형 투자에서 옵션은 레버리지가 커서 매우 위험하다. 하지만 화폐형 투자와
잘 결합해서 설계하면 리스크를 최소화하며 현금흐름을 만들어낼 수 있다.

파생형 투자가 뭘까?

파생형 투자란 앞서 설명한 3가지 전통적인 투자방법_{화폐형, 부동산형, 회}사형을 혼합한 투자방법이다. 예를 들면 파생형 투자 중 하나인 리츠 REITS는 부동산 투자를 대신해주는 회사에 투자한다_{부동산형 투자와 회}사형 투자의 혼합 형태. 2020년 중반 금값이 사상 최고가를 갱신해갈 때 금 투자방법을 궁금해 하는 사람들이 많았다. 이때 실물 금을 사기보다는 금융상품의 형태로 손쉽게 사려는 이들이 많았는데, 이 또한 금의 파생상품 중 하나다.

앞서 '화폐형 투자' 편에서 현재 경제 시스템이 붕괴되는 극단적 위기에 대비해서 실물 금을 어느 정도 보유할 것을 추천했다. 하지만 실물 금 투자의 가장 큰 단점은 현금흐름이 없다는 것이다. 그런데 금에 투자하면서도 현금흐름을 만들 수 있는 방법이 있다. 바로 실물 금을 보유하면서 파생형 투자, 즉 선물옵션 투자를 병행하는 것이다.

선물옵션이라는 말만 들어도 "패가망신한다는 그 선물옵션?"이라며 꺼리는 독자들이 있을 것이다. 옵션 투자가 위험한 이유는 기본적으로 레버리지가 크기 때문이다. 레버리지가 매우 높은 만큼 위험부담이 큰 것도 사실이다. 하지만 옵션의 기본개념을 알아두면 금 투자에서 현금흐름을 뽑아낼 수 있을 뿐만 아니라 다른 방식으로도 응용이 가능해진다!

옵션이 뭐지?

옵션option의 사전적 의미는 '선택권'이다. 경제용어사전에서는 '미리 정해진 조건에 따라 일정한 기간 내에 상품이나 유가증권 등의 특정 자산을 사거나 팔 수 있는 권리'라고 설명한다. 간단히 말하면, 옵션은 '사거나 팔 수 있는 권리'다. 따라서 옵션 매수는 '권리를 사는 것', 옵션 매도는 '권리를 파는 것'이 된다.

'권리를 파는 것'에 대해서는 앞서 워런 버핏이 사랑하는 플로트 부분에서 설명했다. 옵션에는 콜옵션과 풋옵션이 있는데, 콜옵션은 '살 수 있는 권리', 풋옵션은 '팔 수 있는 권리'다. 이를 정리하면 다음과 같다.

콜옵션을 매수한다 = '살 수 있는 권리'를 산다
콜옵션을 매도한다 = '살 수 있는 권리'를 판다

풋옵션을 매수한다 = '팔 수 있는 권리'를 산다
풋옵션을 매도한다 = '팔 수 있는 권리'를 판다

이를 요약하면 다음 표와 같다. 이 표
가 가지는 의미는 콜옵션살 수 있는 권리
을 매수하면 특정 자산의 상승(+)을
기대하는 것이고, 풋옵션팔 수 있는 권리

콜옵션과 풋옵션의 매수/매도

	콜 (+)	풋 (-)
매수 (+)	상승 예상 (+)	하락 예상 (-)
매도 (-)	하락 예상 (-)	상승 예상 (+)

을 매수하면 하락(-)을 기대한다는 것이다. 반대로 콜옵션살 수 있는 권리
을 매도하면 특정 자산의 하락(-)을 기대하는 것이고, 풋옵션팔 수 있는
권리 을 매도하면 상승(+)을 기대하는 것이다.

옵션을 쉽게 이해해보자

옵션을 이해하기 위해서는 먼저 선물future을 이해해야 한다. 지금이
2020년 1월이고, 현재 마스크 가격이 1,000원이라고 하자. 마스크 회사
사장은 이번 봄에는 미세먼지가 줄어든다는 예보를 듣고 마스크 가격
이 떨어질까 봐 걱정이 된다. 봄에도 1,000원에 팔고 싶은 것이다. 어떻
게 할까?

한편 이번 봄에는 날씨가 춥다는 예보에 마스크 도매업자는 작년
보다 마스크 가격이 비싸질 것 같아 걱정이다. 이 업자는 이번 봄에도
공장으로부터 1,000원에 물건을 받고 싶다. 어떻게 해야 할까?

마스크 회사 사장과 도매업자의 걱정은 각자 다르지만, 둘이 원하
는 가격은 같다. 그래서 서로 미리 거래를 하기로 한다. 이것을 '선물거
래'라고 한다정확히는 1 : 1 대면계약이므로 선도거래다.

거래내용 : 이번 봄에 서로 마스크를 1,000원에 공급하고 산다.

이러면 모두가 행복하다. 그런데 모든 계약이 그렇듯이 이 계약에도 계약금이 필요하다. 이것을 '선물증거금'이라고 한다.

이제 봄이 왔다. 그런데 갑자기 코로나 사태가 전 세계를 뒤덮어 마스크 가격이 5,000원으로 뛴다. 그럼에도 불구하고 마스크 회사 사장과 도매업자는 애초 선물계약대로 1,000원에 마스크를 주고 받는다. 마스크 회사 사장은 큰 손해를 보고, 도매업자는 큰 이익을 얻게 되었다.

이번에는 선물계약을 체결한 후, 마스크 도매업자가 뒤늦게 이번 봄에는 미세먼지가 줄어들 것이라는 예보를 접했다고 하자. 그래서 선물계약을 해지하자니 증거금을 날릴까 봐 걱정이 된다. 그는 옆에 있는 다른 도매업자 C씨를 떠본다.

"내가 이번 봄에 1,000원에 마스크를 살 수 있는 권리가 있는데 가져갈래요?"

그런데 C씨는 최근 중국 우한에서 폐렴이 유행한다는 소식을 들었다. 사스SARS 때 마스크 대란이 일어났던 것을 떠올린 C씨는 애초의 도매업자에게 선물계약을 양도받는다. 이것이 옵션 거래다.

거래내용 : 도매업자는 C씨에게 마스크를 1,000원에 '살 수 있는 권리'를 판다.

거래에 공짜는 없다. C씨는 애초의 도매업자에게 일정 금액을 주고 '권리'를 산다. 이것을 '옵션 프리미엄'이라고 한다. 정확히 구분하면 애초의 도매업자는 '살 수 있는 권리'를 팔았으므로 '콜옵션 매도'를 한 것이고, C씨는 '살 수 있는 권리'를 샀으므로 '콜옵션 매수'를 한 것이다. 이후 코로나 사태가 터졌고, 1,000원에 마스크를 살 수 있는 권리를 판 도매업자는 큰 손실을 보고, C씨는 큰 이익을 보게 된다.

한편 마스크 회사 사장은 선물계약 이후에 날씨가 추워질 수 있다는 예보를 듣고, 괜히 마스크를 1,000원에 파는 선물계약을 한 것이 아닌지 걱정하기 시작했다. 옆에 있던 다른 마스크 회사 사장 P씨가 무슨 일이냐며 묻길래 걱정을 털어놨다. P씨는 요새 일이 없어 걱정이었는데 이번 봄에 마스크 수요를 확보할 수 있으면 좋겠다는 생각을 하고, 프리미엄을 주고 이 선물계약을 양도받는다.

> 거래내용 : 마스크 회사 사장은 P씨에게 마스크를 1,000원에 '팔 수 있는 권리'를 판다.

정확히 구분하자면, 마스크 회사 사장은 '팔 수 있는 권리'를 팔았으므로 '풋옵션 매도'를 한 것이고, P씨는 '팔 수 있는 권리'를 샀으므로 '풋옵션 매수'를 한 것이다. 코로나 사태로 인해 마스크 가격이 치솟자, 마스크를 1,000원에 파는 풋옵션을 매수한 P씨는 큰 손해를 보게 되고, 풋옵션을 매도한 기존 마스크 회사 사장은 프리미엄만큼 이익을 얻게 된다.

정리하면, 마스크 가격이 크게 올랐을 때 기존 마스크 회사 사장은 '팔 수 있는(-) 권리'를 팔아(-) 마스크 가격 상승(+)에 베팅해서 프리미엄만큼의 이익을 얻었고, P씨는 '팔 수 있는(-) 권리'를 사서(+) 하락(-)에 베팅해서 큰 손실을 보았다. 한편 마스크 도매업자는 마스크를 1,000원에 '살 수 있는(+) 권리'를 팔아(-) 마스크 가격 하락(-)에 베팅해서 큰 손실을 보고, 이 도매업자에게 콜옵션을 매수한 C씨는 1,000원에 '살 수 있는(+) 권리'를 사서(+) 마스크 가격 상승(+)에 베팅해 큰 이익을 보게 된다.

왜 어렵고 낯설게만 느껴지는 옵션 투자를 알아야 할까? 리스크 회피를 위한 여유자금을 운용할 때, 환매조건부채권RP, 증권사가 약속한 기간 후 약속한 가격으로 도로 사들인다는 조건으로 판매하는 채권 이나 CMA 종합자산 관리계좌 통장, 또는 채권에 넣는 것보다 더 높은 수익률을 기대할 수 있기 때문이다.

옵션 투자는 워런 버핏처럼 '무이자이며 무한히 사용할 수 있는 레버리지' 플로트를 만들 때에도 강력한 힘을 발휘한다. 물론 플로트를 만들 정도의 옵션을 매도하려면 워런 버핏 정도의 자금력과 실력, 그리고 팔 수 있는 네트워크가 있어야 하겠지만 말이다.

소규모 투자자인 우리는 단지 여유자금을 현금으로 가지고 있을 때 발생하는 화폐가치의 하락에 의한 리스크를 헤지하고, 채권보다 좀 더 높은 수익률로 운영하기 위해 투자방법에 옵션을 추가할 수 있을 것이다.

아파트 분양권,
선물옵션 투자의 흔한 사례

우리는 사실 자신도 모르는 사이에 수없이 많은 선물과 옵션 거래를 하고 있다. 그중 하나가 아파트 분양권이다. 아파트를 신규 분양할 때, 건설사 또는 조합은 일반인을 대상으로 일반 분양에 나서고, 일반인들은 청약을 하고 분양을 받는다. 이때 받는 것이 바로 분양권이다.

예를 들어 직장인 K씨가 조합으로부터 아파트를 분양받았다고 하자. 이 아파트는 3년 후 완공되고 입주할 수 있다고 하자. K씨는 계약금과 1차 중도금을 내고 나머지는 중도금 대출을 받기로 한다. K씨가 받은 33평형 아파트의 분양가는 총 10억 원이고, 그는 이 중 10% 계약금과 10%의 1차 중도금으로 2억 원을 내고 분양권을 받는다. 이때 이 분양권은 선물이다.

계약내용 : 3년 후 조합은 K씨에게 10억 원에 33평형 아파트를 양도한다.

앞서 설명했던 마스크 공장장과 도매업자의 계약과 사실상 똑같다. 이 때 K씨가 낸 선물 증거금은 2억 원이다.

만약 3년 후에 아파트 가격이 20억 원이 되어 실제 입주하지 않고 바로 판다면, K씨는 2억 원을 투자해 10억 원을 벌게 된다. 이처럼 선물에는 레버리지 효과가 있다. 이때 조합은 20억 원에 팔 수 있었던 아파트를 10억 원에 판 셈이기 때문에 기회비용에서 큰 손실을 보게 된다. 이것이 건설사나 조합이 높은 경쟁률로 완판된 분양을 실패라고 생각하는 이유이다.

만약 아파트 가격이 분양가격 10억 원보다 더 하락해서 8억 원이 된다면 어떻게 될까? K씨는 투자한 2억 원을 모두 잃게 된다. 이것이 바로 레버리지의 무서움이다.

아파트 분양권은 선물에 투자하는 것이고, 레버리지가 크기 때문에 정확한 개념 이해와 수익률 계산 없이 투자에 나서면 안 된다. 앞으로 아파트 가격이 오를 것이라고만 생각하여 투자하는 것은 기회비용이나 실제 자산 증가에 큰 손실이 될 수도 있다는 것을 명심해야 한다.

만약 K씨가 분양권을 전매한다면 어떻게 될까? K씨는 중개사무소를 통해 분양받은 아파트를 내놓았다^{전매제한은 없다고 가정한다.} 평소 이 아파트에 관심이 많았던 O씨는 K씨의 물건을 구매하려 한다. 근처 새 아파트의 시세는 현재 12억 원이고, K씨는 분양권을 13억 원에 내놓는다. 그 아파트의 가격이 그보다는 더 안 오를 것 같기 때문이다. 한편 O씨는 이 아파트가 13억 원 이상으로 오를 것 같아 불안했다. 둘의 시장에 대한 예상과 걱정은 다르지만, 거래하고자 하는 가격대가 서로 맞다. 이는 옵션 거래다.

> 거래내용 : K씨는 O씨에게 3년 후 입주하는 아파트를 10억 원에 '살 수 있는 권리'를 판다.

K씨는 '살 수 있는(+) 권리'를 팔았으므로(-) 아파트 가격 하락(-)에 베팅한 것이고, O씨는 '살 수 있는(+) 권리'를 샀으므로(+) 상승(+)에 베팅한 것이다. 즉, K씨는 '콜옵션 매도'를 하고, O씨는 '콜옵션 매수'를 했다.

조금 더 상세하게 설명해보자.

만약 3년 후 아파트의 시세가 20억 원이 된다면, 아파트 가격 하락에 베팅한 K씨는 기회비용에서 큰 손해를 보고, 상승에 베팅한 O씨는 큰 이익을 본다. 이때 이 옵션의 행사가는 10억 원이 되고 프리미엄은 3억 원이다. 현재 선물의 가격을 주변 새 아파트의 가격이라고 가정하면, 현재의 선물가는 12억 원이다. 이것을 '옵션의 등가'라고 한다.

콜옵션에서 거래된 선물의 행사가10억 원가 현재 선물가12억 원보다 낮을 때 이 콜옵션은 내가격옵션이 된다. 내가격옵션in-the-money option 이란 내재가치가 플러스(+) 값을 가지는 옵션을 말한다.

반대로 옵션의 행사가가 현재 등가보다 높은 콜옵션은 '외가격옵션'이라고 한다. 예를 들어 주변 신축 아파트의 가격이 8억 원일 때 10억 원에 분양받은 K씨는 분양권을 빨리 팔아버리고 싶을 것이다. 이때 나타난 O씨가 그 분양권을 10억 원은 너무 비싸니 9억 원에 사겠다고 하여 거래가 완료되었다고 하자. 이 경우 K씨는 콜옵션 매도를 했고, O씨는 콜옵션을 매수를 한 것이다. 앞의 예와의 차이점은 옵션의 등가8억원보다 행사가10억 원가 높아 이때의 콜옵션이 외가격이 된 것이다. 분양권 프리미엄이 마이너스(-)가 될 수 있는 특이한 거래이긴 하다. 이때 프리미엄은 -1억 원이다.

반대로 풋옵션의 예를 들어보자. K씨가 분양받은 아파트는 지역주택조합 물건이었다. 조합은 아파트 가격이 앞으로 상승할 것으로 보고 비싼 아파트를 싸게 양도해야 하는 기회비용 손실을 피하기 위해, 새로운 사업자 W사에 사업을 인도하려 한다. 이전 조합은 3년 후 33평형 아파트를 10억 원에 양도해야 하는 의무가 있다. 증거금을 받고 선물을 매도했기 때문이다. 현재 주변 신축 시세는 8억 원이다. 조합은 W사에 선물을 양도하며 다음의 계약을 한다.

> 거래내용 : 조합은 W사에 3년 후 입주하는 아파트를 10억 원에 '팔 수 있는 권리'를 판다.

이때 W사가 분양권을 가진 사람들에게 아파트를 양도해야 할 가격은 10억 원으로 같지만, 이 거래를 프리미엄을 주고 1채당 9억 원에 인수한다고 하자. 이 경우 프리미엄은 1억 원이다.

조합은 '팔 수 있는(-) 권리'를 팔아(-) 이 아파트의 가격 상승(+)에 베팅하고, W사는 '팔 수 있는(-) 권리'를 사서(+) 하락(-)에 베팅한 것이다. 즉 조합은 '풋옵션 매도'를 하고, W사는 프리미엄 1억 원을 주고 '풋옵션 매수'를 한 것이다.

만약 3년 후 아파트의 가격이 20억 원이 된다면, 아파트 값 상승에 베팅한 조합은 프리미엄만큼의 이익을 보게 되고, W사는 기회비용에서 큰 손해를 보게 된다. 이때 이 옵션의 행사가는 10억 원이 되고, 주변 신축 아파트의 가격인 현재의 선물가는 8억 원이다. 이 8억 원은 이 풋옵션의 등가이다. 풋옵션에서 거래된 선물의 행사가10억 원가 등가8억 원보다 높을 때, 이 풋옵션은 내가격옵션이 된다. 반대로 옵션의 행사가가 현재 등가보다 낮은 풋옵션은 외가격옵션이 된다.

선물과 옵션의 기본개념을 간단하게 설명했다. 선물과 옵션의 기본개념을 모르고 분양권을 사고파는 사람들이 많다. 하지만 단지 아파트 가격의 변화에만 집중해서 분양권을 사고판다면 레버리지의 위험이 예상보다 클 수 있다는 사실을 알아야 한다.

금 선물/옵션에 대하여

금 선물/옵션도 앞에서 설명한 것과 크게 다르지 않다. 금 선물을 매수하는 것은 앞에서 소개한 예의 마스크 도매업자처럼 약속된 시기에 금을 정해진 가격에 사겠다고 계약하는 것이고, 금 선물을 매도하는 것은 마스크 회사 사장처럼 약속된 시기에 금을 정해진 가격에 판매하겠다고 계약하는 것이다.

우리 부부는 예기치 못할 위기상황에 대비하기 위해 실물 금의 보유량을 늘려가는 동시에, 금 투자로 현금흐름을 만들기 위해 종종 금옵션을 매도한다. 옵션 매도는 얼핏 들으면 위험해 보이지만, 욕심을 버리면 비교적 안전한 투자를 할 수 있다.

'옵션을 매도한다'는 것은 '사거나 팔 수 있는 권리를 판다'는 것과 같다. 콜옵션은 '살 수 있는 권리'이므로 콜옵션 매도는 '살 수 있는 권리를 판다'는 것이고, 반대로 풋옵션 매도는 '팔 수 있는 권리를 판다'는 것이다. 자산의 가격이 앞으로 하락할 것으로 예상될 때 옵션을 매도한다. 그런데 옵션을 매도해서 어떻게 수익을 낼까? 간단한 예를 들어보자.

> ① 번호가 1부터 45까지 45개가 있는데, "주말에 추첨해서 숫자 3개를 맞추면 5배를 주겠다"는 게임이 있다고 하자. 게임비는 한 게임당 1,000원이다.
> ② 암보험이 있는데, "만약 30년 안에 암에 걸리면 1억 원을 주겠다"며 매달 5만 원씩 가져간다.
> ③ 달러가 있는데, "만약 내년에 환율이 달러당 1,500원이 넘어가면 1,200원에 달러를 주겠다"며 수수료를 받아간다.

위의 경우, 옵션 매도자의 수익은 어떻게 정해질까? 위의 예에서 조건이 성립할 확률에 따른다.

①은 쉽게 계산이 된다. 계산을 해보면 숫자 3개를 맞출 확률은 0.12%이다.

$$\frac{1}{45} \times \frac{1}{44} \times \frac{1}{43} = 0.12\%$$

②, ③은 정확한 확률은 모르겠지만, 매우 확률이 낮을 것이다. 매수자는 낮은 확률인 것을 알지만, 갑작스런 위험에 대비하거나 큰 한 방을 기대하며 약속을 구매한다.

앞의 예에서 한 사람은 어떤 조건을 내걸며 무언가를 팔고 있고, 상대방은 그 조건에 응해 돈을 지불하고 있다. 이때 파는 사람을 '매도자', 사는 사람을 '매수자'라고 한다면, 매도자는 매수자에게 어떤 조건을 제시하고 그 대가로 돈을 받는다. 즉, 매도자는 약속을 팔고, 이 약속은 서로에게 권리와 의무를 지우게 된다. 매도자는 약속을 지킬 의무를 지고, 매수자는 약속한 조건이 성립할 때 이익을 볼 수 있는 권리를 가지게 된다.

옵션도 마찬가지다. 옵션 매도자는 매수자에게 약속을 하고, 돈프리미엄을 받는다. 만약 약속한 조건이 성립하면, 매도자는 약속을 이행해야 하는 의무를 가지기 때문에 손해를 보게 되고, 매수자는 이에 대한 혜택으로 이익을 보게 되는 구조이다. 반대로 약속한 조건이 성립하지 않는다면, 매도자는 약속할 때 받은 대가프리미엄만큼의 이익을 보게 되고, 매수자는 프리미엄만큼의 손해를 보게 된다.

이것이 옵션의 모든 것이고, 사실 어려운 개념이 아니다. 앞서 아파트 분양권으로 설명했듯이, 우리 일상생활에서도 언제든지 발생할 수 있는 거래이며, 약속에 대한 대가를 받고 팔았다면 매도자는 의무를 가지고 매수자는 권리를 가지는 것이 당연하다.

반면 매도자의 입장에서는 기대수익이 높을 수 있다. 조건 성립 시 손해는 매우 크겠지만, 조건이 성립할 확률이 매우 낮기 때문이다. 웬만하면 거의 대부분은 수익으로 남고, 약속은 만기가 되어 파기된다. 옵션 시장에 나온 옵션 중 대부분이 소멸되는 이유다. 통계적으로 등가에 너무 가깝거나 만기가 얼마 남지 않은 옵션을 제외하면,

95% 이상이 소멸된다고 한다.

옵션 매도는 이처럼 극히 낮은 확률을 기대하는 매수자에게 프리미엄을 받고 약속을 파는 행위다. 옵션 매도가 플로트가 될 수 있는 이유이기도 하다. 옵션 매도를 제대로 이해하고 리스크 대비책을 마련하여 잘 활용한다면, 이자가 없는 무기한의 레버리지를 설계할 수도 있다. 이제 옵션을 이루는 요소를 좀더 상세히 들여다보자.

옵션을 이루는 요소

옵션의 구성요소

온라인 주식 시스템HTS에서 옵션의 내용을 보면 다음과 같다. 우리가
사용하는 HTS는 키움증권의 영웅문 Global이다.

키움증권 HTS의 금 옵션 거래 화면

①	기초자산	6CZ20	영업일	2020/06/16	
②	내재가치	0	옵션형태	American	
	시간가치	70.00	결제방식	실물인수도	
	최종거래일	2020/11/24	장개시	07:00	
	잔존거래일	162	장마감	06:15	
	전일 미결제	55	증감	0	
	상장최고	75.60	-7.41%	2020/06/02	
	상장최저	59.60	17.45%	2020/06/04	
	정산가	70.00	거래승수	100	③
	Tick Value	10	위탁증거금	12,228,975원	
	Tick Size	0.1	유지증거금	11,117,250원	

① 기초자산

옵션은 사거나 팔 수 있는 권리다. 무엇을 사고팔 수 있는 권리일까? 여
기서 그 대상이 되는 것이 '기초자산'이다. GCZ20은 기초자산의 코드이
다. G는 Gold의 약어이고, C는 거래소 CME Chicago Mercantile Exchange, 시카고
상업거래소의 약자다. 즉, GC는 시카고 상업거래소에서 거래되는 금이라
는 의미다.

Z는 월물을 나타내는 코드다. 다음의 표와 같이 각 월을 기호화한
것으로, 여기서 Z는 12월을 나타낸다. 그 뒤 20은 2020년을 나타낸다.
따라서 Z20은 2020년 12월물이라는 뜻이다.

월을 나타내는 코드

코드	F	G	H	J	K	M	N	Q	U	V	X	Z
월물	1	2	3	4	5	6	7	8	9	10	11	12

종합하면, 기초자산 GCZ20은 시카고 상업거래소의 금 거래 중 2020년 12월을 만기로 하는 거래 선물라는 뜻이다.

금 옵션의 기초자산은 만기에 따라 여러 가지가 있다. 이처럼 선물은 만기 날짜에 따라 계약이 달라지므로 계약의 개수가 여러 개이다. 주식으로 따지면 '삼성전자_4월', '삼성전자_5월', '삼성전자_6월', ···, '삼성전자_12월' 식으로 이름은 같지만, 전혀 다른 종목이 된다.

옵션을 거래하기 위해서는 우선 선물이 정해져야 한다. 앞의 예에서 '이번 봄, 마스크 1,000원에 양도양수'라는 선물 계약서를 사고 팔았듯, 특정 시기, 특정 가격의 선물이 정해져야 한다. 이 특정 시기를 '옵션만기'라 하고, 특정 가격을 '옵션행사가'라고 한다.

예를 들어 "2020년 8월 27일에 금을 1트로이온스당 1,800달러에 사고판다"라는 선물이 있을 경우, 2020년 8월 27일은 옵션만기 최종거래일이고 1,800달러는 옵션행사가다. 선물이 정해지면 우리는 골드 콜옵션이나 풋옵션을 매도/매수할 수 있다.

② 내재가치, 시간가치

옵션의 가격 프리미엄은 내재가치와 시간가치의 합이다.

> **옵션 프리미엄 = 내재가치 + 시간가치**

내재가치는 옵션을 즉시 행사했을 때 얻는 이익이고, 시간가치는 만기까지 남은 시간을 가격으로 환산한 것이다.

옵션의 시간가치는 시간이 지날수록 0으로 수렴한다. 만기까지 시간이 많이 남은 옵션의 경우에는 시간가치가 크다. 등가격옵션은 시간가치가 최대인 옵션이고, 내가격, 외가격으로 갈수록 시간가치는 떨어진다.

앞의 예에서 이 옵션의 내재가치는 0이고, 시간가치는 70.0이다286쪽 화면 참조. 이 옵션이 외가격옵션임을 의미한다. 이 옵션의 프리미엄은 내재가치와 시간가치의 합인 70.0이다.

③ 거래승수, 증거금

거래승수는 옵션 거래의 단위다. 만약 거래승수가 100이라면, 옵션 1계약이 체결되면 100단위를 한 번에 거래한 것이다. 즉, 1계약 70달러의 거래를 하면, 실제 지불하거나 받는 프리미엄은 70×100=7,000달러다. 따라서 수익률을 계산할 때는 이 거래승수가 중요하다.

증거금은 옵션을 거래하기 위해 계좌에 있어야 하는 돈이다. 옵션을 매도하면, 만기 시 계약을 이행해야 할 의무가 있다. 복권 사업자가 당첨금을 지불하고, 보험회사가 보험금을 지불해야 하는 것처럼, 옵션 매도자는 정해진 가격에 선물을 매수하거나 매도해야 할 의무가 있다. 이때 선물을 매수/매도하기 위해서 가지고 있어야 하는 돈이 바로 증거금이다.

증거금에는 위탁증거금과 유지증거금이 있다. 현재 우리나라의 해외 선물/옵션의 증거금은 기초자산에 따라 거의 고정되어 있기 때문에 합성이나 선물가격 등에 따라 크게 달라지지 않는다. 다시 설명하겠지만, 이는 금 옵션 매도 전략에서는 유리한 면이 있다. 수익률을 계산하기 쉽고, 증거금의 변화가 크지 않아 리스크 방어에 좀더 유리하다.

위탁증거금개시증거금은 주문을 낼 때 결제를 보증하기 위한 금액이다. 따라서 옵션을 거래하려면 위탁증거금 이상의 금액이 계좌에 있어야 한다.

유지증거금은 거래를 하는 동안 계좌 내에 유지하고 있어야 하는 금액이다. 따라서 옵션을 거래하고 난 다음에는 이 유지증거금 이상만 가지고 있으면 된다. 옵션을 거래하면 선물가격의 변화에 따라 옵션 수익이 매일 변하는데, 이 수익과 계좌 내 잔액의 합이 유지증거금보다 커야 한다. 만약 유지증거금보다 적은 상태가 일정기간 지속되면 반대매매로 청산을 당할 수 있다. 이때 추가로 납부해야 하는 금액이 '추가증거금'이다.

옵션의 수익구조 알아보기

	콜 (+)	풋 (-)
매수 (+)	+	-
매도 (-)	-	+

옆의 표에서처럼 콜옵션 매수는 자산가격의 상승(+)에 베팅하는 것이고, 콜옵션 매도는 하락(-), 풋옵션 매수는 하락(-), 풋옵션 매도는 상승(+)에 베팅하는 것이다.

각 포지션별로 선물과 가격변화에 따른 수익구조가 어떻게 달라지는지 살펴보면 다음의 그래프와 같다. 갈색 선은 수익구간을 나타내고, 회색 선은 손실구간을 나타낸다. 예를 들어 콜 매수를 살펴보면, 선물가격이 작을 때는 프리미엄만큼 손실을 입다가 행사가 이상으로 선물가격이 상승하면 비례해서 수익이 증가하는 것을 볼 수 있다. 따라서 콜(+) 매수(+)는 자산가격의 상승에 베팅하는 것이다.

옵션의 수익구조

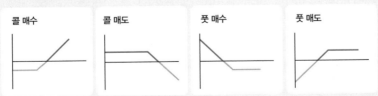

콜 매수 콜 매도 풋 매수 풋 매도

우리가 앞으로 주의깊게 살펴볼 콜 매도는 선물가격이 행사가 이하일 때는 프리미엄만큼 이익을 보다가, 선물가격이 상승하면 급격히 손실이 커지는 구조를 가지고 있다. 따라서 콜 매도는 자산가격의 하락에, 또는 행사가 이하로 유지하는 것에 베팅하는 것이다.

앞의 수익구조 그래프는 매우 중요하다. 모든 옵션 전략이 이 단순한 그래프의 합성으로 이루어지기 때문이다.

옵션의 수익 계산

옵션의 수익을 계산해보자. 앞에서 설명한 '시카고 상업거래소의 금 거래 중 2020년 12월 만기인 선물'을 기초자산으로 하는 금 옵션을 다시 살펴보자 286쪽 화면 참조.

이 금 옵션은 행사가 1,810인 콜옵션이다. 옵션의 실제 모습은 다음의 화면과 같다. 좀 복잡하지만 여러 번 보면 금방 적응된다.

현재 1,750은 이 옵션의 등가격이다. 등가격은 선물의 가격과 가장 가까운 행사가다. 1,810 콜옵션의 현재가가 70.00으로 표시되고 있다.

금 선물 GCZ20의 옵션가격 표

매수잔량	매수	매도	매도잔량	거래량	등락율	현재가	행사가 ATM행사	현재가	등락율	거래량	매도잔량	매도	매수	매수잔량
17	60.90	61.90	5	0	0	57.00	1855	167.00	0	0	5	162.30	161.10	1
17	62.20	63.30	5	0	0	58.30	1850	163.30	0	0	5	158.90	157.40	1
17	63.60	64.70	5	0	0	59.60	1845	159.70	0	0	5	155.20	153.80	1
26	64.90	66.20	5	0	0	61.00	1840	156.00	0	0	5	151.60	150.20	1
17	66.50	67.70	5	0	0	62.40	1835	152.40	0	0	5	148.10	146.70	1
17	68.00	69.20	5	0	0	63.80	1830	148.90	0	0	5	144.60	143.20	1
17	69.50	70.60	5	0	0	65.30	1825	145.40	0	0	5	141.10	139.70	1
5	71.00	72.30	5	0	0	66.80	1820	141.90	0	0	5	137.70	136.30	12
5	72.70	74.00	5	0	0	68.40	1815	138.40	0	0	5	134.30	133.00	10
5	74.30	75.60	5	0	0	70.00	1810	135.00	0	0	5	131.00	129.60	10
10	76.00	77.30	4	0	0	71.60	1805	131.70	0	0	5	127.70	126.30	10
4	77.80	79.10	4	0	0	73.30	1800	128.30	0	0	5	124.40	123.20	10
14	79.50	80.80	4	0	0	75.00	1795	125.10	0	0	5	121.20	119.90	13
4	81.40	82.70	4	0	0	76.70	1790	121.80	0	0	5	118.00	116.80	10
4	83.20	84.60	4	0	0	78.50	1785	118.60	0	0	5	114.90	113.60	10
4	85.20	86.50	4	0	0	80.40	1780	115.50	0	0	5	111.80	110.50	10
4	87.10	88.40	4	0	0	82.30	1775	112.40	0	0	5	108.80	107.50	10
4	89.10	90.50	4	0	0	84.20	1770	109.30	0	0	4	105.80	104.50	10
4	91.20	92.50	4	0	0	86.20	1765	106.30	0	0	4	102.90	101.60	4
4	93.30	94.70	14	0	0	88.20	1760	103.30	0	0	4	100.00	98.60	14
4	95.40	96.80	4	0	0	90.30	1755	100.40	0	0	4	97.10	95.80	14
4	97.60	99.00	4	0	0	92.50	1750	97.50	0	0	4	94.30	93.00	4
5	99.90	101.30	5	0	0	94.60	1745	94.70	0	0	4	91.60	90.30	4
5	102.10	103.50	5	0	0	96.80	1740	91.90	0	0	4	88.90	87.60	4
5	104.50	105.90	5	0	0	99.00	1735	89.10	0	0	4	86.20	84.90	4
5	106.90	108.30	12	0	0	101.40	1730	86.50	0	0	4	83.60	82.30	4
5	109.30	110.80	2	0	0	103.70	1725	83.80	0	0	4	81.10	79.80	4
5	111.80	113.20	1	0	0	106.10	1720	81.20	0	0	4	78.60	77.30	4
5	114.30	115.80	1	0	0	108.60	1715	78.70	0	0	4	76.10	74.90	17

우리가 이 콜옵션을 매도한다면 실제 얼마의 수익이 생길까?

'70.00'은 행사가 1,810 콜옵션의 프리미엄이다. 옵션의 정의를 다시 생각해보면, 이것은 '2020년 12월 만기일에 금을 1트로이온스당 1,810달러에 살 수 있는 권리의 가격이 70달러'라는 뜻이다. 우리가 누군가에게 이 권리를 판다면, 우리는 그에게 2020년 12월 만기일에 금을 1트로이온스당 1,810달러에 팔아야 하는 의무를 지게 된다.

만약 만기일에 금이 1,700달러가 된다면, 이 콜 옵션을 산 사람은 권리를 행사하지 않을 것이다. 현재 금을 1,700달러에 살 수 있는데, 이 권리를 행사하여 1,810달러에 사지는 않을 테니 말이다. 그럼, 이 옵션의 매도자인 우리는 프리미엄만큼 이익을 보고 거래를 종료한다.

만약 만기일에 금이 1트로이온스당 1,900달러가 된다면 어떻게 될까? 이 콜옵션을 산 사람은 시세보다 싼 가격인 1,810달러에 살 수 있다. 콜 옵션을 판 우리는 금을 1,900달러에 사서 1,810달러에 팔아야 하는 의무가 있다. 따라서 1트로이온스당 90달러 손해를 본다. 이것을 그래프로 그리면 다음과 같다.

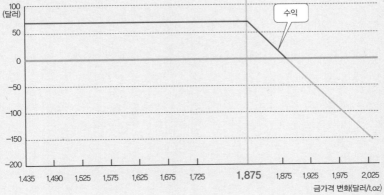

그럼 실제로 얼마의 수익을 얻는 걸까? GC, 즉 시카고 상업거래소에서 거래되는 금의 거래승수는 100이다. 즉 1계약당 100트로이온스가 거래된다. 따라서 이 옵션에서 말하는 70.00달러의 프리미엄은 7,000달러다. 원화로 환산하면 약 8,500,000원이다 환율 1,211원/달러 기준. 위탁증거금이 12,228,975원이었으므로, 프리미엄만큼의 수익을 얻으면 약 69.3%의 수익률을 얻는다.

만약 금 선물의 가격이 1,900원이 되면 어떻게 될까? 1트로이온스당 90달러의 손해를 보고, 거래승수가 100이므로 9,000달러의 손해를 보게 되고, 이는 원화로 10,900,000원 정도다. 이 경우 수익률은 약 -89.1%이다.

여러 번 밝혔지만, 옵션은 레버리지 효과가 크기 때문에 등가격과 가까운 외가격옵션을 매도하면, 기초자산 가격의 변화에 수익률이 크게 흔들릴 수 있다.

금 투자로 현금흐름을
만드는 법

금에 투자하는 동시에 현금흐름을 만드는 방법을 설명하기 위해 지금까지 꿈의 레버리지인 플로트와 선물옵션의 기본개념을 설명해왔다. 금 투자로 현금흐름을 만드는 방법은 다음과 같다.

> ① 금 실물을 보유한다.
> ② 금 보유량만큼 수익률을 계산해서 금의 콜옵션을 매도한다.

콜옵션 매도를 통해 프리미엄만큼의 현금흐름을 계속 일으키면서 금 보유량을 늘려가는 것이다. 콜옵션을 매도한다는 것은 "금 가격이 상승하지 않는다"에 베팅하고, 옵션을 매수하는 사람으로부터 프리미엄을 받는 것으로, 이 프리미엄이 현금흐름이 된다. 금 가격이 횡보하다가 하락한다면, 우리는 프리미엄만큼을 얻고 거래는 종료된다. 이때 발생한 현금흐름을 이용해 더 많은 실물 금을 살 수 있다.

실물 금을 보유하는 이유

우리가 금에 투자하는 이유는 큰 위기에 대비하기 위함일 뿐, 절대 쌀 때 사서 비쌀 때 팔아 시세차익을 얻으려는 것이 아니다. 따라서 금 자체의 가격변화는 큰 의미가 없으며, 실제로 실물 금을 얼마나 보유하고 있느냐가 중요하다. 따라서 금 가격이 하락했다면 실물 금의 보유량을 늘릴 수 있는 기회다. 원화가치로 계산된 자산의 감소, 즉 금 가격 하락은 위기에 대비하기 위한 목적을 생각했을 때 사실상 큰 의미가 없다.

금 가격이 상승하는 것은 콜옵션 매도에서 가장 큰 리스크이다. 콜옵션 매도는 기초자산여기서는 금 가격이 상승했을 때 막대한 손실을 볼 수도 있기 때문이다. 하지만 실물 금을 보유하고 있다면 이 리스크를 상쇄할 수 있다. 금 가격이 상승하면 우리가 보유하고 있는 실물 금의 가격이 상승하기 때문이다. 이 자산 증가와 콜옵션 매도로 인한 현금흐름의 손실을 계산해서 설계하면 손해가 거의 없게 만들 수도 있다.

예를 들어보자. K씨는 GCZ20을 기초자산으로 하는 콜옵션을 매도하려 한다. 이 기초자산은 2020년 12월 만기인 시카고 상업거래소의 골드선물이다. K씨가 보유하고 있는 실물 금은 약 200돈이다. 현재 시세와 환율을 대입하여 계산하면 원화로 약 50,400,000원이다.

실물 금 : 약 200돈(약 50,400,000원)

콜옵션 1계약을 매도하기 위한 위탁증거금은 약 12,200,000원이다. 따라서 K씨는 실물 금과 위탁증거금의 합인 약 62,600,000원을 총투자금으로 금 투자를 하게 된다.

총투자금 : 실물금 + 증거금 = 약 62,600,000원

현재의 GCZ20의 선물가격 차트는 다음과 같다.

금 선물 GCZ20의 선물가격 화면

콜 옵 션							행사가
매수잔량	매수호가	매도호가	매도잔량	거래량	등락률	현재가	ATM정렬
21	60.00	61.40	18	0	0	59.80	1860
21	61.20	62.70	18	0	0	61.10	1855
16	62.70	64.00	18	0	0	62.50	1850
21	64.00	65.50	18	0	0	63.80	1845
16	65.50	65.80	18	0	0	65.20	1840
21	66.90	68.40	18	0	0	66.70	1835
16	68.50	69.80	18	0	0	68.10	1830
15	70.00	71.30	18	0	0	69.60	1825
15	71.60	72.90	18	0	0	71.20	1820
5	73.00	74.40	5	0	0	72.80	1815
5	74.20	76.10	5	0	0	74.40	1810

K씨가 2020년 12월 만기 시 금 선물이 1트로이온스당 1,850달러를 넘지 않을 것을 기대하며, 행사가 1,850달러의 콜옵션을 매도했다고 하자.

2020년 7월 말 현재 이 콜옵션을 사겠다고 한 사람의 최고가는 62.70달러이다. 그에게 콜옵션을 팔게 되면 K씨는 1트로이온스당 62.70달러의 프리미엄을 얻는다. GC의 거래승수는 100이고, 100트로이온스를 한 단위로 거래하기 때문에 6,270달러의 프리미엄을 얻게 된다. 원화로 환산하면 약 7,600,000원이다.

프리미엄(현금흐름) : 약 7,600,000원

만약 K씨의 기대처럼 금 선물가격이 만기까지 1,850달러를 넘지 않는다면, K씨의 최종 수익은 프리미엄이 되고 거래는 종료된다. 총 투자금 대비 수익률은 약 12.1%이다. 약 6개월 단위 수익이므로 연 수익률은 약 24%이다.

$$수익률 = \frac{프리미엄}{총투자금} = \frac{760만 원}{6,260만 원} = 12.1\%$$

만약 금 선물가격이 1,850달러를 넘는다면 어떻게 될까? 금 선물가격이 1,950달러라고 가정해보자. K씨는 콜옵션, 즉 살 수 있는 권리를 팔았기 때문에 이 옵션을 매수한 사람에게 1,850달러에 다시 팔아야 하는 의무가 있다복권 사업자가 당첨금을 지불해야 하는 의무가 있는 것과 같다. 만기 시 금 선물가격이 1,950달러라면, K씨는 금을 1,950달러에 사서 1,850달러에 팔아야 하기 때문에 1트로이온스당 100달러의 손실을 입게 되고, 이전 프리미엄으로 받았던 62.70달러를 제외하면 1트로이온스당 37.3달러의 손실을 입게 된다. 거래승수가 100이므로 총 3,730달러가 손실이며, 이는 원화로 약 -4,500,000원이다.

손실 : 약 -4,500,000원

따라서 수익률은 약 -7.2%이다.

$$수익률 = \frac{손실}{총투자금} = \frac{-450만 원}{6,260만 원} = -7.2\%$$

현금흐름을 얻겠다고 시작했는데 손실을 입고 말았다. 이렇듯 옵션은 손실을 감수해야 하는 투자다. 하지만 금 가격 상승으로 실물 금을 매도함으로써 얻는 현금흐름을 감안하면 손실을 크게 줄일 수 있다.

현재 금시세가 1,727.4달러인데 1,950달러로 12.9% 올랐다면, K씨가 보유한 200돈의 금 자산은 5,040만 원에서 5,700만 원으로 약 650만 원이 증가하게 된다. 손실 약 450만 원에 자산 증가분인 약 650만 원을 더하면, 최종적으로 200만 원 이익이다!

이것을 그래프로 나타내면 다음과 같다. 가로축은 금 가격의 변화이고 세로축은 수익 또는 자산 증가이다. 갈색 선을 보면 굉장히 넓은 구간에서 수익과 자산 증가의 합이 손해가 되지 않는 것을 알 수 있다. 금 보유량의 변화와 행사가의 변화에 따라 다양한 만기수익 구조가 나

실물 금 보유 및 금 옵션 매도 투자 시 수익 및 자산 변화

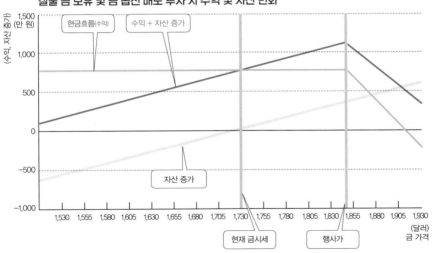

올 수 있다.

　위기를 대비해서 금 실물을 보유하면서 금 옵션 매도를 통해 현금 흐름을 만드는 투자법의 가장 중요한 점은 무엇일까? 바로 금 실물을 충분히 보유하는 것이다. 만약 실물 금의 보유 없이 옵션 매도를 한다면 금 가격 상승에 대한 방어력이 사라져버린다는 것을 명심하자.

파생형 투자의 응용

눈치 빠른 독자들은 이미 알겠지만, 특정 자산을 보유하면서 옵션을 동
일한 자산 보유량 이하만큼 매도하는 전략은 금뿐만 아니라 거의 모든
자산군에 사용할 수 있는 전략이다. 이 전략을 '커버드콜Covered Call'이라
고 한다. 반대로 특정 자산을 보유하지 않는 경우 자산에 대한 옵션 매도
를 '네이키드'라고 한다. 네이키드는 매우 위험한 거래다. 자산의 가격이
한쪽으로 극단적으로 움직일 경우 이를 방어할 수 없기 때문이다.

우리가 금 투자를 예시로 해서 상세히 설명한 이유는 독자들이 위
기에 대비해서 실물 금을 보유하기를 바라기 때문이다.

앞서 설명한 해외 주식에 대해서도 이와 같은 전략을 쓸 수 있다.
S&P500 인덱스 ETF를 가지고 있다면 해외 mini S&P500 옵션을 매도함
으로써 현금흐름을 만들 수 있다. 하지만 현재 mini S&P500의 증거금은
금 옵션 증거금보다 높기 때문에 상대적으로 금 옵션 매도보다 수익률
이 더 낮을 수 있다.

국내 주식과 옵션 매도를 결합하는 전략도 유효하다. 예를 들어 삼
성전자 주식을 보유하고 있다면, 삼성전자 주식에 대해 옵션을 매도해
서 현금흐름을 만들어갈 수 있다. 삼성전자 주식은 분기별 배당수익이
나오기 때문에 굳이 그렇게까지 할 필요성은 적어 보이지만, 원한다면
그렇게 할 수도 있다. 현실적인 어려움이라면 국내 주식에 대한 옵션 거
래량이 적다는 점이다.

지금 당장 무엇을 해야 할까?

당장 뭐든지 하고 싶은 투자자들에게

얼마 전 단골가게 사장님이 이번 코로나 사태로 인해 매출이 급감했다고
하소연했다. 사장님은 당장 쓸 생활비를 마련하기 위해 집을 담보로 대출
을 받아야 하는 상황이었다. 하지만 대출금 중 일부로 주식투자를 시작할
예정이라고 해서 나를 충격에 빠뜨렸다. 왜냐하면 사장님은 한 번도 주식
투자를 해본 적이 없었기 때문이다. 심지어 주식 단타매매를 추천하는 유
료 리딩방에 가입해서 시세차익으로 생활비를 마련하겠다는 계획을 세운
모양이다. 부랴부랴 이분에게 이 책의 앞부분을 설명했고, 현금흐름이 중
요하며 투자가 아닌 도박은 위험하다고 말씀드렸다.

최근의 저금리 시대, 코로나19 위기로 촉발된 현상은 자산을 통한 현금흐
름의 급격한 감소다. 특히 사회적 거리두기 등으로 실물 경제활동이 느려
지면서 자영업자, 소상공인들의 현금흐름^{이익}은 큰 타격을 입었다. 반면 급
격하게 늘어난 유동성은 자산의 가격을 키우고 있다.

결국 우리는 황금알을 낳는 좋은 거위가 점점 사라지는 시대를 살고 있다. 따라서 부동산, 주식, 암호화폐 등 대부분의 자산가격이 급상승하고, 당장 뭐라도 사야 할 것 같은 조바심을 느끼는 투자자들이 많아지고 있다.

다음 그림은 『채권쟁이 서준식의 다시 쓰는 주식투자 교과서』서준식, 에프앤미디어에 나온 것이다. 그림의 왼쪽에 벼랑이 있다. 벼랑 끝으로 갈수록 위험하지만 먹을 것이 풍부하다.

A는 벼랑 끝에서 아슬아슬하게 먹을 것을 구하고 있다. B는 벼랑에 가깝지만 항상 벼랑을 인식하고 조심하면서 먹을 것을 구하고, C는 벼랑은 위험하다고 생각해 먹을 것이 좀 부족하지만 벼랑 쪽으로 가는 것을 두려워하고 있다. **A, B, C는 모두 투자자다. A, B, C 중 누가 가장 위험할까?**

벼랑 끝에 있는 A가 위험해 보이는 것은 당연하다. A는 도박의 영역에 가깝기 때문이다. 성공하면 누구보다 큰 보상을 얻지만 성공 확률이 높지 않다. 심지어 예상치 못한 바람이 세게 불어올 경우 벼랑으로 떨어질 수 있는 리스크도 있다. 이에 대한 대비 없이 A 위치에 있다가는 큰 위험에 빠질 것이다. 이에 반드시 대비해야 한다.

필자는 C가 가장 위험할 수 있다고 생각한다. 앞 책의 저자 서준식님도 C가 B보다 더 위험하다고 진단했다. 한동안 안전지대에만 머물러 있던 C는 벼랑이 있는지조차도 알지 못한다. 위기가 오거나 어느 순간 C영역에 먹을 것이 사라질 때, 또는 A와 B가 먹을 것을 많이 찾아 풍족해 보이는 것 같을 때, C는 위험하게 벼랑 쪽으로 내달릴 수도 있다. 단골가게 사장님이 한 번도 해본 적 없는 주식투자를 위험한 방식으로 성급하게 시작하려는 것처럼, 자산가격 상승기에 C는 매우 위험한 행동을 할 수 있는 것이다. 그게 벼랑인지 모르고 달려든다.

C가 위험한 행동을 하게 된 동기는 무엇일까? 자산가격 상승에 따른 상대적 박탈감도 있겠지만, 더 본질적인 이유는 코로나19 등으로 인해 기존의 안전지대에서 더 이상 먹을 것을 찾을 수 없기 때문일 것이다. 반면 위기 속에서도 안정적인 현금흐름이 나오는 자산이 있다면, C는 성급하게 내달리지 않을 것이다. 이 책에서 우선적으로 현금흐름이 나오는 자산부터 모으길 강조하는 이유이다.

C의 영역에 있던 독자라면 B의 영역으로 나아가도록 노력하되, 성급한 마음에 무작정 내달리지 않기를 바란다. 이 책의 '자연상수의 법칙'에서 살펴본 것처럼, 올바른 투자방향으로 꾸준히 실행한다면 시간은 투자자의 편이다.

모두 성공적인 투자하시길 바란다.

이고은 드림

미국 배당귀족주 톱10 분석

배당주 전문 사이트 Sure Dividend에 따르면, 미국 주식시장에서 25년 이상 전년 대비 배당액을 증액해온 배당귀족주는 약 64개 종목이다. 이 중 배당 연속 성장 이력이 가장 오래된 종목 톱10을 소개한다. 이외의 배당귀족주에 대한 분석은 앞으로 스페이스봄 사이트www.spaceboum.com 에 차차 업데이트할 계획이다. 여기서 언급한 종목들은 투자 추천이 아니며, 참고사항 정도로 보기를 부탁드린다.

1. 도버코퍼레이션(Dover Corporation, 티커 : DOV)

1955년 뉴욕에서 설립된 산업용 제품 제조업체다. 현재 미국 일리노이주에 본사를 두고 있으며 전 세계적으로 2만 6천여 명의 직원이 있다. 그동안 배당귀족주 중에서도 가장 오랫동안 배당을 증액해왔다. 다음의 그래프를 보면 오랜 세월 동안 주가와 배당이력이 모두 우상향했음을 알 수 있다.

도버코퍼레이션 주가

도버코퍼레이션 분기별 배당이력

도버코퍼레이션의 오랫동안 쌓인 배당누적지수의 결정계수는 매우 높다. 따라서 앞으로 배당 예측을 비교적 정확하게 할 수 있을 것으로 기대한다.

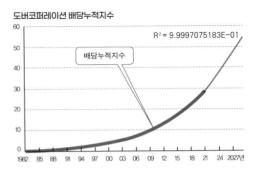

도버코퍼레이션 배당누적지수

$R^2 = 9.9997075183E-01$

주가는 추세선 대비 꽤 오랫동안 고평가 영역에 있다. 주가와 추세선의 차이를 '버블'이라고 한다면 버블지수도 상당히 높다. 현재 시가배당률은 1.6% 정도다.

도버코퍼레이션 주가 vs 주가 추세선

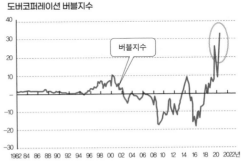

도버코퍼레이션 버블지수

2. 에머슨 일렉트릭(Emerson Electric, 티커 : EMR)

에머슨 일렉트릭은 다양한 상업용 제품들과 소비자 제품, 자동화 솔루션, 엔지니어링 서비스 등을 제공하는 다국적 기업으로 미국 미주리주에 있다. 주가와 배당은 다음과 같이 우상향해왔다.

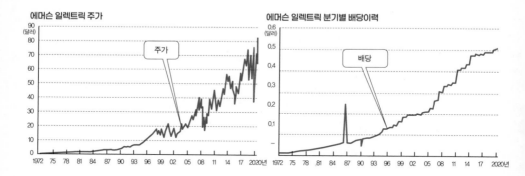

에머슨 일렉트릭은 배당누적지수의 결정계수가 높아 향후 배당액 예측이 높을 것으로 기대된다.

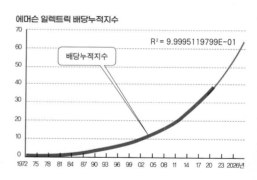

현재 주가는 추세선과 꽤 근접한 수준으로 버블이 거의 없는 상황이다.

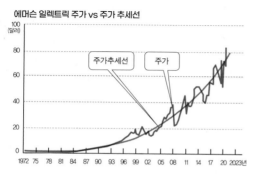

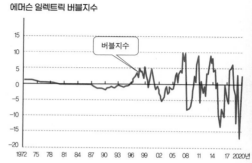

3. 프록터앤드갬블(Procter & Gamble, 티커 : PG)

P&G라고 줄여 부르는 미국의 다국적기업이다. 샴푸, 치약, 기저귀 등 다양한 종류의 소비재를 제조, 판매하고 있으며 60년 넘게 배당을 증액해오고 있다.

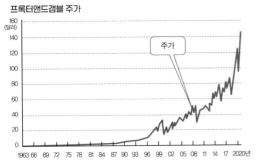

프록터앤드갬블 주가

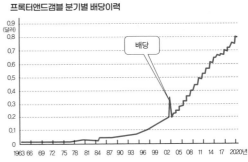

프록터앤드갬블 분기별 배당이력

배당누적지수 추세선의 결정계수가 높으므로 향후 배당의 예측도가 높을 것으로 기대한다.

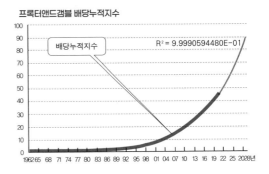

프록터앤드갬블 배당누적지수

$R^2 = 9.9990594480E-01$

이에 따른 주가 추세선을 그려봤을 때, 주가는 추세선 대비 다소 높은 상황이다.

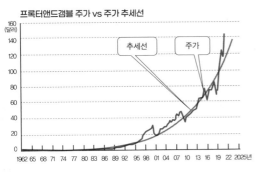

프록터앤드갬블 주가 vs 주가 추세선

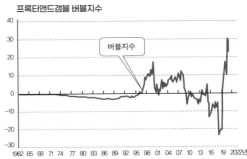

프록터앤드갬블 버블지수

4. 제뉴인 파츠(Genuine Parts Company, 티커 : GPC)

1925년에 설립되어 자동차 부품, 공업용 부품, 사무용 전기전자 부품 등을 제공하는 회사다. 무려 60년 넘는 긴 시간 동안 배당을 꾸준히 증액해오고 있다.

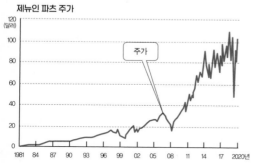

제뉴인 파츠 주가

제뉴인 파츠 분기별 배당이력

오랜 시간 누적된 배당누적지수의 계수도 높아서 앞으로 배당 예측도도 높을 것으로 기대한다.

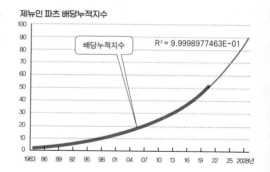

제뉴인 파츠 배당누적지수

$R^2 = 9.9998977463E-01$

주가는 현재 추세선에 꽤 근접해 있는 상황이다.

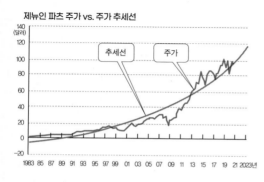

제뉴인 파츠 주가 vs. 주가 추세선

제뉴인 파츠 버블지수

5. 3M(3M Co., 티커 : MMM)

3M은 1902년 설립되어 포스트잇을 포함하여 다양한 사업용품, 소비자제품, 건강제품 등을 공급한다.

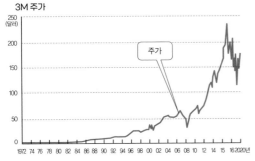

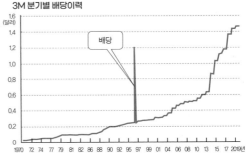

오랫동안 누적된 배당누적지수에 따른 계수가
높게 산출되었다.

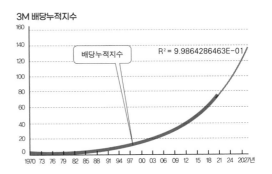

2015년 이후 주가가 추세선 대비 높았음을 볼 수 있다. 2018년부터 주가가 조정을 받으면서 높았
던 버블지수도 안정화 단계에 와 있다.

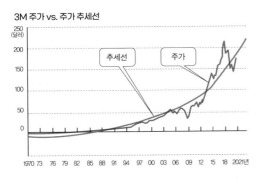

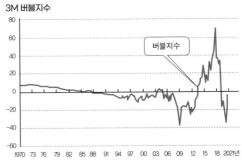

6. 신시내티 파이낸셜(Cincinnati Financial Corp, 티커 : CINF)

1950년 설립되었고 손해보험, 생명보험, 자산관리 부문 등의 금융 그룹사다. 우상향하던 주가가 2020년 초부터 하락한 상황이다. 주가의 변동성과 상관없이 배당은 꾸준히 증액되고 있다.

배당누적지수의 결정계수가 높게 나옴에 따라서 장기배당투자에 적합한 후보군으로 판단된다.

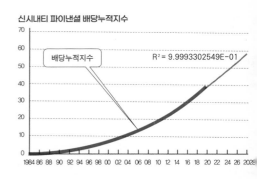

2008년 이후 추세선 대비 하회하던 주가가 2018년 이후 급격히 상승했다가 다시 추세선 근처로 회귀했다. 따라서 높았던 버블지수가 안정화되었다.

7. 코카콜라(Coca-cola, 티커 : KO)

누구나 잘 알고 있는 코카콜라는 무알콜성 음료 및 시럽을 제조/유통하는 식음료 대기업이다. 1886년에 설립되어 현재 200개가 넘는 국가에 진출해 있다. 주가는 장기적으로 우상향 추세이나 몇 년간의 횡보 구간도 보인다. 그러나 주가와 상관없이 배당은 꾸준히 늘어가고 있다.

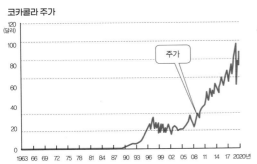

코카콜라 주가

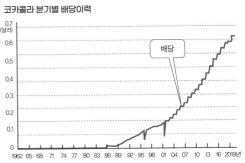

코카콜라 분기별 배당이력

오랜 시간의 배당역사가 누적된 만큼 배당누적지수의 결정계수도 매우 높다.

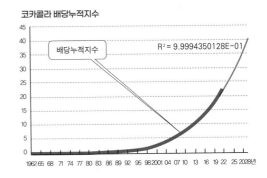

코카콜라 배당누적지수

R^2 = 9.9994350128E-01

주가는 추세선에 꽤 근접해 있지만 살짝 하회하고 있다.

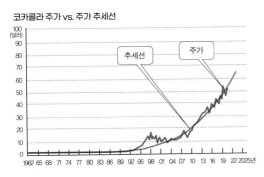

코카콜라 주가 vs. 주가 추세선

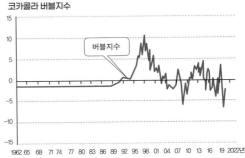

코카콜라 버블지수

8. 존슨앤드존슨(Johnson & Johnson, 티커 : JNJ)

1886년 설립되었으며 제약 및 의료기기, 소비재 회사로 전 세계 시장을 석권하고 있다. 2018년 미국 매출 순위 37위를 기록했다. 주가와 배당 모두 장기적으로 꾸준히 우상향하고 있다.

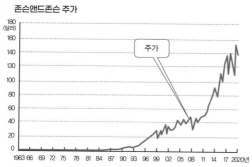

존슨앤드존슨 주가

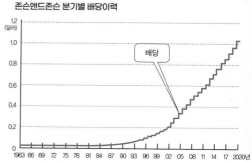

존슨앤드존슨 분기별 배당이력

지난 58년 동안 배당을 꾸준히 늘려왔으며, 배당 누적지수의 결정계수도 높다.

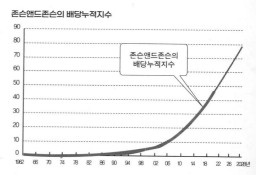

존슨앤드존슨의 배당누적지수

주가는 추세선에 꽤 근접해 있으며 버블도 거의 없는 모양새다.

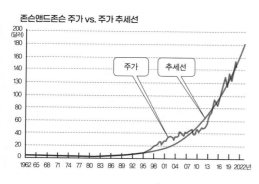

존슨앤드존슨 주가 vs. 주가 추세선

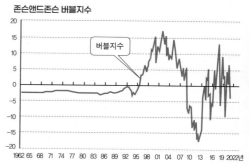

존슨앤드존슨 버블지수

9. 콜게이트-파몰리브(Colgate-Palmolive Co., 티커 : CL)

콜게이트 치약으로 유명한 다국적 소비자용품 회사로 P&G와 경쟁관계다. 1806년 설립되어 무려 200년이 넘었다. 오랜 기간 동안 주가와 배당이 우상향하고 있다.

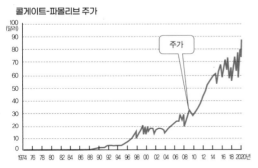

콜게이트-파몰리브 주가

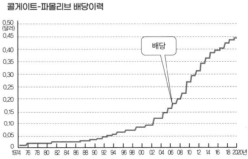

콜게이트-파몰리브 배당이력

배당누적지수의 결정계수 또한 높게 나타난다.

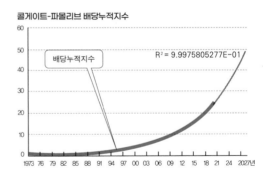

콜게이트-파몰리브 배당누적지수

$R^2 = 9.9975805277E-01$

주가는 추세선에 근접해 있는 상황이다.

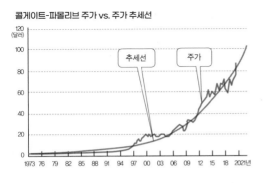

콜게이트-파몰리브 주가 vs. 주가 추세선

콜게이트-파몰리브 버블지수

10. 로우스(Lowe's Cos. Inc., 티커 : LOW)

1921년에 설립되었으며, 미국에서 두 번째로 큰 주택개량 소매업체로 각종 공구, 건설제품 및 관련 서비스를 제공한다. 주가와 배당액이 장기간 우상향해왔음을 볼 수 있다.

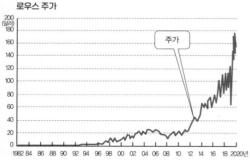

배당누적지수의 결정계수가 높으므로 향후 배당액 예측을 믿어볼 만하다.

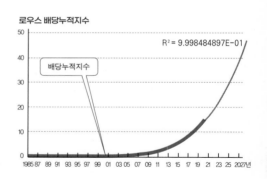

추세선을 하회하던 주가가 큰 폭으로 상승했다가 다시 추세선으로 회귀하고 있다.

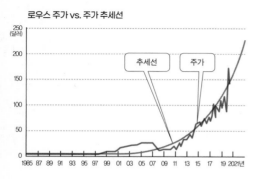

미국 배당귀족주 64개 종목

자료: Sure dividend.com

	티커	종목	섹터	배당 성장 연수
1	DOV	도브 코퍼레이션Dover Corp.	산업재Industrials	65년
2	EMR	에머슨 일렉트릭Emerson Electric Co.	산업재Industrials	64년
3	PG	프록터앤드갬블Procter & Gamble Co.	경기방어주Consumer Defensive	64년
4	GPC	제뉴인 파츠Genuine Parts Co.	소비순환재Consumer Cyclical	64년
5	MMM	3M3M Co.	산업재Industrials	62년
6	CINF	신시내티 파이낸셜Cincinnati Financial Corp.	금융Financial Services	59년
7	KO	코카콜라Coca-Cola Co	경기방어주Consumer Defensive	58년
8	JNJ	존슨앤드존슨Johnson & Johnson	의료, 건강Healthcare	58년
9	CL	콜게이트-파몰리브Colgate-Palmolive Co.	경기방어주Consumer Defensive	57년
10	LOW	로우스 컴퍼니스Lowe's Cos., Inc.	소비순환재Consumer Cyclical	57년
11	HRL	호멜푸드Hormel Foods Corp.	경기방어주Consumer Defensive	55년
12	FRT	페더럴 리얼티 인베스트먼트Federal Realty Investment Trust	부동산Real Estate	53년
13	TGT	타겟Target Corp	경기방어주Consumer Defensive	53년
14	SWK	스탠리 블랙 & 데커Stanley Black & Decker Inc	산업재Industrials	53년
15	SYY	시스코Sysco Corp.	경기방어주Consumer Defensive	51년
16	GWW	WW 그레인저W.W. Grainger Inc.	산업재Industrials	49년
17	PPG	PPG 인더스트리PPG Industries, Inc.	원자재Basic Materials	49년
18	ABBV	애브비Abbvie Inc	의료, 건강Healthcare	49년
19	KMB	킴벌리 클라크Kimberly-Clark Corp.	경기방어주Consumer Defensive	48년
20	BDX	벡톤 디킨슨Becton, Dickinson And Co.	의료, 건강Healthcare	48년
21	PEP	펩시코Pepsico Inc.	경기방어주Consumer Defensive	48년
22	VFC	VF 코퍼레이션VF Corp.	소비순환재Consumer Cyclical	48년
23	ABT	애벗 래버러토리스Abbott Laboratories	의료, 건강Healthcare	48년
24	NUE	누코Nucor Corp.	원자재Basic Materials	47년
25	WMT	월마트Walmart Inc	경기방어주Consumer Defensive	47년

26	LEG	레짓앤드플랫Leggett & Platt, Inc.	소비순환재Consumer Cyclical	47년
27	SPGI	S&P글로벌S&P Global Inc	금융Financial Services	47년
28	ED	콘솔리데이티드 에디슨Consolidated Edison, Inc.	유틸리티Utilities	46년
29	ITW	일리노이 툴 웍스Illinois Tool Works, Inc.	산업재Industrials	46년
30	ADM	아처 대니얼스 미들랜드Archer Daniels Midland Co.	경기방어주Consumer Defensive	45년
31	WBA	월그린스 부츠 얼라이언스Walgreens Boots Alliance Inc	의료, 건강Healthcare	45년
32	MCD	맥도날드McDonald's Corp	소비순환재Consumer Cyclical	45년
33	ADP	오토매틱 데이터 프로세싱Automatic Data Processing Inc.	산업재Industrials	45년
34	PNR	펜테어Pentair plc	산업재Industrials	43년
35	CLX	크로락스Clorox Co.	경기방어주Consumer Defensive	43년
36	MDT	메드트로닉Medtronic Plc	의료, 건강Healthcare	43년
37	SHW	셔윈 윌리엄스Sherwin-Williams Co.	원자재Basic Materials	42년
38	BEN	프랭클린 리소시스Franklin Resources, Inc.	금융Financial Services	40년
39	AFL	애플랙Aflac Inc.	금융Financial Services	38년
40	APD	에어 프로덕츠 앤드 케미컬스Air Products & Chemicals Inc.	원자재Basic Materials	38년
41	XOM	엑슨모빌Exxon Mobil Corp.	에너지Energy	37년
42	ATO	애트모스 에너지Atmos Energy Corp.	유틸리티Utilities	37년
43	CTAS	신타스Cintas Corporation	산업재Industrials	37년
44	T	AT&TAT&T, Inc.	통신Communication Services	36년
45	ECL	이콜랩Ecolab, Inc.	원자재Basic Materials	34년
46	MKC	맥코믹앤드컴퍼니McCormick & Co., Inc.	경기방어주Consumer Defensive	34년
47	TROW	T.로우 프라이스T. Rowe Price Group Inc.	금융Financial Services	34년
48	CVX	셰브론Chevron Corp.	에너지Energy	33년
49	CAH	카디널 헬스Cardinal Health, Inc.	의료, 건강Healthcare	33년
50	BFB	브라운-포맨Brown-Forman Corp.	경기방어주Consumer Defensive	30년
51	GD	제너럴 다이내믹스General Dynamics Corp.	산업재Industrials	28년
52	PBCT	피플스 유나이티드 파이낸셜People's United Financial Inc	금융Financial Services	28년
53	AOS	A.O. 스미스A.O. Smith Corp.	산업재Industrials	27년

54	CB	처브 리미티드Chubb Limited	금융Financial Services	27년
55	ROP	로퍼 테크놀로지스Roper Technologies Inc	산업재Industrials	27년
56	LIN	린드Linde Plc	원자재Basic Materials	27년
57	RTX	레이테온 테크놀로지스Raytheon Technologies Corporation	산업재Industrials	26년
58	O	리얼티 인컴Realty Income Corp.	부동산Real Estate	26년
59	ALB	앨버말Albemarle Corp.	원자재Basic Materials	26년
60	CAT	캐터필러Caterpillar Inc.	산업재Industrials	26년
61	ESS	에섹스 프로퍼티 트러스트Essex Property Trust, Inc.	부동산Real Estate	26년
62	OTIS	오티스 월드와이드Otis Worldwide Corp	산업재Industrials	26년
63	CARR	캐리어 글로벌Carrier Global Corp	산업재Industrials	26년
64	EXPD	익스페디터 인터내셔널 오브 워싱턴Expeditors International Of Washington, Inc.	산업재Industrials	26년

부록2

인구 50만 명 이상 지역의
아파트 시장분석

2019년 기준 인구 50만 명 이상인 도시는 모두 24개다. 전세 레버리지 투자를 위해 지역을 살펴볼 때 필자는 다음과 같은 분석을 해본다.

① 역전세 리스크를 줄이기 위해 전세가 버블을 살펴본다.

② 매매가가 저평가일 때 사기 위해 매매가의 버블 여부를 판단한다.

　단, 향후 매매가는 예측할 수 없다는 점을 기억하자.

스페이스봄 사이트에서 전국 50만 명 이상 도시의 최신 아파트 시장 정보를 볼 수 있다. 옆의 QR코드를 이용해 방문하면 아파트 시장의 추세를 읽는 데 큰 도움이 될 것이다.

1. 서울

인구 1천만 도시 서울부터 살펴보자. 2015~2016년부터 시작된 매매가와 전세가 상승 추세는 최근 더욱 급격해졌으며, 이제 통화량 대비 매매가와 전세가 모두 고평가 구간에 접어들기 시작했다.

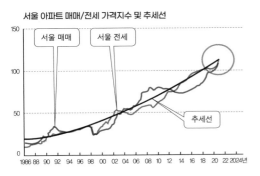

경매 낙찰가율도 사상 최고치를 갱신할 정도로 높아졌다. 일반 매매나 경매나 '싸게' 살 수 있는 구간은 아니라는 의미다. 입주물량이 적은데 최근 거래량 또한 주춤한 모습이다. 하지만 서울은 입주물량과 매매지수 사이의 상관관계가 전혀 없는 특이한 도시라는 걸 유념하자.

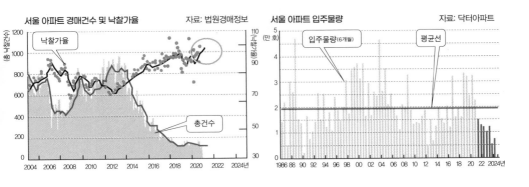

앞으로의 서울 입주물량은 매우 부족하다. 그러나 서울은 수요가 다시 증가하면 수급불균형은 언제든지 마이너스(-)로 바뀔 수 있다. 심리지수를 보면 매매와 전세에 대한 수요가 지속적으로 증가하고 있기 때문이다.

서울 아파트 수급불균형

서울 아파트 심리지수   자료: KB부동산

2. 부산

대한민국 제2의 도시인 부산의 매매가/전세가도 최근 급격히 상승한 모습이다. 매매 버블은 2019년 잠시 저평가되는가 싶다가 최근 급격히 증가했다. 전세가는 아직 저평가되어 있다.

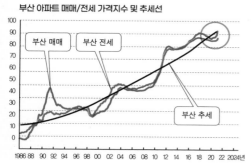

부산 아파트 매매/전세 가격지수 및 추세선

부산 아파트 매매 및 전세 버블

아파트 경매물건은 증가하고 있지만 낙찰가율도 높아지고 있다. 앞으로의 부산 입주물량은 평균 수준이다.

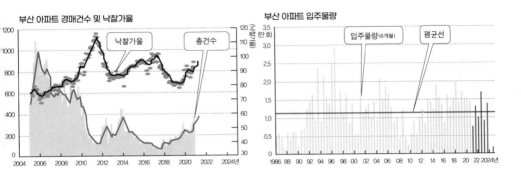

부산 아파트 경매건수 및 낙찰가율

부산 아파트 입주물량

현재 수요가 매우 높다. 이러한 수요가 유지된다면 2021년 상반기에도 매매가가 상승할 가능성이 높아 보인다. 심리지수를 살펴보면 매매와 전세에 대한 수요도 매우 높게 나온다.

부산 아파트 수급불균형

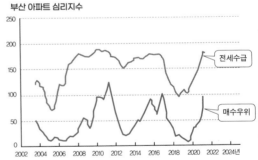

부산 아파트 심리지수

3. 인천

약 300만 명이 거주하는 인천 역시 2020년부터 매매가와 전세가가 급격히 올랐다. 인천의 매매가와 전세가가 급상승하며 이제 저평가 구간을 벗어나고 있다.

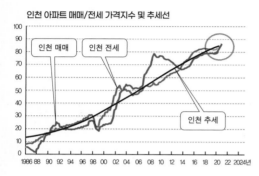

인천 아파트 매매/전세 가격지수 및 추세선

인천 아파트 매매 및 전세 버블

그렇다면 경매시장은 어떨까? 경매물건은 적은 편이며 낙찰가율은 평균 수준이다. 인천의 입주물량은 2021년에는 평균 수준이지만 2022~2023년 역대 최대 수준이다.

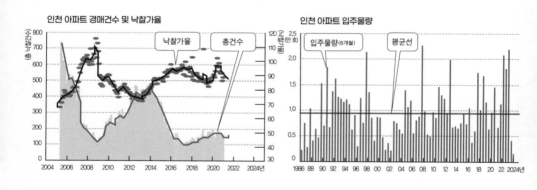

인천 아파트 경매건수 및 낙찰가율

인천 아파트 입주물량

수급불균형 차트를 보면 공급 대비 수요가 더 높음을 알 수 있다. 인천의 전세 수요는 크게 늘었지만 매매 수요는 조금 감소했다. 인천은 최근의 상승으로 통화량 대비 고평가되기 시작했고, 2022~2023년 역대 최대물량이 예정되어 있기 때문에 리스크 헤지에 대한 고민을 해야 한다.

인천 아파트 수급 불균형

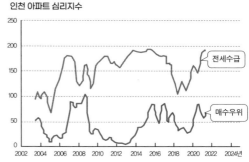

인천 아파트 심리지수

4. 대구

대구 아파트 시장도 최근 상승이 시작되었다. 대구는 2016년부터 하락세였고 저평가 구간에 머물다가 2019년 하반기부터 매매가가 서서히 저평가 구간을 벗어나려고 하고 있다. 다만 전세는 아직 저평가 구간에 있다.

대구 아파트 매매/전세 가격지수 및 추세선

대구 아파트 매매 및 전세버블

대구 아파트 경매시장도 낙찰가율이 급격히 오르고 있어서 경매로 싸게 살 수 있는 시기는 지났다. 대구의 입주물량은 2021년 상반기까지 평균 대비 적다. 그러나 2021년 하반기부터 2년 반동안 상당한 입주물량이 예상된다.

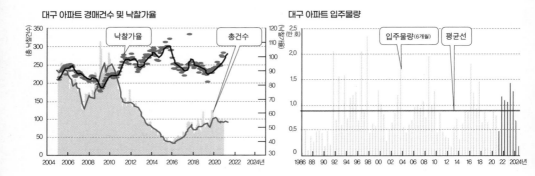

공급과 수요의 차이를 나타내는 수급불균형을 보면, 2021년 상반기 수요 대비 공급이 매우 적은 것으로 나타난다. 즉, 2021년 상반기 대구 아파트 매매가는 상승할 가능성이 높다. 대구의 심리지수를 보면 매수우위지수가 사상 최대를 기록하고 있음을 알 수 있다. 즉, 수요가 폭발적으로 늘어나고 있다. 전세수급지수도 사상 최대다.

　　대구는 전세가가 통화량 대비 저평가되어 있고 전세수요 대비 공급이 적기 때문에 전세 레버리지 투자로 나쁘지 않아 보인다. 그러나 2022~2023년에 상당한 공급이 예정되어 있으므로 전세가 상승이 주춤할 것에 대한 대비는 필요해 보인다.

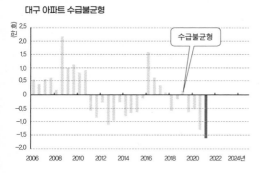

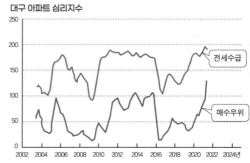

5. 대전

대전시는 2018년부터 확실한 상승세를 보여주었다. 2018년 여름에 대전을 방문했는데 그때 전세 레버리지 투자를 시작하지 않은 게 두고두고 아쉬운 차트다. 2018년 여름은 전세 레버리지 투자를 시작하는 데 최적기였다. 매매가와 전세가 모두 저평가되어 있었기 때문이다. 현재는 고평가 구간이다.

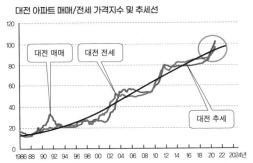

대전 아파트 매매/전세 가격지수 및 추세선

대전 아파트 매매 및 전세버블

대전의 경매시장을 보면 낙찰가율이 2020년 최고점을 찍고 살짝 내려오고 있고 경매물량은 감소 추세다. 2021년 상반기 대전의 입주물량은 역대 최저이고 그 이후에는 평균 수준의 입주물량이 예정되어 있다.

대전은 근처 지역인 세종시와 함께 봐야 한다. 그동안 세종시의 대규모 입주 때문에 대전이 저평가되었는데, 2021년 하반기를 제외하면 대전, 세종 지역에는 평균 이하의 공급이 예상된다.

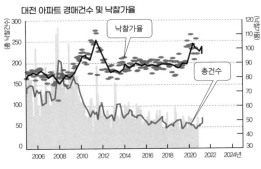

대전 아파트 경매건수 및 낙찰가율

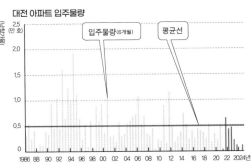

대전 아파트 입주물량

수급불균형 차트를 보면, 2021년 상반기 상승은 가능해 보이지만 하반기에는 반전이 예상된다. 지금과 같은 수요가 유지되더라도, 2021년 하반기에는 대전과 세종의 상당한 입주물량으로 인해 공급이 많아지기 때문이다. 하지만 이는 현재 시점의 예측일 뿐, 수요가 그 이상으로 급증한다면 수급불균형은 언제든지 바뀔 수 있다. 대전의 심리지수를 보면 매매와 전세에 모두 여전히 상당한 수요가 있음을 알 수 있다.

대전 아파트 수급불균형

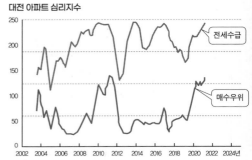

대전 아파트 심리지수

종합하자면, 대전은 이미 통화량 대비 고평가 상태에 접어들었다. 현재와 같은 수요가 유지된다면 2021년 상반기까지는 상승이 예상되지만, 수요의 변화에 따라 하반기부터는 언제든 보합 내지는 하락 반전이 생길 수 있으므로 대전에 투자하는 분들은 리스크에 대비해야 한다.

6. 광주

약 150만 명의 인구를 가진 광주광역시는 매매가와 전세가가 보합 수준을 유지하고 있다. 광주는 통화량 대비 매매가와 전세가 모두 저평가 상태다.

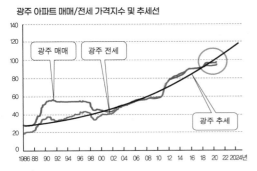

광주 아파트 매매/전세 가격지수 및 추세선

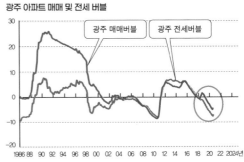

광주 아파트 매매 및 전세 버블

광주의 아파트 경매 낙찰가율이 급격히 치솟고 있어서 수요가 급증하고 있다고 볼 수 있다. 입주물량을 보면 2022년 하반기를 제외하면 상당히 부족한 상황이다.

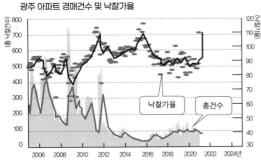

광주 아파트 경매건수 및 낙찰가율

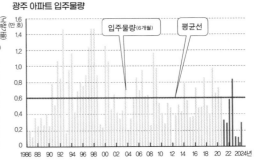

광주 아파트 입주물량

수급불균형 차트는 2021년 상반기 광주의 매매가가 상승할 가능성을 암시하고 있다. 심리지수를 살펴보면 매수우위가 높고 전세수요도 매우 높음을 볼 수 있다. 한마디로 수요가 높다.

광주 아파트 수급불균형

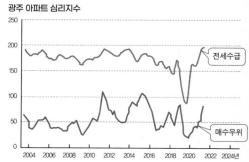

광주 아파트 심리지수

광주광역시는 현재 높은 수요로 인해 2021년 상반기 매매가가 상승할 가능성이 있다. 전세가가 아직 급등하지 않았기 때문에 전세 레버리지 투자 입장에서도 매력적이다.

7. 수원

매매가와 전세가 추이를 보면 수원도 지난 1~2년간 급격한 상승을 했다. 그에 따라 수원은 통화 유동성 대비 매매가와 전세가가 모두 고평가 구간으로 접어들기 시작했다.

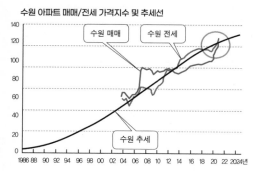

수원 아파트 매매/전세 가격지수 및 추세선

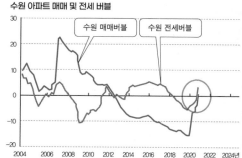

수원 아파트 매매 및 전세 버블

수원 아파트 경매건수도 감소 추세이고 낙찰가율이 사상 최고 수준이기 때문에, 경매로 접근하는 것은 좋지 않은 상황이다. 수원의 입주물량은 2021년부터 평균 수준이고 2022년은 하반기에 입주가 몰려 있다.

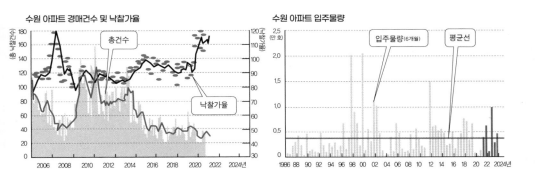

현재는 수요가 워낙 높아서 수급불균형이 심한 상태이다. 그러나 수요는 언제든 바뀔 수 있음을 염두에 두어야 한다. 심리지수는 아쉽게도 수원만 따로 통계를 내지 않기 때문에 경기도 전체를 보며 가늠해볼 수밖에 없다. 경기도의 심리지수는 매수우위 지수가 높고 전세수급 지수도 매우 높아 최근 수요가 급격히 늘었음을 알 수 있다.

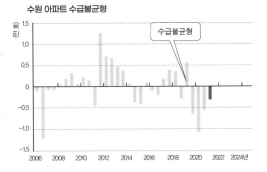

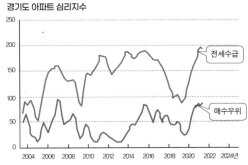

8. 울산

울산은 2016년 하반기부터 어려움을 겪다가 2019년 하반기부터 서서히 반등을 시작했고, 최근 급등한 지역이다. 매매가와 전세가는 아직 저평가 상태이며 최근 저점을 찍고 오르기 시작했다.

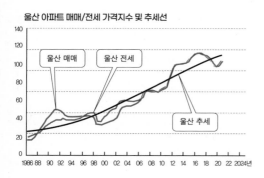

울산 아파트 매매/전세 가격지수 및 추세선

울산 아파트 매매 및 전세 버블

울산의 아파트 경매건수는 증가하고 있지만 낙찰가율도 덩달아 오르고 있다. 새 아파트 공급은 거의 없다가 2023년은 되어야 평균 수준의 입주물량이 있다.

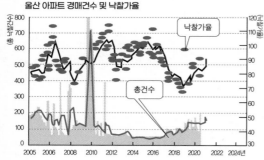

울산 아파트 경매건수 및 낙찰가율

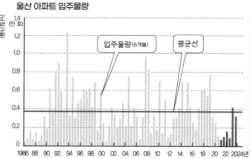

울산 아파트 입주물량

수급불균형을 보면 공급 대비 수요가 매우 높은 상황이므로, 2021년 상반기 매매가 상승 가능성이 높아 보인다. 심리지수를 보아도 매매와 전세 모두 수요가 매우 높음을 알 수 있다.

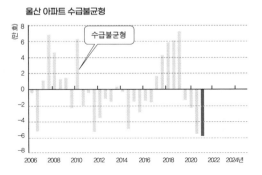

울산 아파트 수급불균형

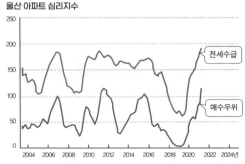

울산 아파트 심리지수

9. 용인

용인도 다른 경기도 도시들과 마찬가지로 최근 상승한 모습이다. 버블지수를 살펴보면 매매가는 아직 저평가 구간에 있지만 전세가는 이제 고평가 구간으로 들어서고 있다.

용인 아파트 매매/전세 가격지수 및 추세선

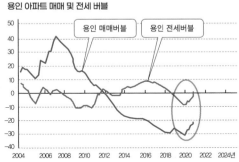

용인 아파트 매매 및 전세 버블

용인 아파트는 경매로 접근하기도 쉽지 않다. 경매건수는 최저 수준이고 낙찰가율이 매우 높다. 입주물량은 매우 적다. 2023년은 되어야 평균 정도의 입주물량이 예상된다.

용인 아파트 경매건수 및 낙찰가율

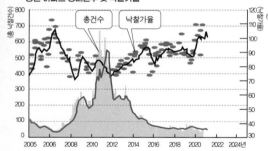

용인 아파트 입주물량

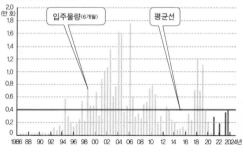

수급불균형은 현재 수요가 높아서 지속적인 상승을 예고하고 있다.

용인 아파트 수급불균형

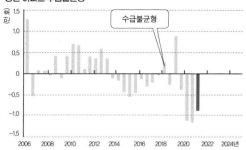

10. 창원

창원은 긴 하락세를 마치고 모두 최저점을 지나서 반등하기 시작했다. 아직은 저평가 구간이다.

창원 아파트 매매/전세 가격지수 및 추세선

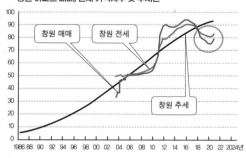

창원 아파트 매매 및 전세 버블

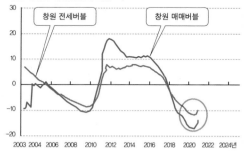

경매로 창원에 접근하는 것도 나쁘지 않다. 경매물건도 많고 낙찰가율도 아직 높지 않은 수준이다. 입주물량을 보면 앞으로 거의 없다. 많은 투자자들이 창원으로 달려간 이유를 알 수 있다.

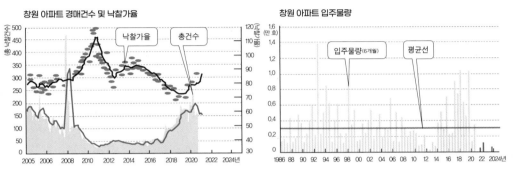

창원 아파트 경매건수 및 낙찰가율

창원 아파트 입주물량

수급불균형 또한 수요 대비 공급이 매우 적음을 나타내고 있다. 경상남도의 심리지수를 보면 매매와 전세 모두 수요가 폭발적이다.

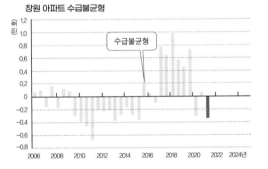

창원 아파트 수급불균형

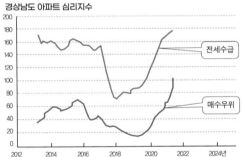

경상남도 아파트 심리지수

11. 고양

매매가와 전세가가 최근 오르는 추세다. 버블지수도 2020년 상반기 최저점을 찍은 후 반등중이다.

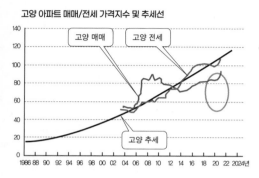

고양 아파트 매매/전세 가격지수 및 추세선

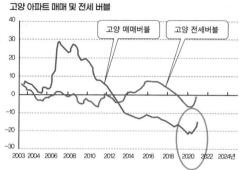

고양 아파트 매매 및 전세 버블

경매물건은 늘어나고 있지만 낙찰가율도 꽤 높아졌다. 입주물량은 평균 수준이고 2021년 상반기에는 물량이 없다.

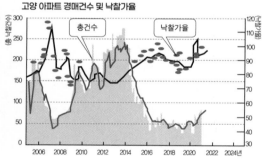

고양 아파트 경매건수 및 낙찰가율

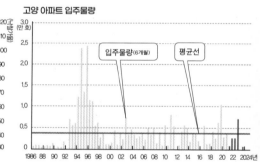

고양 아파트 입주물량

수급불균형 차트상 공급 대비 수요가 높으므로 상승세가 유지될 가능성이 높아 보인다. 329쪽에서 살펴본 바와 같이 경기도의 심리지수는 매매와 전세 모두 역대 최고치 수준이다.

고양 아파트 수급불균형

12. 성남

서울과 인접해 있고 분당을 품고 있는 성남은 서울을 따라 경기도에서 가장 먼저 반응하는 도시 중 하나다. 상승세도 서울과 비슷하다. 버블지수를 보면 전세가는 이미 고평가 구간에 진입하기 시작했다. 매매가도 빠른 속도로 올라오고 있지만 아직은 저평가 구간에 있다.

성남 아파트 매매/전세 가격지수 및 추세선

성남 아파트 매매 및 전세 버블

경매시장은 매우 치열하다. 매물도 거의 없어 경쟁이 심하고 낙찰가율도 사상 최고치로 매우 높다. 앞으로 재건축과 재개발 등으로 상당한 입주물량이 예상되지만, 지금의 수요가 유지된다면 소화 가능할 것으로 본다.

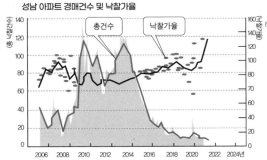
성남 아파트 경매건수 및 낙찰가율

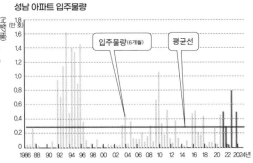
성남 아파트 입주물량

공급이 상당기간 부족했고 지금과 같은 수요가 유지된다면, 2021년 상반기에도 공급 부족의 가능성이 높아 보인다. 성남시는 앞으로 상승 여지가 있어 보이지만, 이미 통화량만큼 충분히 매매가가 오르는 추세였고 전세는 고평가 구간에 접어들었기 때문에, 새로 진입하는 투자자는 레버리지 위험을 고려해야 할 것이다.

성남 아파트 수급불균형

13. 청주

청주는 긴 하락세를 마치고 2020년 상반기 반짝 상승하다가 다시 주춤하고 있다. 수요가 몰렸다가 조정지역으로 묶이면서 나타난 현상이다. 버블지수 역시 최저점에서 기지개를 펴려다가 꺾여서 최저 수준에 머물러 있다.

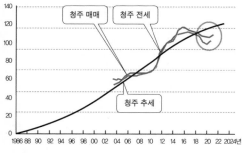

청주 아파트 매매/전세 가격지수 및 추세선

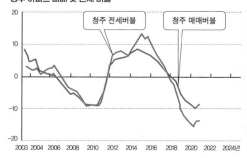

청주 아파트 매매 및 전세 버블

청주시 아파트를 경매로 접근하는 것은 매력적으로 보인다. 최근 낙찰가율이 상승하고 경매물건이 소진되었지만 그래도 아직 여력이 남아 있다. 그동안 높았던 입주물량 구간을 벗어나서 앞으로는 평균 물량 이하의 입주가 예상된다.

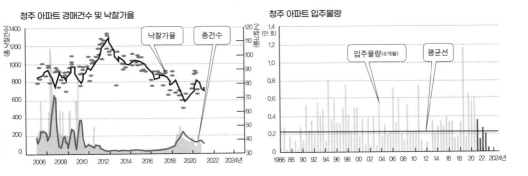

청주 아파트 경매건수 및 낙찰가율

청주 아파트 입주물량

수급불균형이 크지 않은 걸로 보아 현재는 수요가 많이 감소한 상황이다. 심리지수를 보면 전세수요는 폭발적이지만 매매 수요는 한풀 꺾인 모습이다. 그러나 청주가 워낙 저평가 국면이고 앞으로 공급이 감소하며 수급불균형이 심화될 것이므로, 수요세가 조금만 생긴다면 언제든 상승할 에너지는 충분해 보인다.

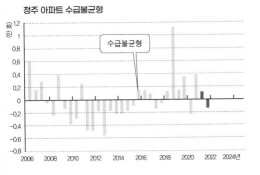

청주 아파트 수급불균형

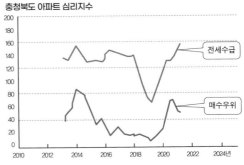

충청북도 아파트 심리지수

14. 화성

동탄, 병점, 향남을 모두 품고 있는 화성시도 경기도 타 지역과 마찬가지로 급격히 오르고 있다. 버블지수는 2019년 하반기 최저점을 찍고 오르고 있다. 화성은 동탄신도시의 대규모 입주로 한동안 역전세를 심하게 경험했지만, 전세가가 이제는 통화량 대비 저평가를 벗어나려고 하고 있다. 매매가는 아직 저평가이다. 동탄 신도시의 새 아파트 가격은 많이 올랐지만, 화성의 평균 아파트 단지들은 아직 덜 오른 곳이 많음을 의미한다.

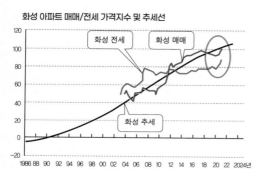

화성 아파트 매매/전세 가격지수 및 추세선

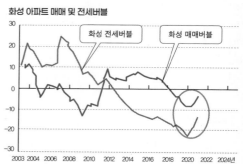

화성 아파트 매매 및 전세버블

화성은 큰 입주물량 구간을 막 지났고, 앞으로는 평균적인 수준의 입주물량이 남아 있다. 2022년 하반기에는 입주물량이 크지만, 현재 수요가 높아 이 물량도 소화될 것으로 보인다. 수급불균형은 수요 대비 공급이 매우 적음을 암시하고 있다. 329쪽에서 보았듯이, 경기도의 심리지수는 전세와 매매 모두 역대 최대의 수요를 나타내고 있다.

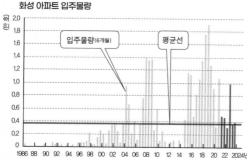

화성 아파트 입주물량

화성 아파트 수급불균형

15. 부천

부천은 서울과 인접해 있어 서울의 상승을 따라가는 모습이다. 특히 매매가가 급등했는데, 이대로라면 조만간 매매가와 전세가 모두 고평가 구간에 진입할 수 있다.

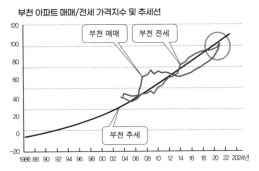

부천 아파트 매매/전세 가격지수 및 추세선

부천 아파트 매매 및 전세 버블

부천시 경매시장은 물건이 많이 줄었고 낙찰가율은 꾸준히 오른 모습이다. 입주물량은 2023년 상반기를 제외하고 상당히 부족한 상황이다.

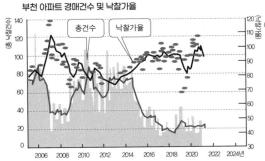

부천 아파트 경매건수 및 낙찰가율

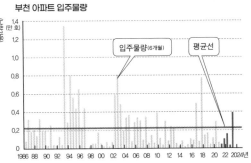

부천 아파트 입주물량

수급불균형 차트를 보면, 수요 대비 공급이
지속적으로 부족하므로 수요가 지속된다면
상반기 상승세가 예상된다.

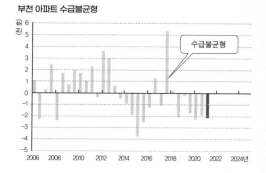

부천 아파트 수급불균형

16. 안산

안산도 오랜 시간 횡보하다가 최근 상승을 시작했다. 버블지수는 최저점을 지나고 오르고 있는 추
세다. 아직은 매매가와 전세가 모두 저평가 영역에 있다.

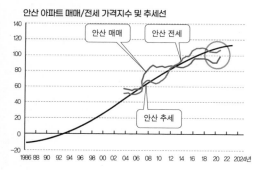

안산 아파트 매매/전세 가격지수 및 추세선

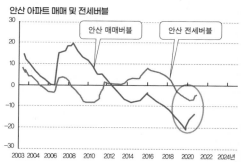

안산 아파트 매매 및 전세버블

경매시장은 좀 애매한 상황으로 보인다. 매물건수도 줄어들었고 낙찰가율도 더 이상 싸다고 말하
기 어려운 수준이다. 그동안 입주물량이 굉장히 많았지만, 2021년까지는 그래도 높은 수준의 입
주물량이 예고되어 있다. 그 이후에는 공급이 부족한 상황이 된다.

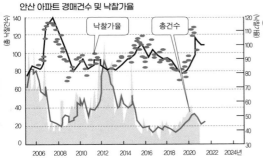

안산 아파트 경매건수 및 낙찰가율

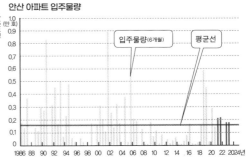

안산 아파트 입주물량

수급불균형 차트를 보면 수요 대비 공급이 더 많은 상황이다. 수요 대비 공급이 많은데도 최근 매매가와 전세가 상승한 것은, 안산시 자체의 수급불균형보다도 수도권의 갭메우기 및 풍선효과로 인한 것으로 보인다.

안산 아파트 수급불균형

17. 남양주

남양주시도 다른 경기도와 마찬가지로 최근 급격한 상승을 했다. 전세가는 이제 막 고평가 구간에 진입했으나 매매가는 아직 저평가 구간에 있다.

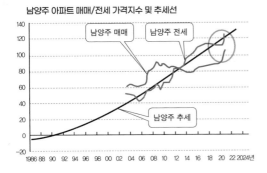

남양주 아파트 매매/전세 가격지수 및 추세선

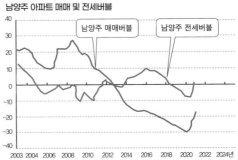

남양주 아파트 매매 및 전세버블

남양주 아파트 시장을 경매로 접근하는 것은 추천하지 않는다. 낙찰가율이 너무 높아졌기 때문이다. 경매 매물건수도 최저점에 근접하므로 경쟁이 치열하다. 입주물량을 살펴보면 2021년은 입주물량이 많다. 그 이후에는 평균 이하로 감소한다.

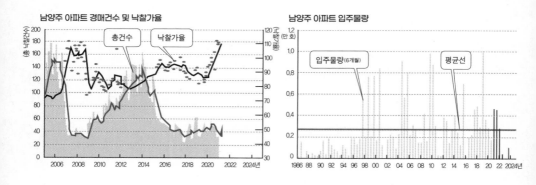

수급불균형 차트를 보면 공급보다 수요가 더 높은 상황이다.

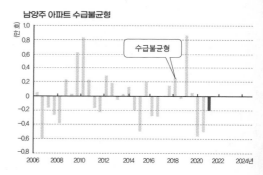

18. 천안

천안은 많은 투자자들이 상승을 예상해왔고 실제로 신불당의 경우엔 매매가 상승폭이 컸다. 하지만 평균 매매가는 상승세가 높진 않았다. 천안의 버블지수를 보면 2019년에도 최저점에 머물러 있다가 2020년에 비로소 조금씩 오르기 시작했다.

천안 아파트 매매/전세 가격지수 및 추세선

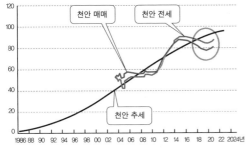

천안 아파트 매매 및 전세버블

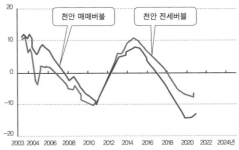

경매 매물은 아직 좀 남아 있지만 낙찰가율은 평균 수준이다. 2021년 상반기에 간헐적으로 입주 물량이 있긴 하나, 대체로 평균적인 수준이다.

천안 아파트 경매건수 및 낙찰가율

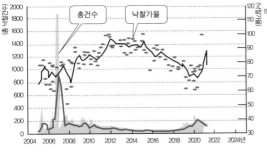

천안 아파트 입주물량

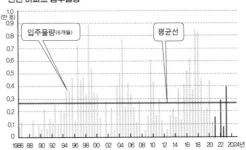

공급 대비 수요가 매우 높다. 천안은 전세가와 매매가가 모두 크게 저평가되어 있고 수요가 높기 때문에, 전세 레버리지 투자를 시작하기에 매력적이다.

천안 아파트 수급불균형

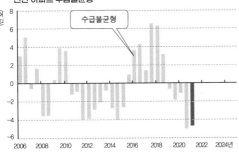

충청남도 아파트 심리지수

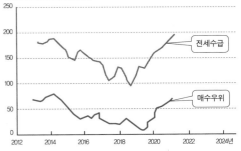

19. 전주

2012년 이후 8년간 하락세를 보이다가 최근에 살짝 고개를 드는 모습이다. 버블지수를 보면 전세
가와 매매가 모두 최저점을 찍고 오르기 시작하고 있다.

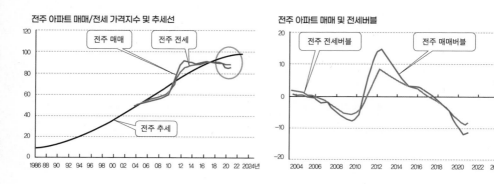

경매로 접근하는 것도 나쁘지 않아 보인다. 매물이 줄어들었지만 낙찰가율이 아직은 낮은 수준에
있기 때문이다. 입주물량을 보면 큰 물량 구간은 벗어났고, 앞으로는 평균 이하의 입주물량이 예
정되어 있다.

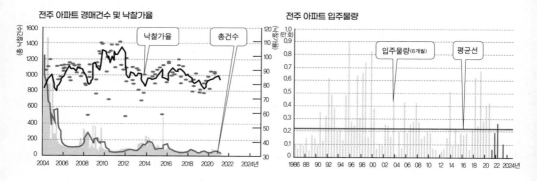

수급불균형도 역대 최고로 불균형한 모습으로, 공급 대비 수요가 폭발적이다. 전라북도의 심리지수는 매수우위지수가 드디어 50을 넘어섰고, 전세수급지수는 역대 최고치를 기록하고 있다. 매매와 전세 모두 수요가 증가하는 것이다. 전주도 전세가와 매매가가 모두 저평가되어 있고 수요가 높기 때문에 전세 레버리지 투자를 하기에 매력적인 도시다.

안양 아파트 수급불균형

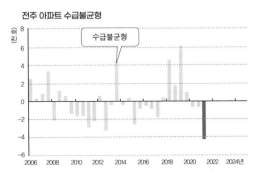

전주 아파트 수급불균형

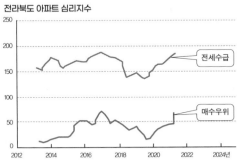

전라북도 아파트 심리지수

20. 안양

안양도 다른 수도권 도시들과 마찬가지로 매매가와 전세가 모두 상승 추세다. 버블지수를 보면 매매가와 전세가가 급상승하는 바람에 전세는 이제 고평가 구간에 접어들었다. 매매가는 아직은 저평가 구간에 있다.

안양 아파트 매매/전세 가격지수 및 추세선

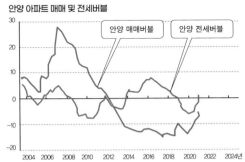

안양 아파트 매매 및 전세버블

경매로 싸게 접근할 수 있는 시기는 지난 것으로 보인다. 낙찰가율이 꾸준히 상승해왔고 매물건수도 적어서 경쟁이 심할 수 있다. 입주물량을 보면 2021년에 꽤 많은 규모의 입주물량이 예정되어 있다.

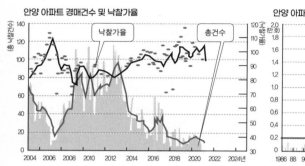

안양 아파트 경매건수 및 낙찰가율

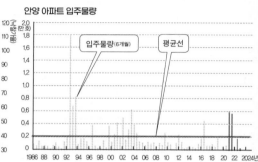

안양 아파트 입주물량

수급불균형 차트를 봐도 수요 대비 공급물량이 굉장히 많음을 알 수 있다. 329쪽에서 보듯, 경기도의 심리지수를 보면 수요가 매우 높은 상황이니 공급이 어느 정도 소화되긴 하겠지만, 수급불균형에서 공급이 수요 대비 더 높고 전세가도 고평가 구간에 접어들었으므로 주의해야 한다.

안양 아파트 수급불균형

21. 김해

김해는 2016년부터 하락 추세를 보이고 있다. 버블지수를 보면 매매가와 전세가 모두 역대 최저점을 지나 살짝 반등하려는 모습이다. 여전히 매우 저평가 구간에 있다.

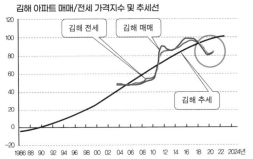

김해 아파트 매매/전세 가격지수 및 추세선

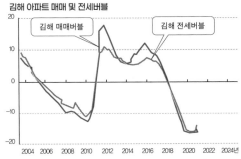

김해 아파트 매매 및 전세버블

김해는 경매로 접근해도 좋아 보인다. 경매 매물건수가 많고 낙찰가율이 아직은 낮은 수준에 있기 때문이다. 입주물량은 2017~2019년까지 역대급으로 많았고 그 이후에는 평균보다 적다. 2023년 하반기에 다소 많은 물량이 공급될 예정이기는 하다.

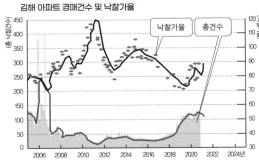

김해 아파트 경매건수 및 낙찰가율

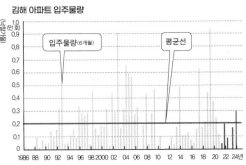

김해 아파트 입주물량

수급불균형을 보면 공급 대비 수요가 점차 높아지고 있음을 알 수 있다. 경상남도의 심리지수를 봐도 매매와 전세 모두 수요는 역대급인 상황이다.

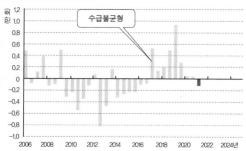

김해 아파트 수급불균형

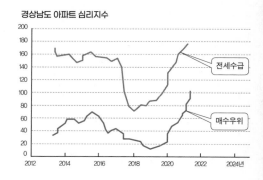

경상남도 아파트 심리지수

22. 평택

평택도 2018년 이후 하락세를 보이다가 최근 전세가 위주로 상승을 시작했다. 버블지수를 보면 매매가와 전세가 모두 크게 저평가되어 있다. 전세가가 상승세를 시작했지만 여전히 저평가 구간 이며, 매매가는 아직 역대 최저점에 근접해 있다.

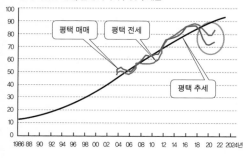

평택 아파트 매매/전세 가격지수 및 추세선

평택 아파트 매매 및 전세버블

평택의 경매시장은 매우 매력적이다. 경매 매물이 급증한 상황이며 낙찰가율은 아직도 낮다. 2017~2019년은 경기도 전체의 입주물량도 많았지만 특히 평택의 입주물량이 역대 최대였다. 고덕신도시를 비롯해 소사벌지구, 세교지구 등 많은 입주가 있었기 때문이다. 앞으로도 입주물량이 적지 않지만 그래도 점차 감소하는 추세다.

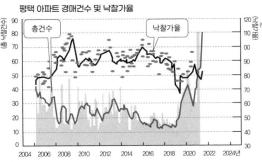

평택 아파트 경매건수 및 낙찰가율

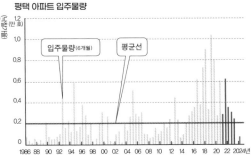

평택 아파트 입주물량

수급불균형을 보면 많은 공급에도 불구하고 수요가 더 높아졌음을 알 수 있다. 329쪽에서 보듯, 경기도의 매매와 전세심리지수는 폭발적인 상황이다.

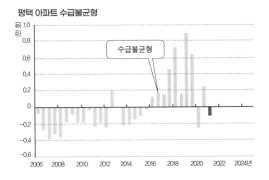

평택 아파트 수급불균형

23. 시흥

시흥은 2008년 이후 횡보세를 보이다가 최근 수도권 상승에 힘입어 동반 상승하고 있다. 오랜 시간 횡보세를 보인 만큼, 시흥의 매매가와 전세가는 아직도 저평가 구간에 있다.

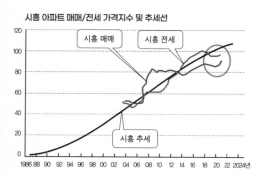

시흥 아파트 매매/전세 가격지수 및 추세선

시흥 아파트 매매 및 전세버블

시흥의 경매시장은 어떨까? 매물건수는 소폭 감소하고 있고 낙찰가율도 올라가고 있다. 입주물량을 보면 이제 막 물량 폭탄 구간을 지났음을 알 수 있다. 앞으로의 입주물량은 2023년 상반기를 제외하고 평균 이하 수준이다.

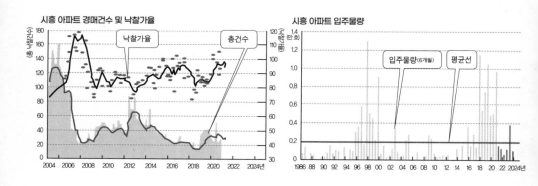

시흥 아파트 경매건수 및 낙찰가율

시흥 아파트 입주물량

수급불균형을 보면 공급 대비 수요가 더 높은 상황이다. 2020년 하반기 공급이 많았음에도 불구하고 매매가가 상승한 것을 볼 때, 수요가 조금 더 늘어난다면 상승세가 더 뚜렷해질 수 있다. 329쪽에서 보듯, 경기도의 심리지수를 보면 매매와 전세 모두 수요가 폭발적이다. 앞으로 공급 부족인데다가 현재 저평가 상태인 수도권 도시는 얼마 남지 않았는데, 시흥은 그중 하나다.

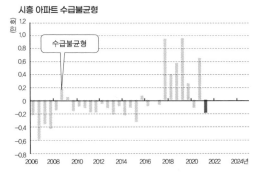

시흥 아파트 수급불균형

24. 포항

포항도 전세가와 매매가가 오랫동안 하락했지만 2020년을 기준으로 상승 추세로 전환했다. 전세가와 매매가가 상승하며 최저점에 있던 버블지수가 조금은 상승한 모습이다. 그러나 전세가와 매매가 모두 여전히 저평가 영역에 있다.

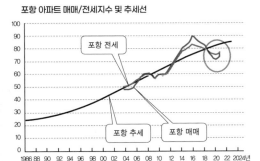

포항 아파트 매매/전세지수 및 추세선

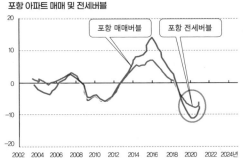

포항 아파트 매매 및 전세버블

포항 아파트를 경매로 접근하는 것은 조금 애매하다. 매물건수는 아직도 꽤 남아 있지만 낙찰가율이 가파르게 올랐다. 입주장이 2020년에 마무리되어가면서 앞으로 2년간 입주물량이 전무하다.

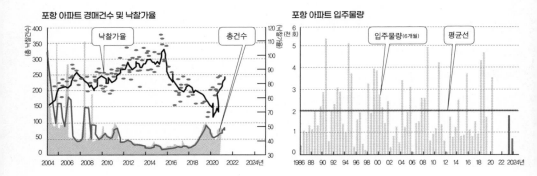

포항은 수요 대비 공급이 매우 부족한 상황이다. 다른 지역과 비슷하게 경상북도 역시 수요가 폭발적으로 증가하고 있다. 버블도 매우 낮고 수요가 높기 때문에 전세 레버리지 투자 입장에서 매력적이라고 판단할 수 있다.

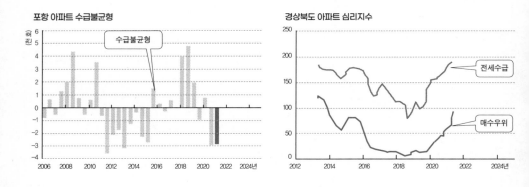